# 协作·探究——网络环境下的教与学

薛 颖 著

中国环境出版社·北京

图书在版编目（CIP）数据

协作·探究：网络环境下的教与学/薛颖著. —北京：中国环境出版社，2016.11

ISBN 978-7-5111-2510-1

Ⅰ. ①协…　Ⅱ. ①薛…　Ⅲ. ①网络教育—研究　Ⅳ. ①G434

中国版本图书馆 CIP 数据核字（2016）第 255255 号

出 版 人　王新程
责任编辑　黄晓燕　李兰兰
责任校对　尹　芳
封面设计　宋　瑞

出版发行　中国环境出版社
（100062　北京市东城区广渠门内大街 16 号）
网　　址：http://www.cesp.com.cn
电子邮箱：bjgl@cesp.com.cn
联系电话：010-67112765（编辑管理部）
010-67112735（第一分社）
发行热线：010-67125803，010-67113405（传真）

印　　刷　北京中科印刷有限公司
经　　销　各地新华书店
版　　次　2016 年 11 月第 1 版
印　　次　2016 年 11 月第 1 次印刷
开　　本　787×960　1/16
印　　张　13.75
字　　数　235 千字
定　　价　28.00 元

# 前　言

当今知识经济时代，新技术的迅速发展和广泛应用对教育和社会等多方面产生了深远影响。中共中央、国务院颁布实施的《国家中长期教育改革和发展纲要（2010—2020 年）》中要求："强化信息技术应用，提高教师应用技术水平，更新教学观念，改进教学方法，提高教学效果"，这一直是我国教育行业的工作方针和宗旨。"互联网+"时代的到来给各行各业都带来了翻天覆地的变化，网络时代中教育发生着日新月异的变化，如翻转课堂、移动教育、智慧教育、人工智能等都深入到了教育科研和教学第一线，了解和熟悉先进的教学理念和最新技术在教育教学改革中的实践应用一直是教育科研工作者研究的热点和难点问题。

本人一直从事教育技术学领域中的科研和教学工作，积累了一定的教学经验和科研成果，本书着眼于远程教育中的最新热点问题，从理论和实践的角度阐述网络环境下的教与学问题，从网络环境下的教与学的历史、现状、发展趋势、理论基础入手，以教学系统设计理论和教学策略指导教学实践，关注教育教学中教师课堂教学中协作探究策略的实施和学生协作和探究能力的培养，并进一步研究新技术媒体在国内外教育教学改革中的实践探索，重点探讨新技术媒体如思维导图、几何画板等软件在教师教育技术能力标准培训中的应用。本书在编写过程中参阅了大量资料，同时也引用了相关专家和学者的研究成果，在教育理念、教育理论和教学实践等方面为从事教育教学改革的老师们提供了一个全新的角度和具体实践经验，对一线教师具有一定的指导意义。

本书既可以作为中小学教师信息技术培训用书，也可以作为师范类院校教科书，还可以成为教育技术爱好者参考用书。在编写过程中参阅了大量相关科研资料，同时也引用了相关专家学者的最新研究成果，在此表示诚挚的感谢！同时非常感谢本书编辑付出的努力！由于时间仓促和本人水平有限，有错误和不当之处恳请广大读者提出宝贵意见，以便进一步完善和修改！

作　者

2016 年 11 月

# 目　录

第一章　网络环境下的教与学概述……1
第一节　教与学的发展历史和现状概况……1
第二节　网络环境下教与学的发展趋势……6

第二章　网络环境下教与学的理论基础……13
第一节　教学理论……13
第二节　学习理论……20
第三节　传播理论……23
第四节　系统理论……25

第三章　教学系统设计的理论和实践……27
第一节　教学系统设计概述……27
第二节　教学系统设计实施流程……34

第四章　教学策略的理论和实践……54
第一节　教学策略理论概述……54
第二节　以协作探究为主的教学策略……61

第五章　协作探究策略的应用……70
第一节　课堂教学和学习中的协作探究策略……71
第二节　课外教学和学习中的协作探究策略……110

第六章 新技术媒体的教学应用……124
第一节 新技术媒体发展现状……124
第二节 新技术媒体发展趋势……128
第三节 新技术媒体教学应用……130

第七章 教师的教育技术能力培训……164
第一节 教师的先进教育理念培养……164
第二节 教师的教学设计能力培养……170
第三节 教师的教育技术能力培养……177

第八章 实践案例精编……180
第一节 思维导图的应用……180
第二节 几何画板的应用……184
第三节 知识管理工具的应用……190
第四节 移动学习工具的应用……194
第五节 交互式工具的应用……198

参考文献……209

# 第一章 网络环境下的教与学概述

## 第一节 教与学的发展历史和现状概况

### 一、教与学的发展历史

自从有了人类，就形成了人类社会，早在200万年前中华大地上远古的人类就已经开始劳动、生息和繁衍，随着早期人类的出现及社会的形成，产生了教育。中国是一个历史悠久的国家，远古时代就有了教育活动，教育起源既是社会发展史的问题，也是世界性的教育理论问题。中国的教育从原始社会氏族公社阶段就得以充分的发展，生产力的发展和私有制的形成为进入奴隶制社会提供了条件，奴隶制社会先后经历了夏、商、西周、春秋近1 600年，奴隶主贵族垄断了政权，为培养子弟成为统治人才的需要设置教育机构，形成了学校制度。春秋时代，官学废弃，私学兴起，思想流派随之产生，法学、道学、儒家先驱人物出现并宣传各自的主张，孔丘是儒家的创始人，在政治上主张改良，试图利用教育的力量改进社会，他所提出的教育主张形成了独特的教育思想体系，为中国教育理论奠定了基础，流传了两千多年，成为中华民族教育传统的主流，同时也是世界珍贵教育遗产的重要组成部分。

人类社会形成后两千多年来，人类通过语言和其他的自己创造的物质形式（如工具、产品等）创造出人类智慧的结晶，人类教育传递的正是人类社会共同体积累的这些经验，教育是人类社会特有的一种社会现象，在漫长的人类社会发展长河中，教育也经历了一个自身不断发展、完善和提高的阶段。在现代英语中，教育是“education”。在我国，一般认为教育概念最早见于《孟子·尽心上》中的“得天下英才而教育之，三乐也”一句。教育是一种相对独立的社会子系统，包括教育者、学习者和教育影响三种基本要素，教育者就是从事教育活动的人，学习者主要是指受教育者或学生，它是相对于教育者或教师而言的，教育影响即教育活动中教育者作用于学习者的全部信息，既包括了信息的内容，也包括了信息选择、传递和反馈的形式。教学是学校教育的核心，教学是一个过程，人们对教学过程的认识，经历了漫长的历史过程，直至今天仍在继续探索。

近年来，教育界提出了一个口号：“教会学生学习！”由“教学生学习”到“教学生会学”的转变，实质上是学习方法的重大转移，是时代的必然和教育规律的使然。教学是在一定教育目的规范下的，教师的教与学生的学共同组成的一种教育活动。它是由教与学两方面组成的双边活动，二者相互依存、相互促进、相得益彰，缺一不可。中国关于教学理念是以知识传授为基础的，通过教学，学生在教师有计划、有步骤的积极引导下，主动地掌握系统的科学文化知识和技能，发展智力、体力，陶冶品德、美感，形成全面发展的人才。教学的任务是引导学生掌握科学文化基础知识和基本技能，发展学生的体力、智力和创造才能。“教学相长”的思想，深刻提示了教与学之间的辩证关系。“学”因教而日进，“教”因“学”而益深。“教学相长”即“教之中有学，学之中有教”，“非学无以裕教，非教无以验学”，教学的目的就是要不断提高学生的自学能力，使其能独立自主地自学。教学是严密组织起来的传授知识、促进学生发展的最有效的形式，是全面发展教育、实现培养目标的基本途径，它也是学校教育的主要工作。

纵观历史教育的发展，主要分为古代教育、近代教育和现代教育三个阶段。孔子及儒家的教学过程思想对我国的影响深远。孔丘，字仲尼，鲁国人，是全世界公认的伟大思想家和教育家，他的教育学说为中国古代教育奠定了理论基础。孔子的教育思想是中华民族珍贵文化遗产的一部分。孔子提出“学而不思则罔，思而不学则殆”，注重“躬行”，即身体力行，初步形成了把“学”“思”“行”看作是统一的学习过程，这是我国最早以学为主的教学过程思想。

孔子提倡把“有教无类”作为办学方针，这个方针对孔家私学的教育对象做了原则性的规定，指导教育实践活动，是孔丘教育思想的组成部分。孔子的“有教无类”实际上就是指全民教育和教育公平的问题。孔丘私学成为当时规模最大、培养人才最多、社会影响最广的学校，从总的社会实践效果来看是应该肯定的。实行开放性的“有教无类”方针，满足了平民入学受教育的愿望，适应了社会发展需要。“有教无类”作为私学的办学方针，与贵族官学的办学方针相对立。官学以贵族身份为入学受教的重要条件，以此保证奴隶主贵族对教育的垄断。“有教无类”是顺应历史发展潮流的进步思想，它打破了贵贱、贫富和种族的界限，打破了贵族对教育的垄断，扩大了受教育的范围，把受教育的范围扩大到一般平民，有利于中华民族教育的发展。

孔子在我国历史上首倡因材施教，是世界上最早提出启发式教学的教育家，认为学习知识或者培养道德都要建立在学生自觉要求的基础上，应充分发挥学生的积极性、主动性。应该重视教育的作用，教育对社会发展有着重要作用，是立国治国的三大要素之一。同时，教育事业的发展要建立在经济发展的基础上，孔子是中国历史上最先论述教育与经济发展关系的教育家，主张先要抓好经济建设以建立物质基础，随之而来就应当抓教育建设，国家才会走上富强康乐之路。

外国教育发展的历程也分为古代教育史、近代教育史和现代教育史。古代教育史起源于东方文明古国的教育，经历了古希腊教育、古罗马教育、西欧中世纪教育、拜占庭与阿拉伯教育，展示外国古代教育实践与教育思想发展的轨迹和教育的多元化，外国近现代教育思想和教育实践的演变对教育界也发挥了很大的作用。

苏格拉底是著名的古希腊思想家、哲学家和教育家，他和他的学生柏拉图以及柏拉图的学生亚里士多德被并称为“古希腊三贤”，更被后人广泛认为是西方哲学的奠基者。苏格拉底在教学中，通过对话、诘问，让学生陷入矛盾的问题，然后引导学生经过自己的思考去获得真知。这种方法被称为“产婆术”，也称苏格拉底法。苏格拉底的“产婆术”把教学分为两个阶段，第一阶段是诘问，即由施教者不断提出问题，使受教者在思想认识上陷入自相矛盾，最终承认自己的错误和无知；第二阶段是助产，即在帮助学生认清事实、明白道理的基础上，重新归纳和定义所探究概念的正确含义，可以说“产婆术”是归纳法、探究法、发现法的渊源。古代中西方的教学有共同的特点，即教学是以学生的学习为主要活动，强调学生学习的能动性，注重政治、德行与文化的学习，都把践行当作教学的基础与归宿，致力于品行与能力的提高，旨在培养贤能的统治者与官吏。

近代教学过程理论中颇具影响的是夸美纽斯的教学过程思想，夸美纽斯是捷克伟大的民主主义教育家，西方近代教育理论的奠基者。夸美纽斯的教学过程思想主张人人需要教育，提出“泛智教育”，认为教学应当成为“把一切事物及知识教给一切人类的全部艺术”，他推进学年制度、分科教学和班级授课，认为“在自然的一切作为里面，发展都是内发的”。夸美纽斯认为“一切知识都是从感官的感知开始的”，因而提倡实物教学和直观教学。在他的《大教学论》中提到在“自然遵守合适时机”这一法则之下，教育要发生在合适的时机。而卢梭提倡的自然教育是指儿童内在的身心发展，卢梭确立了能动的学生观，把儿童作为学习与教学的主体并首创发现教学，为现代教学理念的兴起奠定了思想基础。

现代教学过程理论中，杜威是美国早期机能主义心理学的重要代表，他是著名的实用主义哲学家、教育家和心理学家，是20世纪人类历史上最有影响的教育家之一，他立足于现代社会讨论教育问题，杜威继承和弘扬了卢梭的自然教育思想的精华，他提出了五步教学法，即困难、问题、假设、验证、结论，注重引导学生通过个人的探索活动进行学习，紧密联系生活实际，这样确实容易使学生产生兴趣，发挥自身的主动性、创造性，能在获取和运用知识的过程中提高个人的能力。美国教育心理学家布鲁纳所著的《教育过程》一书，体现了美国20世纪60年代进行的一次教学改革的思想，他关心的是教育质量与智育目标。布鲁纳发扬了杜威教学理论中的积极因素，注意调动学生学习的主动性，通过发现、探索活动掌握知识，但他和杜威不同，他更重视科学知识，重视发挥教师的作用。赞科夫是苏联著名教育家和心理学家，他认为“只有当教学走在发展前面的时候，这才是好的教学”，他根据苏联心理学家维果茨基的“最近发展区”理论，把学生在教学过程中的发展分为两个水平，一个是现有发展水平，即学生已经达到的、能够独立解决问题的水平；另一个是最近发展区，即在教师的引导和帮助下能达到的解决问题的水平，即学生潜在发展水平。他认为教学应为学生的发展创造“最近发展区”，然后使学生的现有水平得到发展和提高。

## 二、教与学的现状概况

现代社会是一个不断变革和追求进步的社会，现代教育在这样的环境中运行，改革必然成为它的发展方式。教育改革是社会政治及经济需求的变革，教育在改革中发展，在发展中改革，创新成为教育进步的动力。20 世纪被誉为教育改革的时代，世界各国在追求国力强盛、社会发展、经济繁荣和文化昌盛的现代化进程中掀起了此起彼伏的教育改革浪潮。

现代教育是大工业生产孕育的产物，欧美教育革新运动是 19 世纪末 20 世纪初在西欧一些国家和美国兴起的旨在改造传统教育，使之适应现代社会变化的教育革新运动。美国教育革新运动被称为“进步主义教育运动”，受到儿童研究运动、欧洲新教育运动及美国本土进步主义社会政治思潮的影响，美国教育家纷纷开展革新教育的试验。杜威是美国著名的哲学家和教育家，他的教育理论形成于 20 世纪 90 年代，反映了教育要适应社会工业化、民主化和科学发展等的要求，针对传统教育同儿童现实生活经验相脱节的问题，杜威提出“教育即生活”，针对学校与生活隔离的问题提出“学校即社会”，针对传统教育惯用的儿童“静听”的学习方式提出“从做中学”，杜威的教育理论旨在解决教育与社会生活脱离、教育与儿童生活脱离、理论与实践脱离三大弊端，其教育理论洋溢着现代精神，对 20 世纪世界教育的发展产生了深远影响。

进入 21 世纪后，各国教育改革的最大特征就是面向 21 世纪进行教育规划，教育不再是被动地追随时代，而是主动地适应时代。各国高度重视教育改革并突出教育的战略地位，美国发表了《国家处在危险中：教育改革势在必行》的报告，英国政府颁布了重要的教育立法——《1988 年教育改革法》以推进全面的教育改革，我国颁布了《中共中央关于教育体制改革的决定》，明确了“教育为社会主义建设服务，社会主义建设要依靠教育”的基本方向。教育改革的重点开始转向提高教育质量，以课程改革为核心，加强和改进道德教育，重视提高师资水平，教育公平逐渐成为教育改革的主题。国际 21 世纪教育委员会向联合国教科文组织提交的报告《教育——财富蕴藏其中》提出了教育的“四个支柱”：学会认知，即获取理解的手段；学会做事，以便能够对自己所处的环境产生影响；学会共同生活，以便与他人一道参加所有活动并在活动中进行合作；学会生存，这是前三种学习成果的主要表现形式。这四个支柱实际上阐述了一种新的教育质量观。

21世纪科学技术革命的发展使人类向信息化时代迈进，而持续不断的教育改革浪潮促使世界教育跃上了一个新的台阶，世界教育的发展呈现出多元化的特征，如教育规模迅速扩大、受教育人数持续增加、教育体制和教育机构灵活多样、各级各类教育逐渐发展完善、教育内容和教育手段日趋现代化等。世界各国发展水平存在一定的差异性，学前教育趋于普及，注重保护儿童权利和早期教育，教育的目标和内容重视幼儿社会性和个性的培养，世界各国包括最不发达国家都在努力实现免费初等义务教育，受教育权已成为国际公认的权利，中等教育也在努力进行教育结构的改变和内容的调整与充实，高等教育越来越得到世界各国的重视，高等教育已经成为表征国家实力和国家总体发展水平的标志之一，各国高等教育规模逐渐扩大，结构和形式日益多样化，国际化的步伐日益加快，教育正在向着全民教育、教育民主化、教育信息化、教育全球化和教育个性化的方向发展。

## 第二节　网络环境下教与学的发展趋势

### 一、国际组织机构对教育的政策支持

进入21世纪以来，教育的发展尤其令人瞩目，各国都在进行教育改革相关工作。国际21世纪教育委员会于1996年向联合国教科文组织提交的一份报告中提出21世纪教育的四大支柱——学会认知、学会做事、学会共同生活和学会生存。1990年3月，联合国教科文组织发布的《世界全民教育宣言》中提出“满足基本学习需要，即每一个人——无论他是儿童、青年还是成人——都应该能获益于旨在满足其基本学习需要的受教育机会”。当今社会随着技术的迅猛发展，教育也越来越受其影响而呈现出更加多元化和丰富多彩的现状。知识经济时代对创新复合型人才的需求越来越高，不仅要求人们能够学会认知、学会做事、学会共同生活和学会生存，更要具有终身学习、学会合作和具有创新意识等先进思想理念，还需要在信息

化社会中具备创新的学习能力、团队精神、合作能力和协作沟通交流能力。

联合国教科文组织自2002年以来出版了全民教育全球监测报告，所涉及的具体内容如下：

- 2000—2015：成就和挑战
- 2013—2014：教学与学习：实现高质量全民教育
- 2012：青年与技能：拉近教育和就业的距离
- 2011：潜在危机：武装冲突与教育
- 2010：普及到边缘化群体
- 2009：消除不平等：治理缘何重要
- 2008：在2015年之前实现全民教育——我们能做到吗？
- 2007：坚实的基础：幼儿保育和教育
- 2006：扫盲至关重要
- 2005：全民教育——提高质量势在必行
- 2003—2004：性别与全民教育——向平等跃进
- 2002：全民教育——世界走上正轨了吗？

2015年是联合国千年计划目标达成的一年，对于教育而言，千年发展计划目标是全世界所有的学龄儿童都至少能够接受小学教育。全世界7亿学龄儿童，其中有6 000万因为灾难、贫困、战乱而没有接受任何教育，有3 000万学生在小学毕业之前辍学，除此之外，2.5亿的孩子虽然小学毕业，但仍然是文盲。所以说让世界上每个孩子都能够接受高质量的教育，才是我们应该努力去做的。

可以看到，联合国教科文组织发布的《全民教育全球监测报告 2013—2014年：实现高质量全民教育》，报告中提出要使教育成为2015年后全球发展议程的核心。目前全世界5 700万名儿童依然没有上学，入学不是唯一的危机——即便对成功入学的学生来说，低质量的教育也是他们学习的阻碍。三分之一的小学适龄儿童，无论上学与否，都没有学会基本技能。为了实现教育目标，各国政府应当加倍努力为所有身处弱势的人提供学习机会，无论他们是否因为贫穷、性别、居住地还是因为其他因素而陷入不利境地。

报告还及时地提供了各国在实现2000年共同的各项全球教育目标方面所取得的最新进展。报告还强有力地指出，应当使教育成为2015年后全球发展议程的核心。《全民教育全球监测报告 2008》提出过这样的问题：“我们能做到吗？”这期报告明确地回答：“我们做不到”。

只有教师优秀，教育系统才能卓越。开发教师的潜能是提高教育质量的重中之重。有证据表明，高质量的教师可以提高教育质量，反之则会降低教育质量，而这正是报告中提到的青年文盲率惊人之高的原因之一。报告中提出了为全体儿童接受高质量教育贡献最优师资的四种策略。首先，必须遴选适合的教师，以使他们有能力面向学生的多样性；其次，教师必须经过培训，从而做到从低年级开始支持最弱势的学生；再次，为了消除学习中的不平等，应当把最优秀的教师输送到国家最困难的地方去；最后，各国政府务必对教师进行恰当的、综合性的激励，鼓励他们坚持从教，并确保全体儿童无论境遇如何都能继续学习。

然而，教师无法独自做到这些。只有在适当的环境中，包括提供精心设计的课程以及能促进教育学的评估政策，教师才能发光发热。平等入学与平等学习务必成为未来教育目标的核心，各国政府必须投资于教育，把教育视为全民发展的助推器，教育才能够为所有发展保持可持续性。教育母亲，就可以让妇女有能力抚育儿童；教育全社会，就能实现社会转型和经济发展。

## 二、新技术支持下的全民教育

青年人技能变得如此关键。占世界上八分之一的 15～24 岁的青年在寻找工作，青年人口数量巨大还在继续增长，特别是在低收入国家的城市地区，世界 1/4 的青年人的日薪不超过 1.25 美元，没有技能的青年人被困缚在仅够维持贫困生活的工作之中。《全民教育全球监测报告 2012：拉近教育和就业的距离》的发布恰逢其时，报告对青年人技能进行了深入考察——“青年人技能”也是 2000 年设定的全民教育目标中获得分析最少的事项之一。

尽管全球范围内移动技术有了迅猛的发展，但还有太多的妇女与女性被遗漏在外，她们被排斥在教育之外，也丧失了接触新技术及其带来的机会。由联合国教科文组织与联合国妇女署共同举办的 2015 年移动学习周的系列活动旨在推动新技术能够在教育发展过程中发挥巨大作用和能量。

联合国教科文组织的统计数据显示，全世界 2/3 的文盲中有 7.81 亿成人及 1.26

亿青年是女性，与此同时，英特尔的研究显示，在发展中国家，使用网络的女性比男性约少 25%，在某些地区可比男性少 50%。在低收入国家和中等收入国家，拥有手机的男性比女性多 3 亿人，男性往往可以使用手机联网下载经济、就业与教育机会的应用程序。

尽管移动技术不是灵丹妙药，但移动设备量身定制的教育内容的大规模扩散确实是一项改善教育的有效工具。国际电信联盟（ITU）估计地球上的 70 亿人中，已经有超过 60 亿人有渠道接触移动设备，这就意味着在那些女性缺乏教育机会或教育机会受限的地区，移动技术是十分普及的。

新技术媒体在教育教学领域的影响越来越广泛和深入，我国课堂教学计算机操作系统主要以 Windows 系统为主，国外更多的是使用苹果计算机及 Mac 操作系统，这也导致国内课堂教学常用的应用软件主要是 Word、PowerPoint、Excel、Photoshop、Dreamweaver、Authorware、Flash、MindMap、Adobe Premiere 等，国外更多使用 Mac 系统内部自带软件，教育能够上网，学生和教师利用网络在线服务选择自己喜欢的软件进行学习和汇报，如 Prezi、Skype、Weebly、MindMap 等。社交媒体在我国的应用非常普及，人们的生活、学习、工作都在应用社交媒体网络，目前国内外使用的社交媒体主要包括 WeChat、QQ 和微博等。最早也是最著名的微博是美国 Twitter，在我国，微博（MicroBlog）主要有新浪微博、腾讯微博、网易微博、搜狐微博等，使用人数众多，但目前微博用户规模和使用率正在呈下降趋势。在我国使用非常广泛和流行的是腾讯 QQ。它是腾讯公司开发的一款基于 Internet 的即时通信（IM）软件。而国外 Facebook（脸书）是世界排名领先的照片分享站点，是创办于美国的一个社交网络服务网站，由于相关政策法律原因，我国国内用户无法正常登录 Facebook，一般通过使用 GoAgent、6VPN 网络代理工具访问登录。微信（WeChat）是目前在我国最流行的社交软件，它是腾讯公司于 2011 年 1 月 21 日推出的一个为智能终端提供即时通信服务的免费应用程序，微信内置了许多用于 QQ 的插件。而对于海外用户的使用将是 4.0 版本，它设置了 Facebook 插件的使用，微信已经开始国际化进程，目前我国教师和学生在课堂教学内外都会运用到微信和 QQ。

除了社交媒体的应用外，教育教学工作更多的是依赖个性化和社交化、数字化和智慧化学习环境，目前比较流行的发展方向包括翻转课堂、游戏化学习、移动学习、开放式教育资源、免费在线课程和快速便捷的软件工具等。2015年地平线报告（高等教育版）中谈道，2015年的数字化学习趋势主要包括以下几方面：不断升级的社交媒体和交互式工具、个性化和数字化的学习环境、社交化和智能化的学习内容管理、翻转课堂和游戏化的学习方式、开放式教育资源、免费在线课程的日益普及和用于展示个人成果的快速便捷的软件工具。

网络信息技术作为政府推进教育公平手段的有力补充，引发的教育资源配置带来的影响是本课题非常重视的，如何有效利用信息技术大大缩小城乡和东西部教育资源的差距、如何进行硬件建设和软件应用是目前关注的焦点问题。在教育发展和改革的过程中善于运用信息技术网络，对促进教育公平会起到很大作用。目前比较热门的教学模式主要有远程直播教学、微课、MOOC（慕课）、翻转课堂等，目前开放式教育资源非常丰富，主要包括Khan（可汗学院）、Coursera、Udacity、edX、The Minerva Project和TED等。

我国的MOOC目前处于初级阶段，教育界正在打造自己的MOOC。2013年10月，清华大学与edX合作推出“学堂在线”，2014年爱课程与网易合作推出“中国大学MOOC平台”，上海交通大学推出“好大学在线”。目前，北京大学联手阿里巴巴推出MOOC平台“华文慕课”上线内测，目标受众面向全球华人，平台已上线二十多门课程，台湾大学正式加盟，未来将会推出更多合作院校如香港大学、北京航空航天大学、北京师范大学、厦门大学等学校的课程。“华文慕课”与Coursera的路线类似，通过聚集国内名校师资和课程资源为用户提供免费、高质量课程，同时为合格学习者颁发证书。2015年3月，北京师范大学和华渔教育科技有限公司宣布联合成立“北师大智慧学习研究院”，并举办首届“智慧城市与智慧学习高层论坛”。研究院的成立旨在整合双方资源优势，促进信息技术与教育的双向融合，促进我国教育信息化建设，为教育信息化的优化升级提供技术支撑、模式指导及人才保障。

教育部提出的“三通工程”（宽带网络校校通、优质资源班班通、网络学习空间人人通）是“十二五”期间全国信息化工作的核心目标和标志工程，依托优质教育资源、借助云计算、3D打印、大数据和物联网等新兴技术，构建产学研之间资源共享、智能灵活的教学环境，这对于打造智慧学习体系意义重大。利用信息技术和新媒体技术的优势开展课堂教学、组建智慧化学习团队、完善数字化资源建设无疑会为教育公平的实现提供有力保障。21 世纪我国教育改革发展趋势提倡终身教育观念，构建学习型社会，MOOC 的快速发展、校园建设的最新理念等都在为如何更好地实施教育新理念而努力。

关于 MOOC 视频制作平民化的研究正在开展，技术平民化的思路比较正确，技术发展的终极目标就是让人们感觉不到技术的存在和它的复杂性，任何人都能应用它。随着在线教学活动的快速发展，IT 业界也在不断开发新的技术用来提高教学视频制作的水平，如微软提供了在 PowerPoint 中使用插件 Office Mix，这就能够使 PPT 播放和教师讲解影像的录制集成在一个框架中。平民化视频制作方法可以让教师在办公室或者家中制作教学视频，不仅给教师带来方便，也让学习者感觉亲切自然。当教师不需要花更多的时间来制作 MOOC 视频时，同时又能够提高教学效率，这就为新的教学模式提供了希望和可能，视频也将成为主流教学的重要素材，进而为教学质量和效益的提高提供一个新的视角和机会。

对教育的科研理论和实践研究中，越来越多的细微之处被专家学者所关注，如 TED 课程中日本建筑师手冢贵晴与手冢由比对幼儿园校园环境建设的视频中的设计就充分考虑到如何以小朋友的行为方式和喜好建设学习成长乐园，建造了一个没有死角自由活动的椭圆形幼儿园，屋顶本身是倾斜的游乐场，这样提升了孩子的兴趣，使内侧的屋顶高度做到了最低，方便老师站在院子里就能够看到屋顶孩子的一举一动，同时屋顶水槽也能让孩子在下雨天看到瀑布。这其中的一个理念是孩子有时需要跌倒，有时也需要受一点伤，能够让他们学会如何在这个世界生存。完全开放的空间设计使户内和户外没有界限，教室里有树、网及天窗，孩子应该更多地留在户外，鉴于孩子喜欢兜圈的特点，设计了环形的空间，不去训练他们而是把他们放在楼顶，椭圆形的空间使孩子们总会回到起点，这种建筑设计使我们不去控制他们，不去过分保护他们，同时对孩子来讲，在这个建筑物里奔跑是常态，数据显示平均每个孩子每天跑 4 000 米，他们总会从起点奔跑回到起点，可见建筑是可以改变这个世界的。

2010 年，荷兰 UNStudio 建筑事务所拿到了新加坡科技与设计大学的设计权，它与当地 DP 建筑事务所共同完成了该项目的第一期工程。典型的校园结构都呈现出整齐的教学空间排布的特点，或者说它是以一条轴线来创造大致对称的建筑结构。该大学有 4 个主要学科，即建筑与可持续设计、工业设计、工程设计和信息科技与设计。传统的教学空间不能满足当下需求，UNStudio 确定了校园建设的出发点为“新校园的设计要能直接反映大学的课程”。另外，大学的教学、互动和沟通的方式随着技术的发展也在快速转变中，通过创造一个物理环境来探索激发每一个个体的创造性以及个体之间的碰撞是校园设计的新理念，即“连接度、协调性、共同创造、创新以及社交性”。而面对不断更新的教学需求，如果通过校园建筑的转变，让学生更加自由地进行交流和学习是新时代下教育的更高追求和理念的突破。校园外部是白色的混凝土外墙和红色、绿色及紫色的点缀，屋顶的花园是当地的各种植物和树木，使楼宇间变得自然亲切。整个建筑有学习空间和生活区域的重心点，两个空间分别排布在两条中轴线上，通过学生、教职员及教授之间的非直接联系把校园每一个角落贯穿起来，如国际设计中心和大学图书馆之间的衔接点就是一个灵活的多功能空间，可以用来举办展览和各种形式的活动。学校看起来是密集的单体建筑群，实际上是完全开放且高度联系的，楼梯实现整个小区纵横联系、四通八达，传统的房间与走廊的边界被模糊，使之有了更为灵活的空间。互动是现今教育模式中最为关键的一个要素，是未来的发展趋势，通过各个协作空间的设计能够为四个学科之间创造更多具有开放性与包容性的互动机会。

技术的发展总是非常快速地体现在教育领域内，比较典型的例子如现今美国教育界比较时髦的教育理念是 Grit，这个词在古英语中的原意是沙砾，即沙堆中坚硬耐磨的颗粒，可以翻译为坚毅，但其含义远比毅力、勤勉、坚强要丰富得多。Grit 是对长期目标的持续激情及持久耐力，是不忘初衷、专注投入、坚持不懈，是一种包含了自我激励、自我约束和自我调整的性格特征。未来的竞争不仅仅是以智商为代表的认知技能，教育中最重要的是培养学生性格特质，性格教育是成功的主要因素。正向心理学（positive psychology）中的评价性格特质七项指标分别是坚毅（grit）、激情（zest）、自制力（self-control）、乐观态度（optimism）、感恩精神（gratitude）、社交智力（social intelligence）、好奇心（curiosity），其中情商只是社交智力的一部分。如今的孩子更少面对失败，决定成功的重要因素不在于给孩子灌输了多少知识，而在于我们是否能够帮助孩子获得以 Grit 为首的七项重要的性格特质。创建新型的课堂文化，让孩子在学习中面对更多挑战、挣扎和冒险，而不仅仅是获得正确答案，这能够帮助孩子塑造坚毅的品格并有助于将来在任何领域获得成功。

# 第二章 网络环境下教与学的理论基础

## 第一节 教学理论

### 一、哲学和技术奠定了教学理论基础

#### （一）哲学取向的教学理论

教学理论是教育学的一个重要分支，它既是一门理论科学也是一门应用科学，既研究教学现象、问题，揭示教学一般规律，也研究利用和遵循规律来解决教学实际问题的方法策略和技术。任何学科和领域的研究都离不开哲学思想的影响和指导以及技术发展的促进作用。

哲学取向的教学理论具有浓厚的理性主义，源于苏格拉底和柏拉图的“知识即道德”的传统。认为教学目的是形成人的道德，而道德是通过知识积累自然形成的，是一种偏重知识授受为逻辑起点、从目的和手段展开的教学理论体系。

人本主义思想包括对自由和自治的信念，强调个体重要性和人类的特殊需要。教育目的是发展能够快乐地过有意义生活的个体，注重感情方面的能力和增强自我导向及控制能力。技术的发展极大地改变了人们的生活、工作和学习方式。技术是对社会最具影响力的因素，是塑造社会的力量。计算机网络为人们的学习创设了广阔而自由的学习环境，丰富的学习资源使得传统的密集型课堂教学走向了

个别化、分散化、社会化和家庭化，拓展了教学时空维度，为合作学习、小组学习、发现学习、探究学习等提供了技术基础。

技术在教学中的使用有把学生当作机器而不是人来对待的倾向，如何在教学中正确运用技术使其达到最优化状态，又能充分使整个教学过程充分考虑和发挥人性的特点，二者的不断协调和平衡状态是达到最优化教学的保证。

### （二）行为主义教学理论

20世纪初，以美国心理学家华生（J B Waston，1878—1958年）为首发起的行为革命对心理学的发展进程产生了很大的影响，心理学是自然科学的一个纯客观的实验分支，行为主义教学理论目标在于预见和控制行为，它把刺激—反应作为行为的基本单位，认为学习即“刺激—反应”之间联结的加强。学习过程是一个渐进尝试的过程，强化对学习格外重要，并由此派生出程序教学、计算机辅助教育、个别学习和视听教学等多种教学模式，其中以斯金纳（B F Skinner，1904—1990年）的程序教学理论影响最大。斯金纳对程序学习的处理包括两种形式，即“直线式”和“分支式”。“直线式”程序教学特征包括小步骤进行、能够呈现明显的反应、及时反馈原则和自定步调进行学习；“分支式”程序教学比“直线式”程序教学复杂，通常包括多重选择的格式，学生在面临若干信息时面临多重选择的问题，回答正确后进入下一个信息系统，回答不正确则给予补充信息。

### （三）认知教学理论

认知教学理论认为个体与环境之间，个体作用于环境而不是环境引起人的行为，环境只是提供潜在刺激，学习者内部的心理结构决定刺激是否被注意或被加工，提出认知教学理论的是美国教育心理学家布鲁纳和奥苏贝尔等，其中影响较大的是布鲁纳的认知结构教学理论。

认知结构教学理论认为教学主要目的是发展学生的智力，强调教育的质量和理智，教育不仅要培养成绩优异的学生，还要能够帮助每个学生获得最好的理智发展。布鲁纳提出了动机原则、结构原则、序列原则和强化原则四条教学原则，任何学科知识都有结构性特点，知识结构本身具有理智发展的规律。他主张发现教学法，认为学生的认知发展主要是遵循其特有的认识规律，学生不是被动的知识接受者，而是积极的信息加工者，强调学习过程、直觉思维、内在动机和信息提取。布鲁纳的教学理论是适应教育现代化要求的一种探讨，其理论促进了美国中小学的课程与教学改革。

### （四）情感教学理论

从 20 世纪 60 年代起人本主义心理学逐渐崛起，提出心理学要真正成为关于人的科学，学习涉及整个人，而不仅仅是为学习者提供事实，应该探讨完整的人，而不是把人分割成行为、认知等从属方面。教学的本质是促使学生成为一个完善的人，美国人本主义心理学家罗杰斯（C R Rogers，1902—1987 年）是主要代表人物，认为教育的目标是“充分发挥作用的人、自我发展的人和形成自我实现的人”，只有这样的人才能够建设性地处理某个领域存在的问题。他把心理咨询的方法移植到教学中，强调“学生为中心的教育”，把学习分成无意义学习和有意义学习，为促进学生学习的环境而构建了一种非指导性的教学模式，以解决学生的情感问题为目标。

### （五）建构主义教学理论

建构主义是认知结构学习理论在当代的发展，强调的是学生的巨大潜能，认为教学就是要把学生现有的知识经验作为新知识的生长点，引导学生在原有知识经验的基础上通过人际间的协作活动构建出新的知识经验，从而实现知识建构的过程。

建构主义理论是学习理论由行为主义发展到认知主义的进一步发展。建构主义理论从认识论的高度揭示了认识的建构性原则，强调了认知的能动性。建构主义可上溯到康德对理性主义与经验主义的综合，它认为主体只能通过利用内部构建的基本的认知原则（范畴）去组织经验，从而发展知识。目前，一般认为建构主义学习理论是皮亚杰、布鲁纳和维果茨基理论的发展。建构主义以学习者为中心，学习是学习者主动建构心理表征的过程，强调学习过程中要充分发挥学习者的主动性，学习过程同时包括两方面的建构，既包括对旧知识的改组和重构，也包括对新信息的建构。学习既是个别化行为，又是社会性行为，学习需要交流与合作，强调学习的情境性，重视教学过程关于情境的创设，强调情境对建构的重要性。以学为主的教学设计理论正是顺应建构主义学习要求而发展起来的，传统的教学设计往往是单向传输的、被动的和封闭的，它为克服传统教学设计的不足提供了新的设计与教学的思路与途径，所以建构主义被认为是革新传统教学的理论基础。

## 二、不同类别的教学理论及教育主张

目前教育界比较流行且应用广泛和深入的教学理论主要包括以下内容：

- 赞可夫的发展教学理论
- 布鲁纳的结构—发展教学理论
- 巴班斯基的教学最优化理论
- 斯金纳的程序教学理论
- 布卢姆的目标分类教学理论
- 奥苏贝尔的“先行组织者”教学理论
- 加涅的“九大教学活动”的教学活动程序理论

### （一）赞可夫的发展教学理论

赞可夫是苏联著名教育家和心理学家，他认为“只有当教学走在发展前面的时候，才是好的教学”，他根据苏联心理学家维果茨基的“最近发展区”理论，把学生在教学过程中的发展分为两个水平，一个是现有发展水平，即学生已经达到的、能够独立解决问题的水平；另一个是最近发展区，即在教师的引导和帮助下能达到的解决新问题的水平，它介于学生潜在发展水平和现有发展水平之间。

他认为教学应为学生的发展创造“最近发展区”，然后使学生的“最近发展区”转化为其现有发展水平，也就是把教学目标定在学生的“最近发展区”之内，只有当教学走在发展前面的时候才是最好的教学。赞可夫的发展教学理论的基本观点是以最好的教学效果促进学生的一般发展，应把一般发展作为教学目标，其理论基本原则主要是进行高难度、高速度教学，理论知识起主导作用，能够使学生理解教学过程并让全班学生都得到发展。

### （二）布鲁纳的结构—发展教学理论

美国教育心理学家布鲁纳提出了结构—发展教学理论，其基本观点是要掌握学科的基本结构，他关心的是教育质量与智育目标，重视“结构”是指要求教材包含学科的基本概念、法则及其联系，有助于学生“学习事物是怎样相互关联的”。任何学科都可用在智力教育上，有效地教给各阶段的儿童。他认为“在提出一个学科的基本结构时，可以保留一些令人兴奋的部分，引导学生自己去发现它”。这样，学生通过发现法来掌握学科基本结构，容易理解和记忆，便于知识的迁移和能力的发展，其理论的基本原则涵盖了动机原则、结构原则、启发原则和反馈原则。

### （三）巴班斯基的教学最优化理论

巴班斯基的教学最优化理论的基本观点认为教学是一个系统，用系统观点、方法来考察教学，教学效果取决于教学诸要素构成的合力，对教学应综合分析、整体设计和全面评价，教学最优化就是在现有条件下，用最少的时间精力取得最佳效果，其基本原则是注重科学性和实践性、系统性和连贯性，关注如何激发学习者动机，提高学习者的自觉性、积极性和独立性，让各种方法最优结合为教学创造最佳条件。

### （四）斯金纳的程序教学理论

斯金纳提出了程序教学理论，他是美国心理学家，新行为主义心理学的创始人。他根据操作性条件反射和强化作用研究发明了“教学机器”并设计了“程序教学”方案，被誉为“教学机器之父”。他认为学习是刺激与反应的联结，学习过程是渐进、尝试与错误的过程，随着错误的反应逐渐减少、正确的反应逐渐增加，最终形成固定的刺激反应，直至最后成功的过程，强化对学习很重要，无强化的反应会减弱反应，对反应的强化可以增强反应，而对反应的惩罚则会压抑反应。程序教学法的主要思想是把教学内容分成具有联系的小步骤，对学生的积极反应做出及时的反馈和强化，学生可以根据自己的情况自定步调进行学习。它强调知识和技能的掌握，注重外显行为，教师主要是负责创设环境并在最大限度上强化学生的正确行为。

### （五）布卢姆的目标分类教学理论

目标分类教学理论是20世纪50年代以布卢姆为代表的美国心理学家提出的，将教学活动所要实现的整体目标分为认知、动作技能和情感三个领域，并从实现各个领域的最终目标出发，确定了一系列目标序列。布卢姆目标分类教学理论把认知领域内的教学目标分为知识（knowledge）、领会（comprehension）、运用（application）、分析（analysis）、综合（synthesis）和评价（evaluation）6个层次，其排列是从简单到复杂、由浅入深的认知层次；动作技能学习领域目标分类中的动作技能涉及骨骼和肌肉的运用、发展和协调，它在实验课、体育课、职业培训、军事训练等科目中是主要的教学目标；情感学习领域目标分类中的情感学习与形成或改变态度、提高鉴赏能力、更新价值观念、培养高尚情操等密切相关，根据价值内化程度将情感领域的目标分为接受或注意、反应、评价、组织和价值与价值体系的性格化等五级。

### （六）奥苏贝尔的“先行组织者”教学理论

“先行组织者”是美国教育心理学家奥苏贝尔于20世纪60年代提出的一个概念。他认为学习是基于学生大脑已有的认知结构与未知的事物相互作用而习得概念，能促进有意义学习发生和保持的最有效策略是利用适当的引导性材料对当前所学新内容加以引导，这类引导性能便于建立新、旧知识之间的联系，从而能够对新学习内容起到固定吸收作用，这种引导性材料被称为“先行组织者”。先行组织者是帮助学习者进行有意义学习的一种教学策略，它分为说明性组织者和比较性组织者两类，说明性组织者是与新学习的内容发生上位关系，比较性组织者用于新观念与认知结构中类似概念的整合和辨别。教师在教学过程中正确运用先行组织者可以促进学生的有意义学习，从而最终达到既学习新知识又获得解决实际问题能力的目的。

### （七）加涅的“九大教学活动”的教学活动程序理论

加涅提出了“九大教学活动”的教学活动程序理论，认为教学是一种旨在影响学习者内部过程的外部事件，教学程序应该与学习各个阶段学习者内部活动过程相吻合，他把学习行为分解成 9 个阶段并对应着 9 个教学基本过程，教与学的对应关系（表 2-1）。

表 2-1　教学活动与学习活动关系

| 教学活动步骤 | 学习活动步骤 |
|---|---|
| 1. 引起注意 | 1. 接受 |
| 2. 告诉学生目标 | 2. 期望 |
| 3. 刺激对先前知识的回忆 | 3. 工作记忆检索 |
| 4. 呈示刺激材料 | 4. 选择性知觉 |
| 5. 提供学习指导 | 5. 语义编码 |
| 6. 诱发学生行为的产生 | 6. 反应 |
| 7. 提供反馈 | 7. 强化 |
| 8. 评定行为 | 8. 检索和强化 |
| 9. 促进记忆和迁移 | 9. 检索和归纳 |

随着技术的迅猛发展，视听教育理论对社会和教育的发展产生了越来越深远的影响。美国心理学家爱德加·戴尔于 1946 年发表了《视听教学法》，比较系统地阐述了视听教育的理论和方法，他把人类学习的经验分为做的经验、观察的经验和抽象经验，按照抽象程度分为 10 个层次，排列呈锥形的塔，被称为戴尔“经验之塔”。戴尔“经验之塔”的含义如下：

- 最底层的经验最具体，越往上越抽象；
- 教育应从具体经验入手，逐步过渡到抽象；
- 教育必须向抽象和普遍化发展，要形成概念；
- 学校教育中要运用各种教育教学工具，使教育具体直观，从而获得更好的抽象；
- 视听教具较言语、视觉符号更能提供具体和易于理解的经验，弥补学生直接经验的不足；
- 教育在重视直接经验的同时，更要达到普遍化的充分理解。

传统教学是以学科为教学的中心、以教师为教学的主宰，学生在成长过程中，要使学生掌握知识、开发智力和提高能力，从而更好地发展，就必须依赖教师的精心设计和培养。现代教学中越来越注重以学生为中心，教师的作用只在于引导学生的兴趣，满足他们的需要，学生在个体经验中获得发展并取得他们所需要的知识。同时片面强调学生的学习主动性，忽视教师的主导作用，往往使学生的学习陷入盲目探索，只能获得一些零星的实用知识，而学不到系统的科学知识，这不利于造就现代科技发展需要的专业人才，同样落后于时代的发展。

当今社会，现代人才唯一持久的竞争优势或许是具备比竞争对手学习得更快的能力。传统的教学方式是以“口授、板书、演示”为特征的传递灌输方式，相对应的传统的学习方式则是以“耳听、手记、做题”为特征的被动接受方式。近年来，随着数字化学习的开展和新一轮课程改革实施，要求教师的教学方式由传递灌输转向以“启发、诱导、点拨”为特征的启迪诱导方式，教师不再是教学过程的主宰、知识的灌输者，而是教学过程的组织者、指导者，支持学生自主学习、进行自主意义建构的帮助者、促进者。而学生的学习方式则要求由被动接受转向以“自主、协作、探究”为特征的主动建构方式，学生不再是外部刺激的接受器、知识的存储器，而是信息加工的主体、知识的主动建构者，是学习过程的主人。

## 第二节　学习理论

心理学中学习理论包括以下四大流派，即行为主义学习理论、认知主义学习理论、建构主义学习理论和人本主义学习理论。建构主义学习理论越来越受到大家的关注。

### 一、行为主义学习理论

行为主义学习理论是以人类可观察的行为作为主要观测元素，也称刺激－反应学习理论，早期代表人物是桑代克（E L Thorndike）和华生（John Broadus Watson），新行为主义代表人物是斯金纳（B F Skinner），其理论可以用公式表达，即反应＋强化—增强反应、反应无强化—减弱反应和反应＋惩罚—压抑反应，基本观点为学习是刺激与反应的联结，强化是促进这种联结的重要手段。学习过程是一种渐进的、尝试与错误的过程，最终形成固定的刺激反应直至最后成功的过程，其中强化对学习格外重要。桑代克的联结说是教育心理学史上第一个较为完整的学习理论，它系统地回答了有关学习的一些最基本的问题。

斯金纳是行为主义学派中最有影响力的心理学家之一，他在操作性条件反射理论中提出了“强化原则”，认为立即强化优于延缓强化，部分强化优于连续强化，运用操作强化原则设计和制造出的数学机器可以进行程序教学，为计算机辅助教学奠定了理论基础。程序教学法随着20世纪50年代程序教学机的问世而逐渐深入各个领域中，程序教学法的基本思想是把教学内容分成具有联系的小步骤，要求学生做出积极反应并对学生的反应做出及时的反馈和强化，同时学生在学习中可以根据自己的情况自定步调，进度不必一致并要求学生尽可能地做出正确的反应。程序教学法的特点就是强调知识、机能的掌握，重视外显行为的研究，要求教师的职责是创设环境，尽可能最大限度地强化学生的合适行为，计算机辅助教学的程序编程就是基于这种思想，目前在各类媒体资源中仍然占据重要地位。

## 二、认知主义学习理论

认知主义学习理论主要包括瑞士心理学家皮亚杰（J P Piaget）的“认知—结构说”、美国心理学家布鲁纳（J S Bruner）的“认知—发现说”和美国教育心理学家奥苏贝尔（D P Ausubel）的“认知—同化说”。认知主义学习理论强调个体作用于环境，而不是环境引起人的行为，环境只是提供刺激，刺激是否被注意取决于学习者内部的心理结构，其基本观点是认为学习是知觉的重新组织而不是刺激与反应的联结，学习过程不是渐进的尝试与错误的过程，而是突然顿悟，学习的外在强化不是学习产生的必要因素，应该强调的是学习内在动机与学习活动本身带来的内在强化作用。它的显著特点是强调智能的培养和重视内部心理活动的研究，强调要根据学习者已有的心理结构提供适当的问题情境，同时认为重视学习的迁移极为重要，强调学习者的积极主动精神，强调新观念与已有认知结构的相互作用。

认知—行为学习理论的主要代表人物是加涅（R M Gagne），加涅的基本观点是学习是人的倾向或能力的变化，但这种变化要保持一定时间且不能单纯归于生长过程，学习的结果即教学目标可分为言语信息、智力技能、认知策略、态度和动作技能五大类，学习发生的条件分为内部条件和外部条件，教学就是要安排外部条件，从而促进内部学习过程的发展。

## 三、人本主义学习理论

人本主义学习理论认为学习是丰满人性的过程，主张研究人的整体意识性、人的尊严、价值及其本性，反对把人还原和分割成各种元素，主张研究整体的人，强调“以学生为中心，着眼于学生独立性、创造性发展和人格的自我实现，每个人都具有自我发展和自我实现的潜力和动力，目的是人的自我实现。它从追求自我实现的角度来解释学习，强调学习者的自我参与、自我激励、自我评价和自我批判，学习者是学习的主体，应受到尊重，适用于对学生完善的个性和人格的培养，认为人际关系是最有效的学习条件，重视合作学习和发挥学生主动性，重视学习动机和情意教育，支持双主式（主导、主体）教学设计，强调的是“人”在学习、个性培养，重视人际关系和学习气氛的研究，这一思潮的代表包括马斯洛、罗杰斯等。

## 四、建构主义学习理论

建构主义学习理论是学习理论由行为主义发展到认知主义以后的进一步发展，它从认识论的高度揭示了认识的建构性原则，强调了认识的能动性，目前一般认为建构主义学习理论是皮亚杰、布鲁纳和维果茨基理论的进一步发展，对建构主义学习理论的理解具体如下：

- 以学习者为中心；
- 学习是学习者主动建构内部心理表征的过程，强调学习过程中要充分发挥学习者的主动性；
- 学习过程同时包括两方面的建构，既包括对旧知识的改造和重组，也包括对新信息的意义进行建构；
- 学习既是个别化行为，又是社会性行为，学习需要交流与合作；
- 强调学习的情境性，重视教学过程对情境的创设；

➢　强调资源对意义建构的重要性。

建构主义学习理论认为知识不是通过教师传授得到，而是学习者在一定的情境即社会文化背景下，借助其他人（包括教师和学习伙伴）的帮助，利用必要的学习资料，通过意义建构的方式而获得。情境、协作、对话和意义建构是学习环境中的四大要素或四大属性。建构主义提倡在教师指导下的、以学习者为中心的学习。也就是说，既强调学习者的主体作用，又不忽视教师的指导作用。教师是意义建构的帮助者、促进者，而不是知识的灌输者；学生是信息加工的主体，是意义的主动建构者，而不是外部刺激的被动接受者和被灌输的对象。

学生要成为意义的主动建构者，就要发挥主体作用，即要用探索法、发现法去建构知识的意义，学生主动搜集并分析有关的信息和资料，对所学习的问题能提出各种假设并努力加以验证，对当前的学习内容所反映的事物尽量和已知的事务相联系，并对联系加以认真思考，联系和思考是意义构建的关键。教师要成为学生建构意义的帮助者，就要发挥指导作用，即激发学生的学习兴趣，帮助学生形成学习动机，通过创设符合教学内容要求的情境和提示新旧知识之间联系的线索，帮助学生建构当前所学知识的意义，通过组织协作学习开展讨论与交流，并对协作学习过程进行引导，使之朝着有利于意义建构的方向发展。

## 第三节　传播理论

教育传播是人类社会的一种传播现象，按预定的教育目的，向确定的教育对象，传递知识、技能、思想意识等信息内容，现代教育传播具有传递信息手段先进、传播范围开放、传播方式多样和传播对象多层的特点。传播理论的模型有许多种，各自的理论框架也不尽相同，代表人物有拉斯韦尔、韦斯特莱、香农、贝罗等。目前传播理论主要包括拉斯韦尔（H D Lasswall）传播理论模式、香农—魏佛（Shannon Weaver）传播模式、韦斯特莱（Westley）传播理论模式和贝罗（D K Berlo）传播模式。

## 一、拉斯韦尔传播模式

拉斯韦尔 1948 年发表了《社会传播的构造和功能》，提出著名的典型线性传播理论，即“五 W”理论，后又发展为“7W”模式，将控制研究、内容研究、媒介研究、受众研究、效果研究的方法引入教育，即对教师、教学信息、教学媒体、学生和教学效果的研究。“五 W”理论即谁（Who）通过什么渠道（In Which Channel）对谁说（To Whom）、说了什么（Says What）并产生了什么效果（With What Effect）。1958 年，布雷多克（Bradock）又在此基础上发展成“7W”模式，即增加了为什么（Why）和在什么情况下（Where）两个要素。

## 二、香农—魏佛（Shannon Weaver）传播模式

香农—魏佛的传播模式分为七部分，带有反馈系统并且用图解型表达（图 2-1），其中信源和编码器是同一个人，信宿和译码器也是同一个人，信息以语言、文字、图画、动作和表情等各种方式通过空气、纸张、身体、面部表情等传播媒体（即信道）传递给受播者，受播者在生理、心理上发生反应并运用各种方式通过媒体再“反馈”给传播者，这是一个周而复始的传播过程。

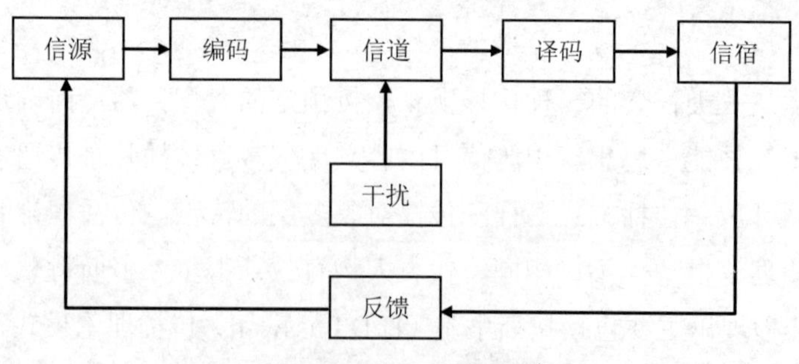


图 2-1 香农—魏佛传播模式

一个优秀的传播者，将经常注意受播者的反应，修正传播内容。使之更适合受播者的需要，提高传播的效果。这个理论指出了教学过程的双向性，揭示出教

学过程中各要素之间动态的相互联系。

### 三、韦斯特莱传播模式

韦斯特莱的传播理论是一种控制论模式，强调传播行为应该有目的、有计划地进行，其特点是传播的信息必须经过“把关者”的过滤，而且注意反馈。

韦斯特莱的传播理论中增加了“把关者”的过滤而且注重反馈，受播者向编制者反馈，把关者向编制者反馈，受播者向把关者反馈，在这个过程中教师起了把关者的作用，听取来自各方面的意见，及时分析各个渠道的反馈信息，达到最佳的教学效果，使教学过程最优化。

### 四、贝罗模式

贝罗模式是阐明思想传播系统结构的一个静态模式，由信源、信息、通道和受者四个要素组成，它非常强调反馈的重要性，同时阐明了影响各个要素传播功能的条件，包括传播技术、态度、知识、社会系统以及文化等。这一模式比较适用于研究和解释教育、教学传播系统的要素与结构，它由 4 个要素组成，即信源—教育者、信息—教育信息、通道—媒体和受者—受教育者。如果按照该模式来揭示影响教学传播的教师、内容、媒体和学生的各种条件，对教育传播效果进行预测，发现可能存在的问题并有针对性地加以改进，对教学具有重要的指导意义。

## 第四节　系统理论

系统科学思想和方法的运用为教育界打开了一个全新的视野，系统科学是一门方法层面的学科，为认识和研究事物提供了新思路和新方法，对教育领域的理论发展具有重要意义。所谓系统是指由相互联系、相互作用的要素或者部分组成的，具有一定结构和功能的有机整体。系统科学打破了人们过去静止孤立地研究某一事物或现象的思想，而是将其放在一个系统中，通过对整体的研究，分析系统中各个组成部分的作用和关系，寻求互相联系和影响的规律，从而对事物和现象的发展变化机理形成更加准确全面的认识。

系统科学的基本原理主要包括整体性原理、反馈原理和有序原理。整体性是系统的本质原则，系统中各要素的自身状态和互相关联形式决定了整个系统的总功能和效果。系统的整体性原理使我们认识到教育系统中教师、学生、资源等各要素之间协调运动的重要性，系统的功能总和并不是若干个组成要素功能的简单相加，而是各功能之和与关联因素的综合结果。建立整体的观念，充分分析各教学组成要素，有效建立各要素之间的联系，使其协调互动，发挥出系统的整体优势，以达到和实现教学效果最优化。系统必须遵循反馈原理，任何系统如果没有反馈机制，就无法实现有效的控制，使系统失去保持动态平衡和自适应的特性。对系统反馈机制的要求会促使教育评价得到足够重视，反馈信息传递通道的顺畅是保证教育系统稳定、正向发展的前提，是能够正确调控系统运行的关键。有序原理是因为系统内部结构、功能和层次的动态演变具有方向性，系统要达到有序，必须首先是一个开放式系统。系统由初始的简单无序状态经过逐步演变走向高级复杂有序状态，有序能够使系统保持稳定状态。教育系统要实现稳定的发展，教育教学活动必须与外界充分联系和信息交换，在动态变化过程中不断变化、调整、适应，在动态发展中保持正确方向，实现动态的稳定。另外，系统科学的分论研究也促进了教育领域内相近学科的产生和发展，如教育系统论、教育控制论、教育信息论等，为教育的发展与研究提供了丰富的理论基础。

# 第三章 教学系统设计的理论和实践

## 第一节 教学系统设计概述

### 一、教学系统概念

教育是一种有目的地对人传授知识、技能和培养良好道德品质的社会活动。教育目的实现需要采用一定的教育方式、方法和手段，而这种方式、方法和手段实质上就是教育技术，教育行为的出现伴随着教育技术的产生。

被学术界广泛承认的是美国教育传播与技术协会（AECT）发布的著名的AECT1994 定义，即“教育技术是关于学习过程与学习资源的设计、开发、利用、管理和评价的理论与实践”。媒体、技术和手段只是教育技术中的一个组成部分，教育技术既包括硬技术、软技术，同时还包含人工智能技术，技术所涵盖的范围既包括有形的物化技术如硬件技术和软件技术，也包括无形的智能技术，有形技术是教育技术的依托，无形技术是教育技术的灵魂。

教育技术有自己的研究实践领域及理论体系和方法，它的本质就是运用技术手段去优化教育教学过程，以达到提高教育教学的效果、效率与效益的目的。教育技术是技术和教育间缺失的一环，这就是教育技术研究者需要研究的领域。教育技术以信息技术为基础，但并不等同于信息技术，信息技术指一切能够扩展人类有关器官功能的技术，主要指与信息的产生、获取、表征、传输、变换、识别和应用有关的科学技术，应用于教育领域的信息技术通常有视听技术、数字音像技术、卫星电视广播技术、多媒体计算机技术、人工智能技术、网络技术和虚拟技术等。

教学系统设计（Instructional System Design，ISD）也称作教学设计（Instructional Design，ID），它在教育技术学领域中起着比较重要的理论指导作用，其理论和实践也一直是当前教育技术学研究的热点问题之一。兴起于20世纪60年代末美国的教学系统设计于80年代传入我国，其根本目的是通过对学习过程和学习资源的系统设计来创设各种有效的教学系统，以促进学习者学习的目的。目前比较权威的教学设计定义是“教学设计指运用系统方法分析教学问题和确定教学目标，建立解决教学问题的策略方案、试行解决方案、评价试行结果和对方案进行修改的过程”。

教学系统设计是运用系统教学方法研究探索教学系统中各个要素（如教师、学生、教学内容、教学条件以及教学目标、教学方法、教学媒体、教学组织形式、教学活动等）之间的本质联系，并通过一套具体的操作程序来协调、配置，使各要素有机结合，有效完成教学和学习的过程，教学系统设计具有可操作性，对实践有很强的指导意义。教学设计不同于教学论，教学论研究的是教学的本质与教学的一般规律，并通过教学本质与规律的认识来确定和优化学习的教学条件与方法，而教学系统设计本身并不去研究教学的本质和教学的一般规律，它只是在教学理论和学习理论等的指导下，运用系统方法对各个教学环节进行具体的设计，它是介于教学理论、学习理论与教学实践之间的桥梁或中间环节。

教学系统设计是在综合多种理论的基础上随着技术的发展而发展起来的一门学科，关于教学系统设计的观点大体有以下几种：教学设计是系统计划或规划教学的过程，是创设和开发学习经验和学习环境的学科。它是一门设计科学，强调教学设计的系统特征，突出循序渐进、合理有序的操作步骤，更多地体现了以学为主的教学设计思想，强调教学设计应侧重于对学习经验和学习环境的设计和开发。

教学系统设计理论主要包括加涅（R M Gagne）的“九五矩阵”教学系统设计理论，瑞格卢斯等人的精细加工理论（Elaboration Theory，ET），梅瑞尔的成分显示理论（Component Display Theory，CDT）及教学处理理论（Instructional

Transaction Theory，ITT）、史密斯（Smith P L）和雷根的教学系统设计理论以及我国学者提出的教学处方理论。

国内外的教学系统设计模式从理论基础和实施方法上基本分为三类，即以教为主的教学系统设计模式、以学为主的教学系统设计模式和“教师为主导、学生为主体”的教学协调设计模式（简称“主导—主体”模式）。教学系统设计模式在教学系统设计实践中发挥的作用主要为：它是作为相互交流的有效手段，是管理教学系统设计活动的指南，是设计过程决策的依据。教学系统设计一般为三个层次，即以产品为中心的层次、以课堂为中心的层次和以系统为中心的层次。

以课堂为中心的教学系统设计的范围是课堂教学，根据教学大纲的要求，针对班级学生，在固定的教学设施和教学资源的条件下进行教学系统设计，设计工作的重点是充分利用已有的设施和选择或编辑现有的教学材料来完成目标，而不是开发新的教学材料，教师可以依据教学系统设计的有关知识和技能进行整个课堂的教学系统设计。教学系统设计基本都包括学习者特征分析、学习需要分析、教学目标的分析与确定、教学内容的选择与组织、教学模式、教学方法和教学媒体的选择和运用及确立、教学设计成果评价等诸多要素。

教学模式（model of teaching），这个概念是在20世纪70年代初出现，最初由美国学者乔伊斯（Joyce）和韦尔等提出的，在《教学模式》（1972年）一书中系统地介绍了22种教学模式，并用较为规范的形式进行分类研究和阐述。在我国，教学模式于 80 年代末出现，最早将教学模式作为专门讨论内容的是叶澜主编的《新编教育学教程》（1991年），书中共介绍了10种教学模式。在此之前，我国将教学模式归为教学方法，或称为教学过程阶段理论，我国传统的教学模式习惯上称为“教学过程的阶段”，包括五部分，即引起学习动机、领会知识、巩固知识、运用知识和检查知识。

教学模式在发展的过程中不断改进和完善，大体经历以教师系统地传授和学生学习知识、教师辅导学生从活动中自己学习的教学模式。前者主要是教师系统讲授、学生系统听授的形式，后者是对系统传授和学习书本知识教学模式的否定，如杜威的“从做中学”，后来出现的既重视科学知识又重视学生自己活动学习的明确意图，最典型代表就是美国布鲁纳教材结构化和通过发现来学习。

目前比较认同的定义为“教学模式是建立在一定的教学理论之上，为实现特定的教学目的，将教学的诸要素以特定的方式组合成具有相对稳定的结构，具有可操作性程序的教学模型。在教学模式中有一种或多种教学策略”。教学模式的四个主要特点为：教学模式是教学理论的具体化；每一种教学模式都有明确的主题、特定的目标，具有可操作的程序，同时包含了以某种教学策略为主的多种教学策略；具有相对稳定的结构；有自己的适应范围和一定的局限性，没有普遍适用的教学模式。

美国社会学家多伊奇对一般模式研究后指出，模式一般有四种功能，即构造功能、解释功能、启发功能和推断功能。教学模式的出现从根本上解决了教学理论和教学实践之间的严重脱节问题，研究和探讨教学模式，可以丰富和发展教学理论，更好地指导教学实践，提高教学质量。教学模式具备的五要素即教学思想或教学理论、教学目标、操作程序、师生角色、教学策略和评价。

随着教学系统设计理论的深入研究和实践工作的广泛开展，目前教学系统设计模式主要包括以下几类，即教学系统设计一般模式、以教为主的“肯普模型”和“史密斯—雷根模型”等、以学为主的基于建构主义的“主导—主体模式”等。

## 二、教学系统设计的一般模式

乌美娜总结的教学系统设计一般模式（图 3-1）主要包括学习需要分析、学习内容分析、学习者分析、学习目标的阐明、教学策略的制订、教学媒体的选择和运用以及教学设计成果的评价七个部分，其中四个基本主要要素包括分析教学对象、制订教学目标、选择教学策略和开展教学评价，教学过程四个阶段包括前端分析阶段、设计阶段、评价阶段和修改阶段，该模式具有通用性和普遍性，各种完整的教学系统设计过程都是在这四个基本要素的相互联系和相互制约所形成的构架上建立起来的。

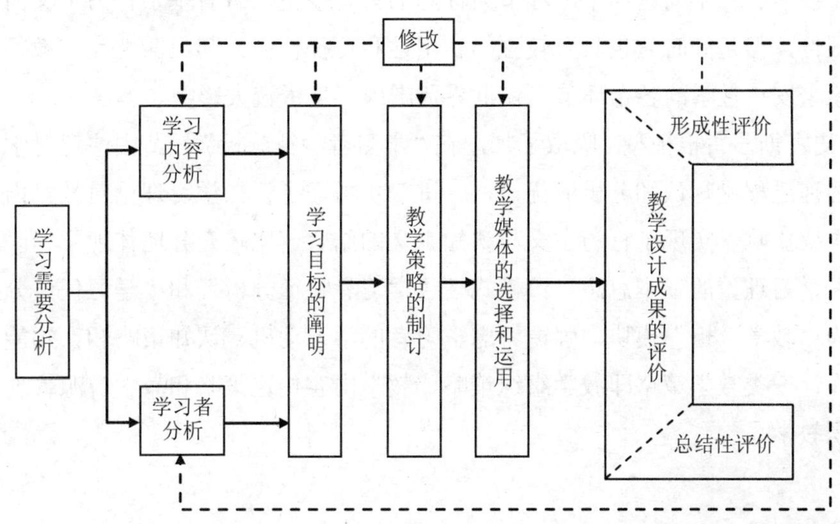


图 3-1　教学设计过程的一般模式

## 三、以教为主的教学系统模式

以教为主的教学系统设计模式中，第一代“肯普模型”（图 3-2）是以行为主义的联结学习（即刺激—反应）为理论基础，而第二代“史密斯-雷根模型”（图 3-3）则是以加涅的“联结—认知”学习为理论基础。“肯普模型”在教学过程中强调教学目标、学习者特征、教学资源和教学评价四个基本要素，教学系统设计要解决三个主要问题，即学生必须学到什么、为达到预期目标应如何进行教学和检查及评定预期教学效果；模式中涵盖了十个教学环节：①确定学习需要和学习目的，为此应先了解教学条件（包括优先条件和约束条件）；②选择课题与任务；③分析学习者特征；④分析学科内容；⑤阐明教学目标；⑥实施教学活动；⑦利用教学资源；⑧提供辅助性服务；⑨进行教学评价；⑩预测学生的准备情况，各环节之间是相互联系和相互交叉的，以环形方式来表述，学习需要和学习目的处于中心位置，它是教学系统设计的出发点和归宿，其他环节都是围绕中心进行设计，可以看出这是灵活的教学系统过程，评价和修改贯穿在整个教学过程始终。

以四个要素、三个问题和十大环节为标志的肯普模型，有着基于行为主义而带来的局限性，但是同时它也具有较强的实用性和可操作性，其灵活性允许教师按自己意愿来安排教学的各个环节，在世界范围内产生了较大影响。

"史密斯—雷根模型"吸取了加涅在"学习者特征分析"环节中注意对学习者内部心理过程进行认知分析的优点，并进一步考虑了认知学习理论对教学内容组织的重要影响，实现了行为主义与认知主义的结合，比较充分地体现了"联结—认知"学习理论的基本思想。该模式把"学习者特征分析"和"学习任务分析"合并为"教学分析"模块，强调考虑学习者的学习动机、认知策略和认知能力，通过设计三类教学策略即教学组织策略、教学内容传递策略和教学资源管理策略来组织教学。

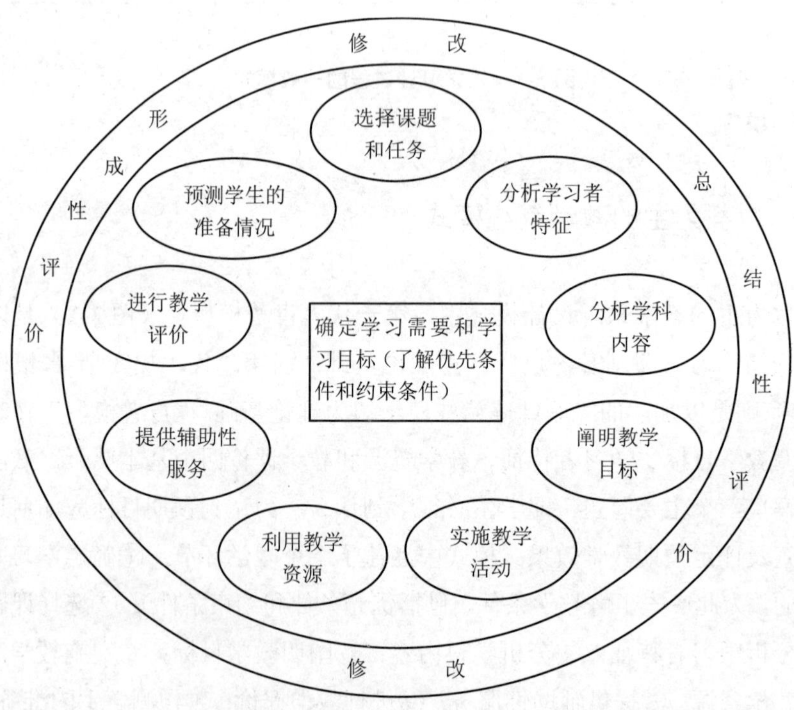


图 3-2　肯普模型

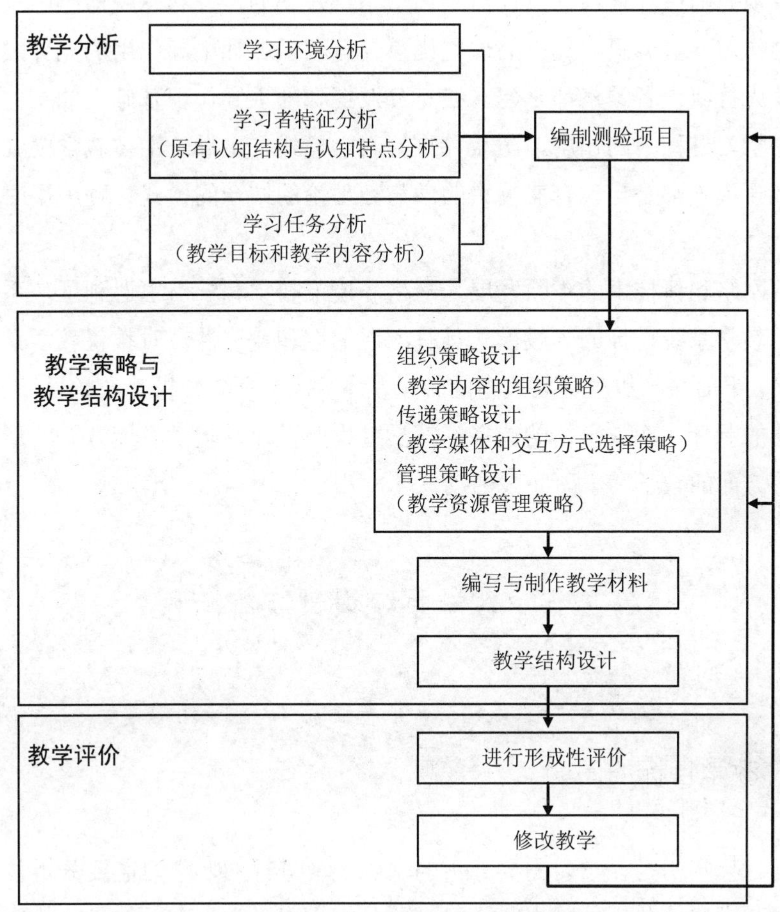


图 3-3　史密斯—雷根模型

## 四、以学为主的“主导—主体模式”

建构主义教学理论与学习理论是以学生为中心和以学为主的教学模式的主要理论基础，而奥苏贝尔的接受学习理论、动机理论和先行组织者的教学策略是以教为主的教学模式的主要理论基础，将二者有机结合起来，可以互相取长补短、优势互补。建构主义理论的突出优点是有利于创新思维和创新能力的人才的培养，缺点是忽视教师主导作用的发挥，不利于系统知识的传授和忽视情感因素在学习过程中的作用，奥苏贝尔提出的理论优点是有利于教师主导作用的充分发挥，接受理论及先行组织者策略都是建立在充分发挥教师主导作用基础上的，并重视情感因素在学习过程中的作用，学教并重的教学模式、主导—主体教学模式及基于网络的教学模式都是当代有影响力的学与教理论的结合的模式，顺应了时代发展的需求。

随着网络和新技术的不断发展，网络环境下教学和学习也遇到了一系列挑战和发展，教学系统设计的一般模式具有的通用性和普遍性，对教育教学具有普遍指导意义，下面从一般教学模式中的各个基本要素入手，分析其教学目标的阐明、教学策略的制订、教学媒体的选择、教学过程的设计及教学设计方案的形成和教学评价等方面的教学和学习实践活动。

## 第二节　教学系统设计实施流程

### 一、教学目标的阐明

教学目标阐明是在学习需要分析的基础之上进行的，学习需要分析包括学习内容分析和学习者分析。首先，学习需要是指学习者学习方面的当前状况与被期望达到的状况之间的差距，或者说，是学习者目前水平与期望学习者达到的水平之间的差距。期望达到的状况是指学习目标要求学生达到的知识、能力、素质水平等，目前的状况是指学习者现有的知识、能力、素质水平，而差距指出了学习者在知识、能力、素质水平方面的不足，指出了教学中实际存在和要解决的问题，这正是经过教育或培训可以解决的学习需要。

其次，学习者分析是学习需要分析的重要组成部分，教学设计的一切活动都是为了学习者的学，教学目标是否实现，要在学习者自己的认识和发展的学习活动中体现出来，而作为学习活动主体的学习者在学习过程中又是以自己的特点来进行学习的，因此在教学设计时应该首先了解学生即分析学习者的特征。学习者特征分析主要包括学习准备和学习风格，学习准备一般需要了解学生的一般特征和初识能力，其中初识能力包括学习者的态度、知识和技能，在这里需要了解学习者的预备知识和目标知识以及预备技能和目标技能，为下一步教学目标的确定奠定基础。

最后，学习内容分析是规定学生经过学习以后必须掌握的知识的广度和深度，以及将要获得的能力的范围和质量水平排出最佳教学顺序，即分析如何将学习者的实际水平转化为教学目标的期望水平所需要的各项知识内容的过程。通过对学习内容进行的层次分析，依据言语信息、智力技能、认知策略、动作技能和态度五种学习结果分类，确定教学目标的类型。

教学目标是对学习者通过教学后应该表现出来的可见行为的具体而明确的表述，它是预先确定的、通过教学可以达到的并且能够用现有技术手段测量的教学结果。教学目标是教师所预期的学生在思维、感情和行动方面变化的数量和程度，是教学活动实施的方向和预期达成的结果，是一切教学活动的出发点和最终归宿，教学目标是教学设计活动的出发点和最终归宿，具有导向、控制、激励、中介和测度等重要功能，教学目标阐述得是否明确、具体和规范将直接影响教学是否能沿着预定的、正确的方向进行。学校教学一般是按照学科进行分类、根据课程标准确定章节的教学目标，通常可以包括学校层面、课程层面及课程章节层面。教学目标是以学生为主体，着眼于学生的学习结果，是对学生学习行为结果的一种规定。教学目标一般使用动宾短语进行描述，具体明确，可操作性强且易于检测。

布卢姆的教学目标分类理论包括了认知领域目标、情感领域目标和动作技能领域目标，他在认知领域目标中把知识和能力分为六个等级，即识记、领会、运用、分析、综合和评价，六个等级呈递进关系。在进行认知领域目标的实际教学中，可以参考行为动词选择表进行教学设计方案中教学目标的表述工作（表 3-1）。

目前编写教学目标基本上遵循 ABCD 模式，即一个规范的教学目标包含四个要素：A（audience）指教学对象，目的是阐明教学对象，即学习者是谁；B（behaviour）即行为，是指说明学习者通过学习后能做什么；C（condition）即条件，是指说明学习者表现学习行为时所处的环境和条件因素；D（degree）即标准，含义为指出合格行为的最低标准。例如：

小学三年级学生，在30分钟内 能默写三首古诗 正确率达100%。

A　　　　C　　　　B　　　　D

表3-1 行为动词选择表

| 分类 | 目标层次 | 可供选择的行为动词 |
|---|---|---|
| 认知类 | 记忆 | 了解、知道、识记、记忆、记住、回忆、描述、指出、标明、列举、选择、说明、背诵、配合、定义、说出、写出、复述、辨别、辨认、指明 |
| | 理解 | 理解、用自己的话说出……、区别、估计、解释、引申、举例说明、叙述、鉴别、选择、归纳、预测、重新写出、分类、转换 |
| | 简单应用 | 计算、示范、应用、运用、操纵、操作、准备、产生、制作、列举、解答、证明、改变、表现、发现、修饰、阐述、解释、说明、修改 |
| | 综合应用 | 分析、区别、区分、指明、猜测、选择、分开、分类、比较、对照、检查、指出、评析、图示、组合、组成、联合、归纳、重建、总结、重写、重组、重新安排、计划、修饰、编写、创造、设计、提出、综合 |
| | 创建 | 评价、比较、结论、对比、总结、证明、评定、判断、说明……价值、解释、编写 |

## 二、教学策略的制订

教学策略是指在不同的教学条件下，为达到不同的教学结果所采用的方式、方法、媒体的总和，它具体体现在教与学的相互作用的活动中。教学策略具有指向性、操作性、整体综合性、调控性和灵活性的特点，制订教学策略的依据主要包括从学习目标出发、遵循实际的教学条件、以教学和学习理论为指导、符合学习内容和适合学习者特点这几个方面。在选择和设计教学策略时，要遵循一定的原则，以教学思想和教学理论为指导，以总体目标和具体目标为导向，根据教学内容、师生实践情况及适用范围进行教学策略的制订，可以选择一种教学策略，也可以进行多种教学策略的有效组合，从而发挥多种教学策略的综合优势。

在教学系统设计过程中，主要包括以教为主的教学策略选择和以学为主的教学策略选择。在我国以教为主的教学策略主要有“五段教学法”“九段教学法”、示范—模仿教学策略和引导发现教学策略。赫尔巴特学派的“五段教学法”主要步骤包括激发学习动机、复习旧课、讲授新课、运用巩固、检查效果，在学校教育中比较普遍，比较适用于认知领域的教育目标培养，主要特点是能让学生在有效的时间单位中掌握更多的知识，学生被动接受知识不利于学习主动性的发挥。“九段教学法”是加涅通过对学习过程和教学阶段的理解提出的一种教学策略，他认为教学是一种影响学习内部过程的外部事件，教学过程与学习过程的活动应该互相吻合，他把每一个学习行动分解成九个阶段，相应的教学基本过程也是九个步骤，即引起注意、告诉学生学习目标、刺激对先前学习的回忆、呈现刺激材料、提供学习指导、诱发学生行为、提供反馈、评定行为和促进记忆和迁移。示范—模仿教学策略比较适用于动作技能领域的教学目标培养，通过定向、参与性练习、自主练习和迁移达到教学目标的培养，技术的发展使这一最基本的教学策略有了更广的运用范围。引导发现教学策略是以解决问题为主，注重学生的独立性和创造性思维能力的培养，也比较适用于认知领域教育目标培养，这种程序教学主要以杜威、布鲁纳等为代表人物，通过提出问题、建立假设、通过推理和验证从而得出结论的学习过程，能够教会学生如何学习，注重开展独立活动，有利于培养学生的探究能力。

以学为主的发现教学法是美国著名教育家布鲁纳提出的，他认为学生的认识过程与人类的认识过程有共同之处，教学过程就是在教师引导下学生发现的过程，学习就是依靠发现，要求学生利用教师或者教材提供的材料，主动地进行学习，强调学生自我思考、探究和发现事物，而不是消极地接受知识，要像数学家那样思考数学，像历史学家那样思考历史，亲自去发现问题的结论和规律，成为一个发现者，这就是发现教学模式。在教学目标中，学习的直接目标在于掌握学科的基本知识，同时还要重视发展学生的智力。在布鲁纳的教学思想中，学生智力的发展与能力的培养是一个中心概念，与这个中心概念相邻近的包括学科的基本知识技能、直觉思维能力以及内在动机等。维果茨基的支架教学策略是为学习者建构自己对知识的理解提供一种概念框架，为发展学习者对问题的进一步理解事先把复杂学习任务加以分解以便于把学习者的理解逐步引向深入。抛锚式教学策略中“锚”是指包含某种问题、任务的真实情境，其主要目的是学习者在一个真实完整的问题背景中产生学习需要，学习者通过主动学习和教师的嵌入式教学及小组中成员间的交流与合作亲身体验到从识别目标到提出和达到目标的全过程，完成对知识的积极建构。协作学习（cooperative learning）是学生以小组形式参与、为达到共同的学习目标、在一定的激励机制下最大化个人和他人习得成果而合作互助的一切相关行为，协作学习策略是指两个或两个以上的学习者通过讨论、互助等方式来互促学习、提高学习成效的一种教学策略。美国探究教学专家萨其曼（R Suchman）坚信学生本能地对一切新奇的事物感兴趣，他们会想方设法弄清这些新奇事物的背后究竟发生了什么。这是一种进行科学研究的可贵的动力和心理资源。帮助学生进行探究的最好方法是训练，探究训练教学模式旨在教会学生调查、尝试、说明、解释某种现象，以帮助学生有效地获得新知识，增强各项认知能力。

## 三、教学媒体的选择

教学媒体（media）指的是在传播知识、技能和情感的过程中，存储和传递教学信息的载体和工具。教学媒体代表信息的载体和传递、加工信息的工具。其有两层含义，一是指承载信息所使用的符号系统，如文字、符号、语言、声音、图形、图像、软件程序等，媒体呈现时采用的符号系统将决定媒体的信息表达功能；二是指存储和加工、传递信息的实体，如书本、挂图、投影片、录像带、微缩胶片、计算机磁盘等以及相关的采集、播放、处理设备。

对教学媒体进行分类，是为了更好地在教学中选择和运用这些媒体，对媒体的分类可以以教学过程中的要素为依据，根据不同分类标准，媒体可分为很多种。

根据使用媒体的感知器官可以分为视觉媒体、听觉媒体、视听觉媒体和交互多媒体。这种分类方法从教学内容出发，清楚地表明了教学媒体的信息表现能力与特点。根据这一分类的结果，教师可以有目的地选择教学媒体来展示教学内容。视觉媒体是指发出的信息主要作用于人的视觉器官的媒体，如印刷品、图片、黑板、教科书、挂图、标本、幻灯片、投影等；听觉媒体是指发出的信息主要作用于人的听觉器官的媒体，如口头语言、录音机、广播等；视听觉媒体是指发出的信息主要作用于人的视觉器官和听觉器官的媒体，如电影、电视、计算机等；交互多媒体是指使用多种感官且具有人机交互作用的媒体，如多媒体计算机等。

根据教学组织形式的媒体分类方法为教师在不同的教学形式、规模下选择教学媒体提供了有效的指导，教师可以根据教学活动、学生数量来合理地选择媒体，争取最佳的教学效果与效率，用于课堂展示的媒体如投影、录像、黑板等，用于个别化学习的媒体如印刷品、录音带等，用于小组教学的媒体如图片、投影、白板等，用于远程教育的媒体如广播电视、计算机网络和移动网络等。

按照现代教学媒体的物理性质可以分为五大类：①光学投影教学媒体包括有幻灯机和幻灯片、投影机和投影片、电影和电影片等。这类媒体主要通过光学投影，把小的透明或不透明的图片、标本、实物投射到银幕上，呈现所需的教学信息，包括静止图像和活动图像；②电声教学媒体包括有电唱机、扩音机、收音机、语言实验室以及唱片、磁带等。它将教学信息以声音的形式储存和播放传送；③电视教学媒体主要有电视机、录放像机、影碟机、录像带、视盘、学校闭路电视系统和微格教学训练系统等，它的主要特点为储存与传送的是活动的图像和声音信息；④计算机教学媒体包括计算机和计算机课件等。它能在各种教学活动中实现文字、图表、图像、活动图像等教学信息的传送、储存与加工处理，与学习者相互作用，开展有效的教学活动；⑤网络教学媒体可以实现基于网络的远距离教学，并且可以开展基于网络的协作学习、研究性学习等教学模式。

按照媒体的发展历史可以分为传统媒体和现代媒体。传统媒体如黑板、粉笔、挂图、模型、教科书等。现代学习媒体如幻灯片、投影、广播、多媒体计算机、电视录像教学、计算机辅助教学、卫星教育系统等。

选择教学媒体主要是依据教学目标、教学内容、教学对象、媒体特征和教学条件来进行。选择教学媒体的原则是最优决策原则、有效信息原则、优化组合原则。美国传播学家施拉姆提出的决定媒体选择概率的公式，是选择媒体的最优决策的依据，即媒体选择的概率（P）=媒体的功效（V）/需付出的代价（C)。媒体的功效是指教学媒体在教学过程中为了达到预期的教学目标所起作用的大小程度，也就是我们通常所说的媒体在教学中的使用目标。通常教师会同时考虑到教学内容、教学目标和教学媒体之间的关系，利用媒体最优选择模型进行媒体的选择和运用，一般媒体的使用方式包括设疑、播放、讲解、讨论、概括、举例等，教学媒体的使用方式可以根据实际情况进行多种组合，如设疑—播放—讲解（或讨论），也可以边播放边讲解，学习者还可以自己操作媒体进行学习等。

媒体在教学中可以起到很多作用，如提供事实、创设情境、引发动机、举例验证、呈现过程、形成表象、演绎原理、启发思维等。每种媒体都有其内在的规律和发挥其功能的固有法则，某种媒体的教学效果会在一定的情况下明显优于其他媒体，并不存在“超级媒体”，所有的媒体都有其长处和短处，媒体一般都是灵活的和可替换的，关键是在给定的条件下何种媒体最合适。

## 四、教学评价

### （一）教学评价概念及分类

教学系统设计以评价反馈为途径，来检验并不断修改完善计划、方案，使教学设计及其成果更趋有效。可以说，没有评价环节，教学系统设计过程就会缺少一种重要的内部动力，教学系统设计成果也难以达到真正完美。教学评价是指以教学目标为依据，制定科学的标准，运用一切有效的技术手段，对教学活动过程及其结果进行测定、衡量，并给予价值判断。虽然在一般的教学设计模式中，都将评价放在模式的最后环节，但这并不意味着评价是在教学之后才进行的。

实际上，教学系统设计的评价从确定教学目标时就已经开始，并贯穿在整个设计过程中，教学评价具有诊断和选择、调控和反馈、咨询决策、激励强化和教学功能。教学评价在实施过程中，遵循着客观性、整体性、指导性和科学性原则。依照不同的分类标准，教学评价可以分为不同的类型。按评价基准的不同，教学评价可分为常模参照评价和标准参照评价；按评价的功能不同，教学评价可分为诊断性评价、形成性评价和总结性评价；按评价方法的不同，教学评价可分为定性评价和定量评价。一般在教学过程中比较常用的评价主要是诊断性评价、形成性评价和总结性评价。

### （二）诊断性评价

诊断性评价也称教学前评价或前置评价。一般是在单元、学期、学年开始时，正常的教学活动尚未纳入轨道之前，对学生的知识和技能、智力和体力以及情感等状况进行“摸底”。目的是设计出可以满足不同起点水平和不同学习风格的学生所需的教学方案，并分别将学生置于最有益的教学程序中。

### （三）形成性评价

形成性评价（formative）是在某项教学活动过程中，为使教学活动开展得更好而不断进行的评价，它能及时了解阶段教学的效果和学生学习的进展情况、存在的问题等，以便及时反馈、调整和改进教学。建构主义认为，形成性评价是教学系统设计人员用来获取数据、并通过这些数据修正教学、提高教学效果的过程。形成性评价的重点是搜集数据、分析数据、改进教学系统设计，注重对学习者学习过程的分析和评价，支持和鼓励创新思维和能力的培养，从而正确地对学习者的最终学习效果进行评价。既然形成性评价是在形成阶段中进行的，那就要尽一切努力用它来改进这一过程。

形成性评价是一种过程性评价，是对学习过程及其结果的评价，它主要是突出学生主体地位，关注学生的学习态度、情感、学习策略以及文化意识等全面素质的发展，使学生能够主动学习。它能够让学生多研究问题，帮助学生有效调控自己的学习过程，使学生获得成就感、增强自信心和培养合作精神，非常有利于提高学生学习的积极性、主动性、创造性和个性发展。在形成性评价中，教师的职责是确定任务、收集资料并与学生共同讨论，在讨论中渗透教师的指导作用。

形成性评价一般进行得比较频繁，如一个章节或者一个单元后的小测验，它又是绝对评价，即着重于判断前期工作的达标情况。课堂教学设计活动中一般主要进行的是形成性评价，如对教学设计新方案的试行过程开展评价，目的是收集有力的数据和资料进行下一步修改方案的工作。对于提高教学质量来说，重视形成性评价比总结性评价更有实际意义。形成性评价遵循整体全面性、科学规范性、客观指导性、简单可行性、创新多样性和有效开放性原则。

课堂教学评价是教学设计活动的有机组成部分，它能够使教学设计及其成果更加有效，能够调节教学设计人员的心理因素。课堂教学评价主要从学生、教师、教学内容和媒体四个要素进行。形成性评价既包括对教学过程的评价，也涵盖对教学设计成果的评价，教学设计成果可以是一种新的教学方案，也可以是一套新的教学材料，如教科书、教学媒体课件等的运用，课堂教学设计中的形成性评价主要是针对教学方案描述的教学过程的评价。

目前课堂教学设计中的评价一般包括以教为主的形成性评价和以学为主的形

成性评价两种形式。以教为主的形成性评价可以从教学目标和内容、教学活动组织、学习资源的提供和学生成绩等方面进行设计；以学为主的形成性评价可以从学生学习过程、学生参与学习活动情况、学生学习态度和学生学习结果等方面进行设计。

形成性评价是课堂教学设计人员用来获取数据，并通过这些数据修正教学、提高教学效率效果的过程，重点是搜集数据、分析数据，从而改进课堂教学设计。形成性评价开始于分析阶段，持续于选择和设计阶段，如果计划中还有试用阶段，则会持续到实施过程的前期。

形成性评价通常包括 6 个阶段，即自我评价、专家评议、一对一评价、小组评价、实地试验以及进行中的评价。

1．自我评价（design review）

设计者、开发者或设计团队中的一些成员在将方案呈现给专家或者使用者评价之前对其进行评价，也叫内部评议，一般是在外部评价之前进行的。为了增加自评有效性，在遵循评价标准的前提下进行评价，以准执行者执行方案并记录各种积极和消极的反馈意见。

学习者每一次的自我评价实现了对原有认知结构的改造与重组，也就是完成了一次自我的肯定、否定、再否定的辩证评价过程。这种自我评价有利于学习者成就感的形成、目标的明确、个性化的培养，使学员由评价客体成为评价主体，提高学员的参与性，增强学员的自我评价能力。具有独立意识的学生一般具备选择、获取新技能和新知识等的能力，他们能够进行自我反思并确定下一步学习方案，教师可以通过发展学生的自我评价技能，使学生具备反思和自我管理能力。引导学生自评是对学生的尊重和信任，有利于调动学生参与评价的积极性，有利于培养学生的自我评价能力和自我教育能力，也有利于增强学生的主体意识和评价的客观程度，具体案例见表 3-2。

2．专家评议（expert review）

专家评议是指邀请一些内容专家、课堂教学设计专家或相关领域的专家，针对课堂教学设计各要素的选择或设计提供建设信息，并在方案实施前对其中的各个要素进行评议，看方案中设计的教学内容是否正确、是否反映最新发展动态，方案中所有的观点是否一致，提供的案例、实践练习、反馈是否真实准确，教学方法是否符合并反映现代教育观念和教育理论，教学内容、方法以及所用的教学资源和工具是否适用于教学对象。对于课堂教学这一层次设计成果的专家评议往往采用说课方式，对产品和系统层次的专家评议通常采用专家评议会方式，教学设计人员认真记录专家意见，有助于找出存在的问题以便修改。

表 3-2　小学英语口语评价表

| 评价内容 | 评价等级 | | | |
|---|---|---|---|---|
| | 优 | 良 | 合格 | 待合格 |
| 1. 我能吟诵简单的英语歌谣，演唱英语歌曲 | | | | |
| 2. 我能借助图片或提示编小对话，讲述英语小故事 | | | | |
| 3. 我能用英语就自己、家庭和朋友等话题，进行简单交流和描绘 | | | | |
| 4. 我能在情景中、游戏中扮演角色，进行有感情的交流 | | | | |
| 5. 我能运用英语进行简单的日常对话（如问候、告别、致谢、致歉等） | | | | |

3．一对一评价（one-to-one review）

一对一评价有时也被称为诊断性评价阶段，设计人员需要和多名具有代表性的学习者一起工作，从单个的学习者身上采集数据并修正教学材料，目的是确定并改正教学中存在的明显错误，并从学习者那里获得对教学内容最初的使用数据和反馈。这个阶段的评价可以从明晰度、影响力和可行性三方面进行。明晰度是对学习者个体而言信息或者呈现的教学内容是否明了清晰。影响力是教学对学习者个体的态度和教学目标的实现是否有影响。可行性是如果得到所需资源如时间、教学情境等，教学的可行性有多大。

一对一评价的关键在于它是一个交互的过程，设计人员要参与到学习者的学习过程中去，观察学习者的参与情况并按照预先设定好的时机与学习者讨论材料中呈现的内容，需要设计人员做好前期准备工作并具备较强的协作沟通交流能力，能够进行有效的交流。

在一对一评价中可以通过观察记录、学习者讨论的记录、教学完成后的问卷和测验等途径收集数据，不需要随机抽取样本，只需要挑选几个具有代表性的学习者即可。通过一对一评价可以看到教学中的错误和不足并及时采取措施进行马上修改从而促进教学。

4．小组评价（small-group review）

小组评价阶段往往是由4～6人组成学习小组，利用教学材料进行自学，然后通过对他们的测试来采集所需数据。小组评价主要是确定一对一评价之后所做的改动是否有效，确定教学中还存在哪些问题，是否能适用真实的目标群。小组评价需要收集两方面的内容，一是教学有效性方面，主要包括学习者前测和后测的成绩以及对教学的态度，前测一般包括入门技术和教学目标，后测测定学习者在教学目标上的表现，可以通过测验或者练习获得，对教学的态度信息可以通过态度问卷调查和后续访谈来获取；二是教学可行性方面，一般包括学习者的绩效评测所需的时间、在待定条件下实施教学的成本和可行性以及实施者的态度等。下面是一个学习小组内成员评价标准和要求的实例。

- 小组交流时是否能积极参与，大胆发表自己见解（+1分）。
- 学习小组成员能积极主动地回答问题（+1分）。
- 能主动提出问题，敢于质疑辩论（+2分）。
- 交流时能对同学发言敢提出疑问和不同见解并能进行正确解答和评析（+2分）。
- 课堂展示时获得优秀学生展示（+1分），是小组轮流同学展示（+1分），由学习成绩落后学生展示（+1分）。
- 课堂学习过程中小组成员做与学习无关的事情、说与学习无关的话等影响课堂学习（–1分）。
- 平时学习中有违纪行为如预习严重拖拉没做或抄袭（–1 分），平时测验成绩极差被老师批评（–1 分），课堂违纪被老师批评（–1 分），小组上课纪律差等被老师批评（–1分）。

5．实地试验（field trial）

实地试验是课堂教学设计结果实施前形成性评价的最后一个阶段，执行人员要在一个与教学材料最终使用环境尽可能相像的学习环境中进行评价。实地试验的目的是确定在小组评价之后所做出的改动是否有效，并确认教学方案在预设的环境中是否能够使用，主要目的就是要找出并消除教学中尚存的问题。

实地试验的关键是创设一个与“真实世界”尽可能接近的教学情境，不仅要求教学环境、条件与最终的使用环境、条件尽可能相像，而且执行教学的人员尽可能是教师，而不是教学设计人员，实地试验对学习者的要求也比较高。在实地试验阶段，数据收集、分析的过程和方法与小组评价类似，只是问题会依据小组评价的经验更加集中于在预期学习环境中教学的可行性，重点需要了解影响教学成功的各种因素。

6．进行中的评价（ongoing evaluation）

进行中的评价是指在教学实施之后，就教学对学习者的学习、工作和应用知识解决问题的效果进行的评价。无论是知识技能还是方法，教学的最终目的并不只是为了学生能够掌握或者在学习过程中的应用，而是在最终需要运用这些知识技能和方法的环境中进行创造性地运用。进行中的评价可以帮助设计人员了解学习者是否意识到在实际生活中应用所学的新知识和技能、学生应用的效果如何以及学习者对改进教学的意见和建议。

进行中的评价在课堂教学中很常见，现在也越来越受到重视，很多教师都会自觉地运用，只是并不是以一种很明显的评价行为表现出来，比如数学学科中计算能力、语文学科中的朗读能力与写作能力等，尽管没有专门的评价，教师会在其后的相关内容教学中观察学生应用已学知识的情况，并根据学生具体情况采取相应补救措施。

形成性评价是指通过观察、活动记录、学生评价表、测验、问卷调查、咨询等形式对学生学习进行的持续评价。它是伴随学习过程进行的，目的是向师生提供学习状态和进程反馈信息，从而有助于他们调节教与学的活动。形成性评价关注学习过程，试图通过改进学习过程来提高学习效果。除了可用于评价知识、技能等可以量化的方面外，形成性评价更适合于评价学习兴趣、学习态度、学习习惯、学习策略、合作精神等不易量化的内容。形成性评价往往是在开放的、宽松的、友好的、师生互动的环境中进行。形成性评价既是一种评价手段，也是一种学习方法。

教学设计成果的形成性评价通常包括制订计划、选择评价方法、试用设计成果和收集资料、归纳和分析资料、报告结果等几项工作。分析评价是审核教学目标与教学对象和环境是否适应，内容分解是否反映了教学目标，技术是否发挥了优势，学生是否得到了进步和发展；设计评价是判断设计是否能达到预期的教学目标，能否适应学生的学习活动要求等；实现评价是检查教学目标是否实现以及教学活动和学习活动开展情况等。每个阶段的评价都需要做出评价报告，并总结不足，找到改进的方法和措施。

课堂教学的一般方法包括以教为主的形成性评价和以学为主的形成性评价。以教为主的形成性评价通常包括两个环节，一是收集反映课堂教学效果的有关信息资料，二是根据信息资料所反映的教学状况做出即时反馈。在收集反映课堂教学信息时一般采用测验、调查和观察，其实它们也是课堂教学设计和教学活动中其他评价类型的主要工具，了解其特点、掌握其编制原理和方法是教学设计人员应该具备的基本功之一。这三种方法各有多长，测验适宜于收集认知类目标的学习成绩资料，调查适宜于收集情感类目标的资料，观察适宜于收集技能类目标的学习成绩资料。测验是最重要的教学评价手段，是在心理智力测验的基础上推广而来的，有常模参照测验、标准参照测验、客观性测验、主观性测验、标准化测验等评价方法（表3-3）。

表3-3 学习目标与相应评价方法的对应关系

| 学习目标 | 评价方法 |
| --- | --- |
| 知道 | 各种客观测验、标准测验 |
| 理解 | 论文测验、选择测验、面谈调查 |
| 创造力 | 论文测验、问题情境测验、面谈调查 |
| 鉴赏力 | 论文测验、问卷调查、面谈调查 |
| 读、写、算能力 | 各种客观测验、标准测验、观察 |
| 会话、交流能力 | 各种客观测验、人际交往能力测验 |
| 操作、实验技能 | 观察、客观测验 |
| 态度、习惯、适应性 | 观察、面谈调查、问卷调查 |
| 职业能力倾向 | 能力测验、观察、面谈调查 |

根据信息资料所反映的教学状况做出即时反馈，一般包括校正性反馈、鼓励性反馈和帮助性反馈三种。当大多数学生对当前教学内容的学习未能达到教学目标要求时，反馈应是校正性的，即教师及时调整当前的教学内容与教学策略以适应大多数学生的情况和需求；当大多数学生对当前教学内容的学习能较好地达到教学目标的要求，只有少数或个别学生未能达到时，则区分两种情况做出不同反馈，对大多数能达到教学目标的学生给予鼓励性反馈，即根据程度给予相应的、

恰如其分的肯定和鼓励，对表现突出的给予更大的表扬；对少数或个别没有达到教学目标的学生给予帮助性的反馈，即教师应尽力提供帮助，可以在课堂上进行，也可以在课后进行辅导。

以学为主的形成性评价的实施考虑到此类教学过程一般采用自主学习策略，即主要依靠学生的自主探索、自主发现，它通常包括小组对个人的评价和学生个人的自我评价，评价主要围绕自主学习能力、协作学习过程做出的贡献和是否达到意义建构的要求三个方面。评价过程实施过程中，尽量使学生保持轻松愉快，从而客观确切地反映出每个学生学习的实际效果。根据小组评价和自我评价的结果，可以为学生设计出一套可供选择并有一定针对性的补充学习资料和强化练习，使之既能反映基本概念、基本原理，又能适应不同学生要求，通过强化练习纠正原有的理解错误或片面认识，最终达到符合要求的意义建构。

### （四）总结性评价

总结性评价一般是指某一个阶段的教学完成之后评定这一阶段的学习结果，目的在于评定教学目标的实现程度，检查教学工作的优劣，考核学生的最终成绩，把握教学活动的最终效果，给出教学与学习的最终评价结论。总结性评价又称事后评价，它注重的是教与学的结果，借此对被评价者所取得的较大成果做出全面鉴定，区分出等级并对整个教学方案的有效性做出评定。

总结性评价是以预先设定的教学目标为基准，对评价对象达成目标的程度，即最终取得的成就或成绩进行评价，对学习者的学习活动和教师的教学状况给出最终的评价与结论，是为了了解教学活动的最终效果而进行的评价，涉及学生最终的成绩和教师的评定，为各级决策人员提供参考依据。在学期期末或学年末进行的各科考试、考核都属于这种评价，其目的是检验学生的学业是否最终达到了各科教学目标的要求。总结性评价遵循整体性、科学性、客观性和开放性原则。

总结性评价是整个评价过程逻辑中的第二步，它是证明课堂教学设计有效性或显示其不足的最客观的方法，包括充分收集信息并利用这些信息做出是否利用的决策，它关注的是结果，关注课堂教学设计是否真正解决了教学问题，关注课堂教学设计是否优化了教学，是否获得了比较理想的教学效果。在总结性评价阶段中，对数据的收集和分析都比形成性评价更正规，它可能采用形成性评价用过的工具，如考试、访谈、观察、调查、小组过程以及档案袋评价等。其中考试环节可以具体包括笔试、口试和操作等方式。笔试是采用书面形式进行测试的一种考试方式；口试是让学生用口头语言回答接受测试的一种考试方式；操作是让学生动手进行实地操作，以考查学生的动手能力和对知识的实际应用能力。但不同的是，总结性评价在很大程度上依赖测试与测量的策略和统计分析来评价课堂教学效果，并为最后的决策提供客观依据。基于信息技术支持的课堂教学评价可以利用现场课、录像课以及包括录像课、教学设计方案、教学资源等在内的综合课例等多种形式展开。

总结性评价的实施一般包括准备阶段、信息采集及评价报告三个阶段。准备阶段主要任务是收集各类信息，进行初步筛选，形成评价方案，制订出能够全面评价的要求和文档等材料。信息采集阶段是开展评价的基础性工作，评价信息越全面充分，评价的标准性越高，一般包括问卷法、成绩测验法、各种形式的现场观察等。评价报告阶段，教师有必要就评价过程和结论进行全面的叙述，提出相关建议，并将结果以评价报告形式反馈给决策者和被评价者。

对整个课堂教学效果的总结性评价可以从教学结构、学生学习方式和效果、教师教学方式和效果等维度进行，在“主导—主体”教学结构中，教师通过对教学内容、教学媒体、学习活动等的设计，使学生在学习过程中既有很大的自主权，也会得到教师、专家或者同伴的指导，开放式的学习环境有利于学生创新精神和实践能力的培养；总结性评价应充分考虑到是否从学生出发，学生的积极性和主动性是否得到了发挥等；总结性评价还应关注教师的教学方式和效果，从教师在角色转变、教学设计的落实和实施情况、教学方法和手段的有效性、学习资源与工具的应用性及教学组织的掌控性等方面进行多方位、全面的评价。

## 五、教学方案形成

教学系统设计方案可以遵循一定的模板进行填写和设计。比较有效和常用的模板以叙述式和表格式为主，教师可以遵循传统的叙述式教学设计方案进行填写，也可以按照一定的表格式教学设计方案模板进行撰写。叙述式教学设计方案模板可以包括概述、教学目标分析、学习者特征分析、教学策略选择与设计、教学资源与工具设计、教学过程、教学评价设计以及帮助和总结，表格式教学设计方案（表 3-4）也可以涵盖或者删减叙述式教学设计方案里的各个环节和内容，二者的本质一样，只是表现方式不同。表 3-5 是以表 3-4 为模板针对高一年级数学学科“映射”教学的教学设计方案实例。

表 3-4 教学设计方案样例

<table>
<tr><td>案例名称</td><td colspan="5"></td></tr>
<tr><td>科目</td><td></td><td>教学对象</td><td></td><td>提供者</td><td></td></tr>
<tr><td>课时</td><td></td><td></td><td></td><td></td><td></td></tr>
<tr><td colspan="6">一、教材内容分析</td></tr>
<tr><td colspan="6"></td></tr>
<tr><td colspan="6">二、教学目标（知识、技能、情感态度、价值观）</td></tr>
<tr><td colspan="6"></td></tr>
<tr><td colspan="6">三、学习者特征分析</td></tr>
<tr><td colspan="6"></td></tr>
<tr><td colspan="6">四、教学策略选择与设计</td></tr>
<tr><td colspan="6"></td></tr>
<tr><td colspan="6">五、教学环境及资源准备</td></tr>
<tr><td colspan="6"></td></tr>
<tr><td colspan="6">六、教学过程</td></tr>
<tr><td>教学过程</td><td colspan="2">教师活动</td><td colspan="2">学生活动</td><td>设计意图及资源准备</td></tr>
<tr><td></td><td colspan="2"></td><td colspan="2"></td><td></td></tr>
<tr><td colspan="6">教学流程图</td></tr>
<tr><td colspan="6">七、教学评价设计</td></tr>
<tr><td colspan="6"></td></tr>
<tr><td colspan="6">八、帮助和总结</td></tr>
<tr><td colspan="6"></td></tr>
</table>

表 3-5 “映射”课堂教学设计

一、基本信息

| 设计者 | 执教人 | 课件提供 | 时间 | 班级 | 课题 |
|---|---|---|---|---|---|
| 马翔 | 马翔 | 北师大<br>课题组 | 2003 年<br>11 月 | 北京 110 中<br>高 （二） | 高一数学第一册《映射》 |

二、教学内容

在这节课的教学过程中，依次设计为实例引入、新知导学、学习探究、检测反馈、归纳小结和课后思考六个环节，且将多媒体演示一直贯穿在整个教学过程中。

（一）实例引入

通过生活中的实例，创设学习情景，激发学生的学习兴趣，避免抽象、乏味。映射概念描述两个集合的一种对应关系，动画演示的乘客与车站的对应关系就是一种映射。接着动画演示了“箭”与“靶子”的对应关系，形象地展示了“射”的动作，这样就吸引了学生，激发了学生强烈的好奇心和探究意识。他们再与学过的“函数”概念进行比较，就能发现“每一位乘客唯一地对应一个车站”满足这样的对应关系，于是自然得到映射的概念。

（二）新知导学

老师引导、启发学生归纳映射的概念，学生通过对例题的分析，加深对概念的理解，突出教学重点。

1．映射概念的得出：先复习函数概念，通过实例引入，分析旧知识与新知识之间的矛盾，教师引导学生分析、探究、获取新知，自然引出映射概念，并将非空数集扩展到任意集合。因此，让学生先叙述概念，再补充完整。

2．例题分析：该环节通过一些紧扣目标的例题，帮助学生剖析定义，使学生将本节知识具体化，使抽象的概念转化为具体的思维，由此进一步达到学习目标。讲解时我负责分析启发，由学生回答结论，让学生积极参与，主动学习。

3．象与原象的概念：为了让学生更好地理解概念，可以列举照相的例子。例子中，全体同学组成集合 $A$，同学照的像组成集合 $B$，以多媒体进行了展示，直观、生动。每个同学都找到了自己的“像”，调动了学习气氛，对概念也能自然的接受。

（三）学习探究

在掌握了映射这一概念后，学生需要领会函数、对应、映射这三个概念和三者之间的联系。这部分知识采取了探究式学习，学生可以利用网络查询相关资料，总结自己的观点，为了提高课堂教学的实效性，将查询到的一些素材存在机器上，供学生在课堂上探究。同时将学生进行分组活动，这样有利于学生之间交流协作学习，总结观点、展示观点，在讨论中加深对这三个概念的理解。

（四）检测反馈

这一部分为了检测学生学习效果，教师也可以及时了解本节课的教学效果，在今后的教学中可以有的放矢。同时，通过练习巩固知识，并通过电脑课件中交互的学习反馈，达到教学目标。

（五）归纳小结和课后思考

在这两个环节中使学生对本节课所学知识结构有一个清晰的认识，同时给学生留下思考的空间，鼓励学生课下利用信息手段自主学习。

| 三、学生特征分析 | |
|---|---|
| 1．智力因素 | （1）学生已学过了函数的概念，在复习引入的基础上有了学习的基础 |
| | （2）探究函数、对应、映射的关系 |
| | （3）学生已学习基本计算机操作技术，并可较熟练操作 |
| 2．非智力因素 | （1）示例引入后，学生头脑中产生思维冲突，有利于新知识的补充学习 |
| | （2）计算机的使用，增强学生兴趣，从各种渠道获得的相关知识较多 |
| | （3）本班学生男生较多，好问好动，探索欲较强 |

四、教学内容与教学目标的分析与确定

（一）知识点的划分与教学目标（学习水平）的确定

| 课题名称 | 知识点 | | 教学目标 | | | | | |
|---|---|---|---|---|---|---|---|---|
| | | | 知道 | 领会 | 运用 | 分析 | 综合 | 评价 |
| 映射 | 1．映射概念引入 | | √ | √ | √ | | | |
| | 2. 映射概念 | （1）定义 | √ | √ | √ | √ | | |
| | | （2）性质 | √ | √ | √ | √ | | |
| | | （3）象与原象 | √ | √ | √ | √ | | |
| | | （4）例题 | √ | √ | √ | √ | √ | √ |
| | 3．研究性学习 | 概念 | √ | √ | √ | √ | | |
| | | 映射函数对应关系（知识拓展） | √ | √ | √ | √ | √ | |

（二）教学目标的具体描述

| 知识点 | 教学目标的具体描述 |
|---|---|
| 1．映射的概念 | （1）示例引入，引发思考 |
| | （2）通过教师引导，进一步了解概念 |
| | (3) 学生通过网上的素材学习，进一步领会、明确概念，探究概念之间的联系，并能对研究性学习获得的信息做出分析判断 |
| 2．象与原象的概念 | （1）通过照相示例引入，初步了解概念 |
| | （2）通过教师引导启发，熟悉概念并应用 |
| 3．例题分析 | （1）通过学生对概念的理解，解决例题；通过例题，加深概念理解 |
| | (2) 通过练习达到教学反馈 |

| （三）教学重点、难点分析 |
|---|
| 映射是近代数学一个重要的概念。由于概念本身较抽象，在这节课中我尝试通过信息技术与数学课程的整合，逐步突破概念教学中的难点，突出概念教学的重点，使学生在学习的同时，学会探究概念之间的关系，以此来达到教学的目的 |

## 五、教学过程结构的设计及简要说明

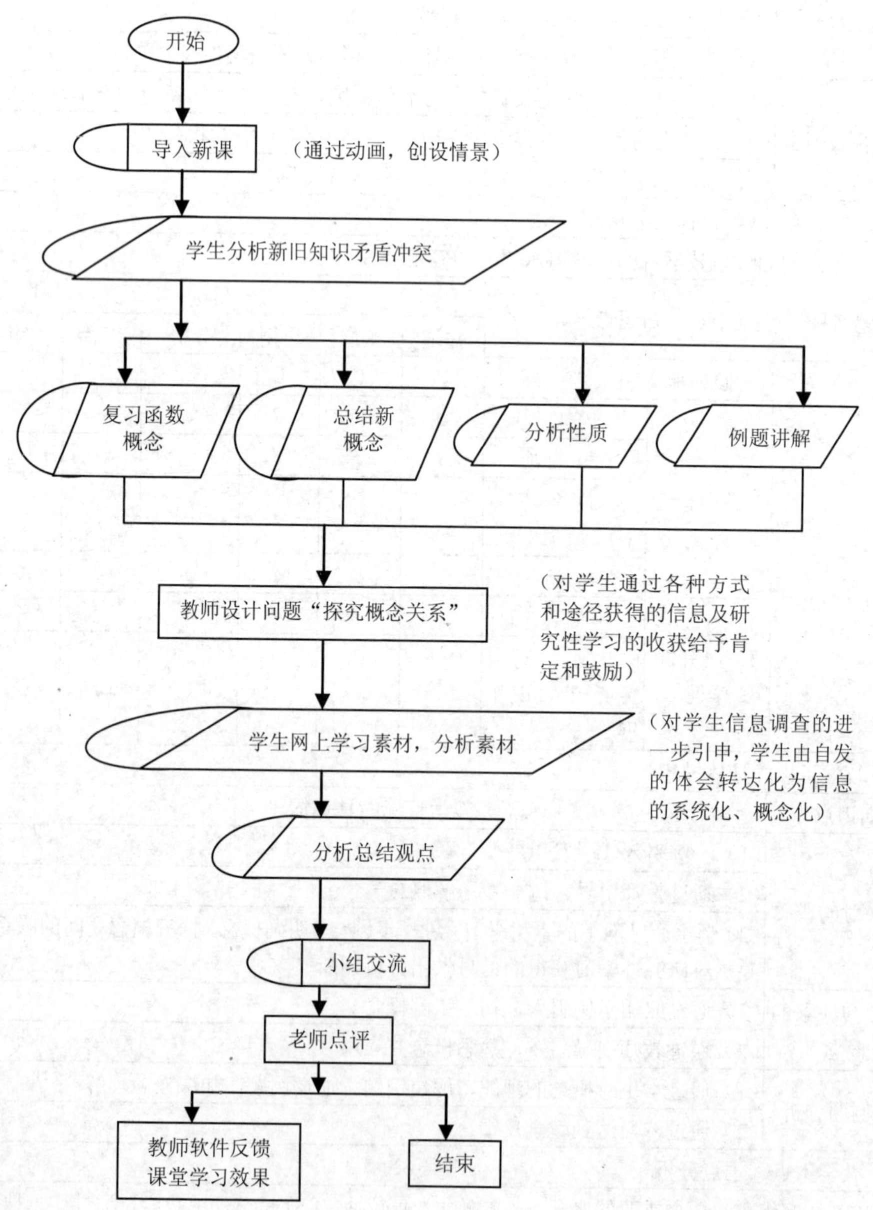

六、本课创新点

1. 改变传统教学模式，将研究性学习与协作式学习引入教学，引导学生进行多渠道、多角度的信息采集，培养学生的合作精神，促进良好人际关系的形成。

2. 培养学生的创新能力和信息素养（包括获取、分析、加工与利用信息的能力），培养学生“自主发现、自主探索”的精神。

3. 充分发挥网络优势，使学生通过网上信息交流和利用网络资源的自主学习，真正成为课堂教学与信息加工的主体。

4. 将师生交流、生生交流、人机交流等互动教学融于课堂教学之中，营造积极的教学氛围，启迪升华学生情感，达到更高层次的情感教学目标。

5. 在教学中打破了传统教学的思路和模式，对教材知识做了有效地迁移和拓展，以利于开拓学生思维，发掘学生个性潜能。

# 第四章 教学策略的理论和实践

## 第一节　教学策略理论概述

### 一、教学策略及分类

教学策略是对完成特定教学目标而采取的教学活动程序、方法、形式和媒体等因素的总体考虑（乌美娜，1994）。教学策略的分类方法有很多种，依据不同的角度和标准会有不同的分类。尽管分类较多，但其根本目的均是解决教与学中的具体问题，也就是解决如何教、如何学的问题。制定教学策略的时候需要遵循教学规律，把握好遵循学科的教学规律、充分体现学生的主体地位和注重网络教学功能的发挥这三个原则。以不同类型知识为分类标准的教学策略可以分为陈述性知识的教学策略、程序性知识的教学策略和策略性知识的教学策略，比较常用的课堂教学策略有讲授策略、对话策略和指导策略等。

一般从指导解决问题的教育教学观念和思想出发，可以大致将教学策略分为以教为主的教学策略、以学为主的教学策略和学教并重的教学策略。以教为主的教学策略主要有有意义接受学习中的先行组织者教学策略、五环节教学策略、九段教学策略、掌握教学策略、情境陶冶教学策略、示范模仿教学策略等。以学为主的教学策略主要有发现式教学策略、支架式教学策略、抛锚式教学策略、随机进入教学策略、启发式教学策略、自我反馈教学策略、基于 Internet 的探究式教学策略等。

从学习者学习的角度可以把教学策略认为是支持和促进有效的学习而安排学习中各个元素的程序和方法，网络环境下的教学策略大体有主动性策略、社会性策略和情境性策略特征，具体内容有教练策略（coaching）、建模策略（modeling）、支架与淡出策略（scaffolding and fading）、反思策略（reflection）、合作学习策略（cooperative learning）、小组评价策略、抛锚策略（anchoring）、认知学徒策略（cognitive apprenticeship）和十字交叉策略（criss-crossing）。

## 二、以教为主的教学策略

### （一）先行组织者教学策略

奥苏贝尔提出的有意义接受学习是建立在认知同化论的基础上，学生主要是接受间接知识，在学习新知识过程中，会积极主动地从原有知识结构中提取出最易于与新知识联系的旧知识，新旧知识在学生头脑中会发生积极的相互联系和作用，也就是“同化”，即原有认知结构的不断分化和重新组织，使学生获得关于新知识方面明确而稳定的意义。先行组织者教学策略是奥苏贝尔有意义学习理论的一个重要组成部分，能促进有意义学习的发生和保持的最有效策略，是利用适当的引导性材料对当前所学新知识加以引导，便于建立新旧知识之间的联系，从而能对新的学习内容起到固定、吸收的作用，这类引导材料就被称之为“先行组织者”。

### （二）五环节教学策略

五环节教学策略来源于赫尔巴特学派的“五段教学法”，它的基本过程包括激发学习动机、复习旧课、讲授新课、运用巩固和检查效果五个部分。激发学习动机的目的是通过唤起学习者注意的活动，来促进学生集中注意力做好上课的心理准备；复习旧课一方面是通过复习学过的内容检查学习质量、弥补教学不足，另一方面是为接受新知识做好准备；讲授新课主要是教师按照学生认知规律组织和传递教学新的知识；运用巩固环节是通过学生练习，培养学生运用新知识解决问题的能力的过程；检查效果是通过对学生新知识掌握程度的评价，及时发现教学不足，为后续学习做好准备。

### （三）九段教学策略

九段教学策略也称“九段教学法”，是美国著名教育心理学家加涅将认知理论应用于教学过程而提出的一种教学策略，他把学习活动中学习者内部心理活动分解为九个阶段，与之相对应的教学过程也包含九个步骤，即引起注意、阐述教学目标、刺激回忆、呈现刺激材料、提供学习指导、诱发学习行为、提供反馈、评价表现和促进记忆与迁移。九段教学策略能够使学习者从长时记忆中提取学习注意的内容，形成学习动机和选择性注意，使学习者能较快地建构新信息的意义，并通过成绩评定对成功的意义加以强化，帮助学习者把新建构的意义进行归类、重组，以促进知识的保持和迁移。九段教学策略不仅能发挥教师的主导作用，也能激发学生的学习兴趣，在一定程度上能够调动学生学习的积极性和主动性。

### （四）掌握教学策略

掌握学习是美国心理学家和教育学家布卢姆提出的，在集体教学中，教师要能够为学生提供经常及时的反馈以及个别化的帮助，给予学生所需要的时间，使他们都达到课程的目标要求。通过把教学过程与学生的个别需要和学习特征结合起来，让大多数学生能够掌握所教内容并达到预期教学目标。掌握教学策略共包括学生定向、集体教学、形成性测验、矫正教学和再次测评五个步骤。

### （五）情境陶冶教学策略

情境陶冶教学策略也称暗示教学策略，由保加利亚心理学家洛扎诺夫首创，它主要是通过创设与现实生活类似的情境促进学生的学习，主要用于实现情感领域教学目标的教学策略，通过学生与他人的充分交流与合作来提高学生的合作精神和自主能力，该教学策略主要由创设情境、自主活动和总结转化三个步骤组成。

### （六）示范模仿教学策略

示范模仿教学策略主要用于动作技能类的教学内容，包括一些操作技能的学习，该教学策略主要由四个步骤组成，即动作定向、参与性练习、自主练习和技能的迁移。动作定向是指教师向学生阐明和示范行为技能及操作原理和要求。参与性练习是教师指导学生对分解动作进行模仿练习并及时提供反馈强化正确动作。自主练习是在学生掌握了正确动作要领后反复练习直至熟练。技能的迁移是指学生可以不需要思考就能够达到动作技能基本自动化的程度。

## 三、以学为主的教学策略

### （一）发现式教学策略

发现式教学策略由著名心理学家、教育学家布鲁纳提出，是指让学生通过自己经历知识发现的过程来获取知识、发展探究能力的学习和教学模式，教师的主要任务不是向学生传授现成的知识，而是为学生的发现活动创造条件和提供知识，它强调学生的探究过程，其理论基础是布鲁纳的认知机构学习理论。发现式教学策略大致包括问题情境、假设检验及整合与应用三个步骤，基本过程是让学生通过对具体事例的归纳来获得一般法则并用它来解决新的问题。

### （二）支架式教学策略

支架式教学策略是为学习者建构自己对知识的理解提供一种概念框架，为发展学习者对问题的进一步理解事先把复杂学习任务加以分解，以便于把学习者的理解逐步引向深入。支架式教学策略与建模策略和教练策略相比，在支持学习者方面更为系统化，当认知结构不完善或者是不稳定时，支架作用就是为学习者提供支持并简化任务，使得学习者能够控制学习，引导学习者在未知的知识空间逐步攀升，促进从已有知识向待完成任务的迁移过程，其中的渐隐策略能够随着学习者学习水平的提高而逐渐被拆除直到学习者能够独立完成任务。支架式教学策略由搭脚手架、进入情境、独立探索、协作学习和效果评价五个步骤组成。

### （三）抛锚式教学策略

抛锚式教学策略中“锚”是指包含某种问题、任务的真实情境，其主要目的是学习者在一个真实完整的问题背景中产生学习需要，学习者通过主动学习和教师的嵌入式教学及小组中成员间的交流与合作亲身体验到从识别目标到提出和达到目标的全过程，完成对知识的积极建构。抛锚式教学中的任何一个问题都存在着多种可能的解决方案，有助于合作学习环境的创设，多种解决问题的方案存在于小组成员间的深入讨论，真实情境中的问题解决有助于学习者进行深入探索。抛锚式教学策略的要素主要包括创设情境、自主学习、合作学习和效果评价。我们可以总结出抛锚式教学策略的要素是创设情境、自主学习（探索学习并确定问题，搜索信息提出多种解决方案，确定解决方案）、合作学习（与小组成员讨论、交流）、效果评价（小组评价、学习者反思）。

### （四）随机进入教学策略

随机进入教学策略是指学习者可以通过不同途径、不同方式进入同样教学内容的学习，从而获得对同一事物或同一问题的多方面的认识与理解。随机进入教学的基本思想源于建构主义学习理论的新分支及认知弹性理论，这种理论的宗旨是要提高学习者的理解能力和知识迁移能力，学习者通过多次进入同一教学内容，获得的不仅仅是对同一知识的简单重复和巩固，而是使学习者获得对事物全貌的理解和认识上的飞跃，从而达到对该知识内容全面而深入的掌握。随机进入教学策略包括呈现基本情境、随机进入学习、思维发展训练、小组协作学习和学习效果评价五个步骤。

### （五）启发式教学策略

启发式教学策略是教师从学生的实际出发，根据教学任务和学习的客观规律采取多种方式启发学生的思维，调动学生的积极性和主动性，促进学生独立思考和逻辑思维能力的发展，培养独立解决问题的能力。启发式教学思想体现了以学生为主体的先进教学理念，充分发扬了教学民主性。启发式教学的关键是创设问题情境，引导学生将所要学习的知识点进行分析归纳，教师将主动权交于学生，教师为主导、学生为主体，鼓励创新思维和个性发展。该策略主要步骤包括启发诱导创设问题情境、探究知识的尝试、归纳结论纳入知识体系、变式练习的尝试、回授（回授尝试效果、组织质疑和讲解）、单元教学结构的回授调节六个部分。

### (六)基于 Internet 的探究式教学策略

美国学者萨其曼(Richard Suchman)在布鲁纳基础上进一步发展了探究式教学思想,他认为在教学中可以模拟科学家解决问题的过程使学生获得在真实生活情境中发现问题、解决问题的能力,一般包括选择课题、解释探究的程序、搜集相关的资料、形成理论并描述因果关系、说明规则和解释理论、分析探究过程六个步骤。随着网络和技术的深入发展,基于 Web 的探究式学习成为一种主要的自主学习策略,这种策略的实施需要由某个教育机构提出一些适合特定学生对象解决的问题,通过网络完成问题的发布和解答。教师在教学过程中,也可以掌握好此策略的四个基本要素,即问题、资料、提示和反馈,根据已有的技术条件开展教育教学工作。

### (七)网络环境下的教学策略

网络环境下的教学策略需要遵循以下四个原则,即从网络教学目标出发、依据一定的学习理论和教学理论、符合网络学习内容的客观要求和适合教学对象和环境的特点。常见的网络教学策略主要有以教师讲授为主的教学策略、基于网络资源利用(如专题网站探究学习和个别化自主学习)的教学策略、基于活动理论的教学策略和基于建构的教学策略。除了上述所说的支架式教学策略和抛锚式教学策略,网络环境下的教学策略还包括以下内容:

1. 教练策略(coaching)

教练策略是指当学习者在学习过程中遇到困难、需要帮助时,系统通过诊断适时地给予适当的指导、建议、暗示和反馈。教练可以是教师或智能导师,能够帮助学习者最大限度地使用自己的认知资源,学习者在自主学习过程中与教练的交互是即时的,其基本要素包括激发动机、监控学习和提供提示、建议、暗示和反馈等,能够为学习者指明方向、提供动机刺激、监控学习者行为和重组学习者的问题解决模型。

2. 建模策略(modeling)

建模策略是指在问题解决过程中,通过对同类问题多个实例的研究,总结出解决某一类问题的固定程序和步骤,形成一个问题解决模型。Jonassen(1997)认为有两种类型的建模，一种是显性的行为建模，用来表明学习者在学习活动中应当执行哪些活动以及如何执行这些活动；另一种是认知建模，说明学习者在从事这些学习活动时应当使用的推理方法，认知建模比行为建模复杂，要对学习活动中的思考过程事先进行记录、整理和分析，从中提炼出能够帮助学习者加深对问题理解的推理结构。建模策略是针对专家进行问题解决的过程展开的，它谋求通过模型化专家解决问题的过程让学习者建立自己的问题解决模型，要求学生在进行实例研究的过程中阐明原因，并将问题解决程序进行可视模型化。

3．反思策略（reflection）

反思策略是学习者反省自己的学习过程的策略，它往往不被单独使用，是和其他策略一起使用，反思策略通常包含学习者对自己学习过程、学习策略、学习讨论、学习工具选择等多方面的考虑和思维模式的阐述，能够知道和把握自己在学习中的程度和反应程度。

4．合作学习策略（cooperative learning）

合作学习是指两个或两个以上的学习者通过讨论、互助等方式来互促学习，提高学习成效的一种教学策略。友好的合作学习环境有助于学习者之间的有效交互和促进绩效及人际关系，集体受奖、个人责任感及成功机会均等能够使每一个小组成员都达到学习目标。合作学习中的相互依赖使小组成员都能够明确大家在共同完成同一个目标，个人责任感增强，合作技能和技巧得到提高，多维度的混合编组多视角地丰富了学生的思维及问题解决过程。

5．小组评价策略（group evaluating strategy）

小组评价策略包括学习小组对其成员的学习成果进行评价和对小组的整体评价，既包括学术方面的评价也包括社交方面的学习，对学习者的努力程度、成绩和学习策略评价方式由传统的以教师为中心的观察和测验转向以学生为中心的小组合作评价方式。通过小组评价策略，合作学习的积极作用可以扩展到以学生为中心的评估标准、自我评估和同伴评估，对小组的整体评价可以以全组的表现为基础，也可以通过随意选择的一个小组成员的工作来代表小组的成绩。小组评价策略使合作学习的积极性得到极大调动，当学生脱离了传统的依赖于外部产生的反馈和奖励时，学生就会变得更加独立自主，更会独立思维和更有责任感。

6．认知学徒策略（cognitive apprenticeship）

认知学徒策略是过允许学生获取、开发和利用真实领域中的活动工具来支持学生在某一领域中的学习，为学习者提供了大量的实践机会，强调经验活动的重要性，以学生完成任务作为学习的目标和价值。认知学徒策略包括内容、方法、序列和社会性四个要素，要求学生在一个“实践共同体”中共同工作，能够为学生提供观察、参与和发现的机会，激励学生进行探索和独立活动，使初学者或新手从边缘向中心移动，从而逐渐进入专家或熟手的角色。

抛锚式教学策略和认知学徒策略都是基于情境认知理论的教学策略，都强调在具体的任务和环境中建构知识的意义，二者的区别是抛锚式教学策略强调为学习者构建一个包含有情节的真实情境，而认知学徒策略则强调真实的任务，抛锚式教学策略强调在特定背景中对知识意义的建构和知识、技能的迁移；而认知学徒策略强调某一类任务的解决和学习者从新手到熟手再到专家的培养。

7．十字交叉策略（criss-crossing）

十字交叉策略强调对知识的全面理解，通过对知识进行的多维表征达到对知识意义的多角度建构，实施十字交叉策略的关键是多个问题角度、多种观点的设计以便于学生的交叉学习，其基本要素包括围绕基本问题创设的包含多个问题角度、多种实例的十字交叉形背景资料、独立自主的交叉学习建构自己的观点和小组评价。

## 第二节　以协作探究为主的教学策略

### 一、协作学习策略

#### （一）协作学习

协作学习（cooperative learning）是学生以小组形式参与、为达到共同的学习目标、在一定的激励机制下最大化个人和他人习得成果而合作互助的一切相关行为。协作学习中必不可少的五个要素包括积极互赖、面对面的促进性交互作用、个人职责、社交技能和小组自加工。协作学习能产生更好的学习成绩和学习质量，能促进学习者之间更加互相关心、互相支持和更密切的关系，更有利于心理健康、社会责任感和自尊心的建立。

计算机支持的协作学习（Computer-Supported Collaborative Learning，CSCL），是指利用计算机技术（尤其是多媒体和网络技术）来辅助和支持协作学习，它代表了两种趋势的汇合点，即普遍渗透于社会的计算机技术和协作学习的新的学习方式的汇合。计算机支持的人—机交互、机—机交互所实现的间接交互，拥有视听觉形象系统通道和视听觉符号信息通道，保证了学习者之间进行有效协作所需的必要交互。

协作学习的教学策略一般包括目标分析、分组活动、教学巡视、成果展示和即时评价五个环节。协作学习的互动方式大致有四种类型，即单向型、双向型、多向型和成员型，强调师生和学生互动，它是一种目标导向活动，认为学习是满足个体内容需要的过程，教师在教学中充当管理者、促进者、咨询者、顾问和参与者等多种角色，教学组织形式的变化增加了学生与学生之间的人际交往时间和频度，增加了课堂中动态因素之间的互动，对学生的评价也不仅仅局限于总结性评价，而是同时也注重形成性评价和过程评价。协作式教学策略是一种既适合于发挥教师主导作用又适合学生自主探索、自主发现的教学策略。

### （二）常用的协作学习策略

1．课堂讨论

课堂讨论策略的实施，要求教师在整个协作学习过程中全程组织引导和提出问题，学习的主题可以事先已知，也可以事先未知。在确定了教学目标后，通过集体评议交流来促进全班的学习。在已知学习主题的教学中，对于课堂讨论策略的设计，第一步是确定能够引起争议的初始问题，使之能够将讨论逐步引入深入的后续问题，教师能够遵循最近发展区原则，通过提问来引导讨论并在学生讨论过程中做出恰如其分的评价；在未知学习主题的教学中，主要依靠教师的随机应变能力和临场掌控能力，需要教师认真倾听每位同学发言，善于发现积极因素并给予肯定和鼓励，避免偏离教学内容和主题，能够及时加以正确引导。

2．角色扮演

角色扮演通常有师生角色扮演和情境角色扮演两种形式。师生角色扮演是让不同的学生分别扮演学习者和指导者，学习者在学习过程中遇到困难时，指导者帮助学习者解决疑难，二者扮演的角色可以互换。情境角色扮演要求有若干个学生，按照与当前学习主题密切相关的情境来分别扮演不同的角色，使学生能够身临其境去体验、理解学习的内容和相关主题要求。

3．竞争

竞争是指两个或多个学习者针对同一个学习内容或者学习情境进行竞争性学习，看谁能够首先达到教学目标的要求。在运用这种协作教学策略时，要求教师选择恰当的竞争对手，巧妙设计竞争主题，利用学生与生俱来的求胜本能来取得良好的学习效果。竞争过程中的学习者的努力是相互促进的，成功学员的激励会在其他学员身上产生积极的促进作用，从而形成协作小组内的成功正反馈。

4．协同

协同是指多个学习者共同完成某个学习任务，在完成任务的过程中学习者发挥各自认知特点，相互争论、相互帮助、相互提示或者进行分工合作。学习者对学习内容的理解和领悟是在和同伴紧密沟通与协作的过程中逐渐形成的。交流和协作可以通过网络或者线下的公共工作区完成，通过交流讨论彼此的观点和共享集体智慧，最终在学习者之间达成一致的行动方案。

5．伙伴

伙伴学习策略可以使学习者在遇到问题时能够相互讨论，从别人的思考中得到启发和帮助，使学习者不仅没有孤独感而且充满乐趣。在 Internet 环境中，有许多便利条件利于学习者选择自己需要学习的学习内容并与其他学习者组成伙伴关系，通过讨论从不同角度交换对同一问题的看法，做到相互帮助直至问题解决。

## 二、探究教学策略

### （一）研究性学习

2001 年 4 月，教育部〔2001〕6 号文件印发了《普通高中“研究性学习”实施指南（试行）》，对推进“研究性学习”的实施做出了详细规定，为研究性学习课程的实施提供了有力指导。其中将研究性学习定义为：“学生在教师指导下，从自然、社会和生活中选择和确定专题进行研究，并在研究过程中主动地获取知识、应用知识、解决问题的学习活动。”这是我国高中课程改革的一项重大举措。研究性学习是《全日制普通高中课程计划（试验修订稿）》（2000 年）以及《普通高中课程实验方案》（2003 年）中新设置的一门独立的课程，是综合实践活动领域中的一个重要部分。它是一门与各门分科课程如语文、数学、外语、物理、化学、生物、政治、历史、地理、体育、音乐等并列的综合课程。研究性学习有课题研究类和项目活动设计类，主要的组织形式有小组协作研究、个人独立研究与全班集体讨论。

学术界对研究性学习做出了广义和狭义两种解释：广义的解释是“泛指学生主动探究的学习活动。它是一种学习的理念、策略、方法，适用于学生对所有学科的学习”；狭义的解释是“作为一门独立的课程，研究性学习指在教学过程中以问题为载体，创设一种类似科学研究的情境和途径，让学生通过自己收集、分析和处理信息来实际感受和体验知识的产生过程，进而了解社会，学会学习，培养分析问题、解决问题的能力和创造能力”。

研究性学习是我国新一轮基础教育课程改革研究的核心问题，也是我国基础教育中的热点问题，各地学校和教师也都在开展研究性学习的理论和实践的研究工作，但研究性学习活动的开展大多是基于项目或者以课题研究为主。要想使研究性学习得以在学校教学中深入开展和实施下去，必须把研究性学习和学科课堂教学真正地结合起来，才能切实发挥研究性学习的优势，使它保持长久的生命力。

自进入 20 世纪 90 年代以来，随着多媒体技术和网络的日益普及，信息技术正在改变人类社会的生产方式、生活方式、工作方式和学习方式，而且这种变化还在与日俱增。信息时代也可以说是一个崭新的知识经济时代，知识经济代替工业经济意味着知识、信息将成为最重要的资源，并使之成为社会经济发展的主要依赖因素，知识创新也成为民族进步、国家兴旺的根本动力。知识创新需要依靠具备探求态度和具有批判、创新与实践能力的人才。学校教育的根本任务不再是传授固有知识和技能，而是使学生学会做人、学会求知、学会合作和学会生存与发展，学生的创新能力和实践能力的培养更为紧迫。

传统的学习方式一般是接受式学习或者是理解性的接受式学习，存在着重知识传授轻能力培养、重教法轻学法、重智力因素轻非智力因素等弊端。为了适应社会发展对教育提出的新要求，世界各国纷纷推行教育改革，而以自主性、开放性、研究性学习重构整个课程已成为 20 世纪 90 年代以来许多国家教育改革的突出特征，并纷纷开设了类似我国研究性学习的课程。各国虽然对研究性学习的称谓各不相同，但可以肯定研究性学习代表了世界教育改革的发展趋势之一。探究学习、发现学习和合作学习日益成为教育界关注的焦点和研究方向。

在我国的基础教育课程改革中，根据国务院《关于基础教育改革与发展的决定》精神和教育部《基础教育课程改革纲要（试行）》的要求，新一轮基础教育课程改革已在全国如火如荼地展开。新课程改革的目标要求“改变课程过于注重知识传授的倾向，强调形成积极主动的学习态度，使获得基础知识与基本技能的过程同时成为学会学习和形成正确价值观的过程”。同时要求“改变课程实施过于强调接受学习、死记硬背、机械训练的现状，倡导学生主动参与、乐于探究、勤于动手，培养学生搜集和处理信息的能力、获取新知识的能力、分析和解决问题的能力以及交流与合作的能力”。

为实现这一目标，新的课程结构中就明确指出：“从小学至高中设置综合实践活动并作为必修课程，其内容主要包括：信息技术教育、研究性学习……强调学生通过实践，增强探究和创新意识，学习科学研究的方法，发展综合运用知识的能力”。2001 年 4 月，教育部〔2001〕6 号文件印发了《普通高中“研究性学习”实施指南（试行）》，对推进“研究性学习”实施的方方面面做出了详细规定，为研究性学习课程的实施提供了有力指导。研究性学习在我国基础教育中是个热点，各地学校和教师也都在开展理论和实践的研究工作，研究性学习的本质和关键所在就是培养探究精神和意识。

为了适应社会发展，2001 年我国在山东、广东、海南和宁夏四个省实行了新一轮课程改革，注重问题情境的设置、学生主体探究和发现创新能力的培养。在新的教材中，不但教学内容的安排和设置上更加注重体现研究性学习所倡导的主体探究，章节后的“研究性学习课题”和相关的“阅读材料”更加体现了研究性学习在教学中的重要地位和作用。

广义上的研究性学习，可以把它看作是一种学习的理念、策略和方法，是学生在学科中进行主动探究的学习活动。作为学习方式的研究性学习在其他课程的应用大多是以活动的形式开展或者是作为一门单独的研究型课程存在。从当前的有关研究性学习的相关书籍和它在各学校开展情况的调查研究中可以看出，研究性学习的开展大多采取以课题研究为主的课外活动的方式进行，研究性学习还没有深入到课堂教学中，相关的理论和实践经验也不多见，如何把研究性学习的实质即探究精神在课堂上得以体现和实施、如何使教师的教与学生的学更加有效成为大家比较关注的话题，也是本节的研究焦点。

## （二）探究式学习

随着教学模式的不断发展，教学策略也在转变，原有的教学模式发展趋势为由单一性教学模式向多样化的教学模式发展、由归纳型教学模式向演绎型教学模式发展和由以“教”为主向以“学”为主转化。探究教学策略的基本程序包括四个阶段：一是教师向学生呈现一个问题情境；二是学生独立收集信息并进行实验；三是在学生收集信息并进行实验验证后教师鼓励学生自己对问题做出解释；四是教师组织学生讨论，帮助学生反思自己解决问题的过程并概括自己探究的策略。它的宗旨是要学习者意识到并掌握科学探究的过程，而不仅仅是找到问题的答案。

由于研究性学习的本质和关键所在是培养探究精神和意识，所以说要在课堂教学中实施研究性学习，关键是要把探究精神运用在课堂教学中。比较有代表性的探究教学策略有布鲁纳的发现教学策略、萨其曼的探究训练教学策略和兰本达的“探究—研讨”教学策略。

1．布鲁纳的发现教学策略

美国著名教育家布鲁纳认为，学生的认识过程与人类的认识过程有共同之处，教学过程就是在教师引导下学生发现的过程，学习就是依靠发现，要求学生利用教师或者教材提供的材料，主动进行学习，强调学生自我思考、探究和发现事物，而不是消极地接受知识，要像数学家那样思考数学，像历史学家那样思考历史，亲自去发现问题的结论和规律，成为一个发现者，这就是发现教学模式。在教学目标中，学习的直接目标在于掌握学科的基本知识，同时还要重视发展学生的智力。在布鲁纳的教学思想中，学生智力的发展与能力的培养是一个中心概念，与这个中心概念相邻近的包括学科的基本知识技能、直觉思维能力以及内在动机等。

在发现和探究过程中，直觉思维往往先于分析思维，它涉及知识结构领域，使思维者可能采用跃进、越级和采取捷径的方式得出问题的结论。学习动机是激发学生进一步去发现的内驱力，内在动机是一种不依赖于外在的报偿便能促成某种行动的东西，它能培养学生对科学的兴趣与热爱，激发探究问题的求知欲，学生通过独立解决问题，能从解决问题本身体会到发现的乐趣，使外部动机向内部动机转化，内部动机成为进一步探究知识与问题的动力。

教学程序实际上就是学生自己的发现过程，有四个环节，即提出问题、创设问题情境、提出假设和评价、验证并得出结论。发现教学中的师生角色，教师是资料提供者、激励者、兴趣刺激者、支持者和顾问，学生是分析者、探究者和假设提出者。教师在发现教学中必须运用的教学策略包括：教学要与儿童的认知发展相适应，合理安排教学序列，要注意适时强化；学生的学习策略采取探究解决问题的策略和活用并组织信息的策略。

发现教学策略的突出优点是可以提高儿童的智慧潜力，发现学习是学生相对独立的探究、发现的学习活动，发现教学以过程为定向，充分显示学生的思维过程，注重思索的过程甚于思维的结果。它是一种天才教育的教学模式，强调重视学科基本结构和教学内容的学术价值，教学内容较难，理论体系的历史不长，对教师的要求较高，教师不仅要熟悉某一学科的内容，而且也要了解发现的特殊方法，费时较多，不像接受知识性学习那样能在短时期内见效。

2．萨其曼的探究训练教学策略

美国探究教学专家萨其曼（R Suchman）坚信学生本能地对一切新奇的事物感兴趣，他们会想方设法弄清这些新奇事物的背后究竟发生了什么。这是一种进行科学研究的可贵的动力和心理资源。帮助学生进行探究的最好方法是训练，探究训练教学模式旨在教会学生调查、尝试、说明、解释某种现象，以帮助学生有效地获得新知识，增强各项认知能力。此模式注重问题的情境以及对问题的陈述，逐渐推广到所有学科领域，任何可以阐述疑难情境的课题都适用于探究训练模式。探究训练模式可以分为三个程序，即呈现疑难情境、提出假设和收集资料以及提出结论。教师运用的教学策略是资料收集策略和探究指导策略。探究训练教学是一种通过利用学生天生的好奇心理，指导学生如何提问、如何收集资料、如何进行创造性思考的教学模式，学生可以一开始收集资料，并对资料做出假设；萨其曼模式的独特特点是收集资料的方法。学生通过向教师提出问题来收集资料，教师对学生问题的回答只能用“是”或“不是”，这样就把分析问题的责任交给了学生，因而促进了学生思维能力的发展。

3．兰本达的“探究—研讨”教学策略

这一教学策略一方面让学生亲自动手操作教师所提供的特定的实物材料，让学生充分发挥他们的想象力，创造性地去寻找、体验材料中的概念，获得对事物的感性认识，即探究（investigation）；另一方面，教师在学生经过探究所获得的经历体验的基础上，组织学生讨论，在讨论中让学生踊跃发言，相互补充，较早地由感性阶段的认识发展到理性阶段的认识，从而形成以探究和研讨为特征的探究—研讨教学模式，不仅可以使学生们获得较为扎实的知识，而且还可以发展以思维能力为核心的一系列能力。教学目的是促进儿童思维的发展，提出了“概念箭头”的新概念即通向概念的道路，来适应一种从杂乱的信息中理出头绪来的需要。一般程序是选择实物材料，发现问题进行研讨。教师在教学中扮演着促进者和顾问的角色，教学策略为材料选择策略和指导策略，由于没有考试，教学评价策略只能从学生的言论中去了解。探究—研讨教学是探究性教学中一种较为独特的模式，该模式把教学过程看作是教师、学生和学习材料相互作用的系统。首先，它将学生置于有结构的材料中，让学生自我操作，主动地进行探索和研究，充分突出了学生的学，学生所获得的知识也是较为牢固和具体的，是一种自我的知识，这会进一步促进学生今后的学习；其次，探究—研讨教学就是教师指导学生独立探索和发现的过程，教师已不再是知识的灌输者，而是学生发现和掌握科学概念的指导者，将学生置于学习者的主体地位上，为学生主动探索、独立获取知识开启了有效的途径。

4．协作与探究教学策略的结合

各种教学策略都有其各自的优势和局限性，布鲁纳的发现教学模式是学生相对独立的探究、发现的学习活动，注重思索的过程，它强调学生在发现的过程中学习，探索得来的知识最深刻难忘，比教师直接教给他更有效，学生体会到“发现”的真正乐趣。因此，教师可以发挥主导作用，创设良好的氛围，激起学生探究的愿望，展开积极的思维，培养学生的解题能力，但它对教师的要求比较高，费时较多；萨其曼的探究训练教学模式注重学生本能的对新奇事物的内在动力，使用训练的方法，指导学生提出问题、收集资料和进行创造性思考，它是教师设置问题疑难情境、学生通过向教师提问来收集资料的强调训练的一种教学模式，可以发挥出学生的主动性和好奇心理，但训练的形式比较固定，不适合教学形式的灵活开展；兰本达的“探究—研讨”教学模式是教师提供资源，组织学生讨论，将学生置于主体地位，是主动探索、独立获取知识的过程，把教学过程看作是教师、学生和学习材料相互作用的系统，注重讨论，但教学评价只能依据学生的言谈来了解。教师在培养学生协作探究能力的过程中，若能有意识地对培养探究思维能力提供有利的实践经验和总结，那么教师就能在加强学生学习兴趣、增强学生探究和实践能力、培养学生数学思维能力以及教学相长方面得到相应回报。协作探究式教学策略在课堂教学中的实施，可以利用协作学习充分调动起学生学习的积极性和主动性，使研究性学习的本质精神——探究精神能在课堂教学中得以实施和体现。

# 第五章 协作探究策略的应用

在知识经济时代，我国的教育课程改革更加注重学生探究能力和协作沟通交流能力的培养。我国传统教学方式存在着重知识轻能力和在能力培养方面重智力轻创造力等弊端，第一，在重知识轻能力这方面，以教学内容的稳定性和单一性为基本出发点，以知识的记忆和复现为基本目标，它强调的是掌握知识的数量和掌握的精确性，强调的是对已有知识的记忆，认为学习就是获取知识，知道的事实越多，知识收集得越多，则越有学问。由于这种片面的理解，就形成了教师讲、学生听的教学模式，形成了学生以模仿、训练和背诵为主要特征的学习方式。在这样的教学过程中，教师只是对教材和教案负责，而学生则在这狭隘、片面、畸形的教育中，形成了依赖、自卑、胆怯、呆板的个性；第二，在能力培养方面重智力轻创造力，重抽象思维轻形象思维，重逻辑推理轻直觉灵感，重集中思维轻发散思维。长期的教学影响造成许多学生只会照例子解题、证题，机械地照搬概念规律，而不敢独立探索，发现规律，大胆创新。

要解决这两个问题，一方面可以参考西方某些国家的教育方式，把知识的传授渗透在方法的指导和能力的培养之中——他们重体会而不重理解，要求在体会中理解；重实际动手能力而不重思辨或分析，要求在行动中认识；重实践探索而不重理论证明，要求在实践中证明，在实践中增长才干；他们特别鼓励学生向书本和名人提出怀疑和挑战，在消除怀疑中前进，在挑战探索中成长，以培养学生独立发现问题、分析问题和解决问题的能力；另一方面充分考虑我国现阶段在班级授课情境下，充分利用教材中的现有知识最大限度地发展学生的智力、能力，特别是探究能力和实践能力。这就要求教师在课堂教学中以基本的逻辑为基础，将分析、比较、分类、抽象、概括、类比、归纳、推理、演绎等方法按新的结构来组合，突出发散、求异、直觉、灵感等思维的培养与训练，在发展思维能力同时突出思维能力的地位。

在探究教学的实施方面，国内外探究模式可以为教育教学提供一定的指导和借鉴作用，各有其优缺点，不太适合在课堂教学中照搬挪用，最新的学习理论—建构主义诠释了教学的本质，认为学生应当是学习的主动建构者。结合学科本身的特点和探究的特色和优势，尝试着用协作学习的方式在课堂教学中实施探究教学，通过对探究教学模式的研究与借鉴，汲取上述相关模式的优点，结合具体的教学实践对协作学习进行灵活的运用，不断实践总结适合学科课堂教学的协作探究式教学模式。本章主要讲述课堂教学和学习中的协作探究策略的应用以及课外教学和学习中的协作探究策略的应用两大实践内容。

## 第一节　课堂教学和学习中的协作探究策略

### 一、课堂教学和学习中协作探究策略的应用

下面以高中数学课堂教学为例，阐述协作探究策略在教学和学习中的实践应用。提到数学课堂，人们的脑海中不免会浮现出这样的情景，教师不厌其烦地精讲例题，学生反复练习巩固，考前大搞题海战术，这也是当前我国中小学数学教育中普遍存在的课堂模式。在数学考试中取得高分，成功地解出某道数学难题，似乎成为数学学习的终极目标。时下，人们常惋惜我国培养出了许多奥林匹克等国际数学大赛的获奖者，但诺贝尔奖却无人能问津。反思现状，不难发现这一忧虑的背后隐藏着我们数学教育的种种弊端，传统的数学教材不能充分地反映时代发展的需要，过于注重精确计算，导致了学生死记硬背公式，厌学、怕学数学的现象时有发生；数学教学内容与学生的生活经验严重分离，学生缺乏对数学概念的深刻理解和举一反三的能力；数学教学过于强调个体反复练习，而忽视了学生解决问题、推理能力的训练和合作意识的培养等。

数学探究教学比较符合数学学习的特点和规律，有利于学生深入理解所学数学知识，有利于培养学生数学探究能力，养成数学科学态度和精神，适应现代数学教育改革的趋势和要求，使学生不但学到了数学知识，还促进了学生的全面成长和能力的提高。通过在数学中进行探究教学，可以使学生从多角度深入地理解数学知识，建立数学知识间的联系，从而在面对实际问题时，更容易激活数学知识、灵活地运用数学知识解决问题。探究教学的实施会使学生学习数学的态度变得积极主动，能够真正激发学生学习数学的内在动机。

## 二、课堂教学的观察与调查

为了找到目前数学课堂教学中存在的问题，笔者首先深入到高中课堂教学进行了一系列的调查和分析工作。以高中学校数学课堂教学为研究对象，通过观摩教案、参加例会、观察课堂教学等方式进行调查研究，主要包括以下内容：

- 通过观摩教案，研究并了解教师的一般教学方法和教学思想；
- 参加教学例会和访谈，了解教师目前教学现状；
- 通过观察课堂教学，深入掌握课堂教学现状，熟悉学科教师教学方式及学生学习状况；
- 总结出教师教学特点和亮点，找出问题所在，提出具体实施建议，指导教师教学。

下面是进行课堂教学调查的举例说明。这是一堂教授新知识的数学课，教学内容为二倍角的公式，采用观察法对课堂教学进行研究。教学过程：首先复习上次课的知识点、引出本课二倍角的公式这一学习目标，教师板书讲解例题后，学生自行做教科书的练习题，部分学生板书讲解练习题，教师辨析学生的错误并做本次课的总结。在整个教学过程中，教师的教学方式主要是讲授、提问、巡视观察和个别辅导，教学效果较好，学生的参与度一般（表 5-1）。

表 5-1　课堂教学记录

| 教学目标 | 教学过程 | 教学时间/分钟 | 教学方式 | 教学效果 | 学生参与度 |
|---|---|---|---|---|---|
| 二倍角公式的学习和熟练应用 | 复习上次课的知识点 | 3 | 讲授 | 较好 | 较高 |
| | 引出本课学习目标：二倍角的公式 | 15 | 讲授提问 | 一般 | 较高 |
| | 辨析错误、做习题、复习巩固 | 5 | 讲授提问 | 较好 | 一般 |
| | 做练习 | 4 | 个别辅导 | 一般 | 一般 |
| | 做教科书的练习 | 4 | 巡视观察<br>个别辅导 | 一般 | 一般 |
| | 做习题 | 4 | 巡视观察<br>个别辅导 | 一般 | 一般 |
| | 学生板书及讲评 | 7 | 观察讲授 | 较好 | 较高 |
| | 总结 | 3 | 讲授 | 较好 | 较高 |

本次课的特点和亮点是这堂数学课是以讲授新知识为主，并在课堂上做大量的习题练习，最大的特点是教师的基本功很扎实，在教学组织上能够做到协调一致。知识的传授采取循序渐进的策略，教学内容的讲授环环相扣；在习题练习过程中，逐渐增加习题难度，引导学生逐步提高；在教学过程中，教师采用较多的提问方式，使 1/3 的学生能够被教师关注；在学生做练习的过程中，教师能够及时发现问题、解决问题，与学生的互动比较多。在以后的课堂教学中，该教师的教学方式没有大的变化。课后还对学科任课教师进行了关于课堂教学方面的访谈，教师访谈大纲内容如下：

- 课堂教学方式基本上都类似于今天的这次课吗？
- 有没有想过改变这样的教学方式？
- 课后有没有修改和完善教案的想法和做法？

通过调查研究等多种方式，我们对教师的教学情况有了比较深入的认识和了解，教师的时间紧张、教学任务繁重、教师的教育技术水平一般，学校和教师科研基础薄弱，在正常的课堂教学中没有把探究的精神渗透应用到教师的教和学生的学中去，教师不知如何把网络上的知识和资源运用到自己实际的课堂教学中去，课堂教学基本上是传统的知识传授型的灌输式教学方式。我们还发现，在实际教学中，教师存在着这样一些比较突出的问题，如教学方式单一、思想观念陈旧、对教学的反思不足等。在观察中发现学生的参与程度呈下降趋势，部分学生的注意力发生了转移，学生被动接受教学内容，主动思考和参与的程度逐渐下降，教学效果呈下降趋势。

## 三、向学习者调查与分析

通过调查问卷、观察、访谈方法进行学生特征分析和数据统计分析。

本次调查问卷主要目的是测量学生的学习策略，采用的是美国得克萨斯大学Weinstein等编制的LASSI学习策略量表，用来测量学生的学习策略和方法，以便对学生的现状有比较清楚的认识。LASSI 量表共有 10 个分量表，分别为态度（ATT）、动机（MOT）、时间管理（TMT）、焦虑（ANX）、专心（CON）、信息加工（INP）、选择要点（SMI）、学习辅助（STA）、自我测试（SFT）和考试策略（TST）。LASSI问卷共有77个选项，除了SMI具有5个选项外，其余各分量表都由8个选项组成；量表分正向表述和负向表述两种，项目数目各占一半，反应采用里克特五级记分法。

测试的常模直接采用国际上的常模，未加以修订。根据常模将被试的原始分数转换为百分数。每个分量表均分三个百分比等级：75%以上、50%～75%、50%以下。若得分在百分比等级75%以上，表示学习策略良好；若得分在百分比等级50%～75%，表示学习策略普通，需要改善相应的学习策略以利于学习；若得分低于百分比等级50%，则表示学习策略较差，需要学习相关的学习策略并学会如何根据不同的学习情境选择合适的学习策略，测量数据分析结果见表5-2和表5-3。

本次测量范围是高一年级的6个班级200名学生，实际发放问卷200份，收回问卷200份，其中有效问卷共198份，有效率99%。

克龙巴赫（Cronbach）$\alpha$ 系数是比较通用的评价测验信度的指标。根据调查数据计算克龙巴赫$\alpha$ 系数（表5-2），该量表总$\alpha$ 系数为0.778 8，分析数据表现的问题：动机（MOT）和选择要点（SMI）分别为0.006 4和0.073 8，非常低；时间管理（TMT）和自我测试（SFT）分别为0.316 0和0.453 8，比较低；还有四项按照从高到低排列顺序为考试策略（TST）、专心（CON）、学习辅助（STA）、焦虑（ANX），分别为 0.678 1、0.660 2、0.617 4、0.557 3；态度（ATT）和信息加工（INP）能力比较好，分别为 0.710 5 和 0.747 3。

表 5-2　克龙巴赫$\alpha$系数

| | 总系数 | ATT | MOT | TMT | ANX | CON | INP | SMI | STA | SFT | TST |
|---|---|---|---|---|---|---|---|---|---|---|---|
| $\alpha$ | 0.778 8 | 0.710 5 | 0.006 4 | 0.316 0 | 0.557 3 | 0.660 2 | 0.747 3 | 0.073 8 | 0.617 4 | 0.453 8 | 0.678 1 |
| $\alpha^*$ | | 0.72 | 0.81 | 0.86 | 0.81 | 0.84 | 0.83 | 0.74 | 0.68 | 0.75 | 0.83 |

注：$\alpha$是本次测量的$\alpha$系数；$\alpha^*$是 LASSI 手册上提供的$\alpha$系数。

表 5-3　被试学生学习策略总体水平

| | ATT | MOT | TMT | ANX | CON | INP | SMI | STA | SFT | TST |
|---|---|---|---|---|---|---|---|---|---|---|
| 均值 | 29.40 | 26.18 | 24.14 | 26.11 | 25.77 | 25.37 | 17.86 | 25.65 | 23.36 | 26.91 |
| 标准差 | 5.008 | 4.165 | 4.918 | 5.874 | 5.422 | 4.706 | 3.040 | 5.029 | 3.995 | 4.655 |
| 75%～100%（人数） | 28 | 3 | 46 | 44 | 40 | 27 | 55 | 64 | 18 | 25 |
| 50%～75%（人数） | 37 | 26 | 81 | 49 | 79 | 37 | 44 | 52 | 55 | 31 |
| 0～50%（人数） | 133 | 169 | 71 | 105 | 79 | 134 | 99 | 82 | 125 | 142 |

问卷调查分析与课堂教学中的实际调查相结合，把研究重点放在了学习者的态度、动机、学习辅助、信息加工等方面的改进和提高上。研究性学习所提倡的探究精神恰恰可以改善学生的态度和增强学习动机，信息技术的恰当运用也可以为学生的学习提供辅助和支持作用，有利于学生的进一步探究和学习。

在教学过程中，我们不但对教师进行了访谈，也对学生们实施了访谈等调查工作，下面是在研究工作实施初期，课堂教学后对学生进行的访谈大纲。

学生访谈大纲 1：

- 你们每天上课都和今天的这次课类似吗？
- 你喜欢今天的上课形式吗？
- 你喜欢上什么样的课？

学生大多不太喜欢天天上这样的课，太没意思了，要是自己参与的多一些会更喜欢。通过对课堂教学观察，结合学习者的调查与分析以及访谈结果，可以看出在学生方面存在的一些问题：

- 被动接受学习；
- 数学思维能力薄弱；
- 数学知识的迁移运用能力弱；
- 学习数学的信心不足。

在教学中，教师没有切实可行的办法解决课堂教学和学生中存在的问题。要想解决上述问题，可以在教学中以协作学习的方式开展数学课堂教学的探究学习。探究学习可以激发学生自主地进行知识的掌握和应用，而协作学习恰恰可以在教师和学生之间、学生和学生之间搭建一个桥梁，使个人可以借助与教师和学生的协作学习帮助自己解决探究过程中出现的问题和困难。

## 四、协作探究模式的总结与提升

通过对学校整体教学环境和教师的具体课堂教学环境的调查以及相关分析，可以为模式的设计实施工作打下一定的基础。对实施对象即学习者的特征分析，使我们可以依据科学的数据和分析结果找到学习者的问题所在，能够针对学生的具体问题有目的地进行模式的设计，从而使模式更加切合实际，模式的实施更具有推广性，图 5-1 是研究初期设计和采用的协作探究式数学课堂教学模式。

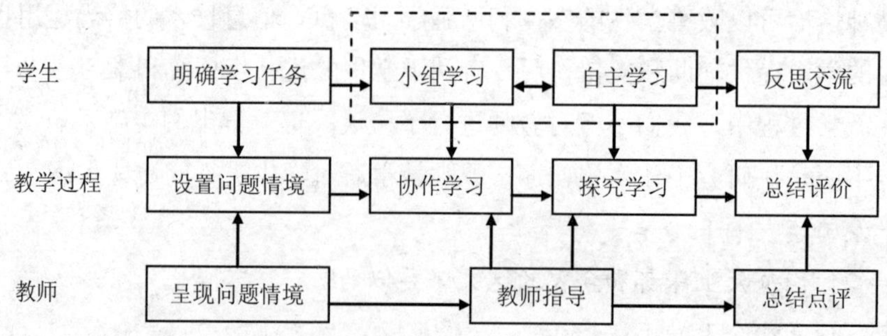


图 5-1　初步的协作探究式课堂教学模式

在问题情境设置环节，注重教师对教学资源的提供和组织工作，利用信息技术等方法和手段为学生呈现出比较真实和形象的问题情境；利用协作学习的方式组织学生开展讨论，将学生置于主体地位，激发他们的主动性和积极性，增强学生动机；通过探究学习这一环节，使学生能够从事相对独立的探究和发现的学习活动，注重思索的过程和亲身体验；教师在学生进行协作学习和探究学习的过程中始终处于指导者的关键地位，指导学生提出问题、收集资料和进行创造性思考，把握整个课堂教学过程的节奏和方向，使学生能够积极主动探索并独立获取知识。在整个课堂教学过程的各个环节中，结合具体的教学实践灵活机动地运用和采纳本模式，做到始终注意保障研究性学习的本质精神在数学课堂教学中的贯彻和实施。

本模式综合前期关于探究教学模式的研究分析工作，在与具体的模式实施环境和实施对象的分析相结合的基础上，总结出了一套适合数学课堂教学环境的协作探究式数学课堂教学模式。它与其他模式相比有其独特的特点，即利用协作学习的方式体现课堂探究精神。在协作学习和探究学习这两个环节还有待在实践中改进和细化，模式注重在数学课堂教学中体现研究性学习的本质属性，即探究精神的体现和培养，模式的重点是运用协作学习的方式开展课堂教学活动，研究者和实施者运用行动研究法不断进行具体教学活动的计划、行动、观察和反思四个环节的实施，循序渐进地实施课堂教学，并相应地关注研究性学习的形成性评价等相关问题。

协作探究式数学课堂教学模式（图 5-2）是在初步的协作探究式教学模式（图 5-1）基础上，在数学课堂教学中进行不同类型数学课程的教学实践中不断改进、补充和完善起来的，它在协作学习和探究学习这两个环节方面做了深入的教学实践工作，总结概括出比较适合数学课堂教学的教学模式。

在这个协作探究式数学课堂教学模式中，整个教学过程为呈现问题情境—个人探究—分组实施—协作学习（小组探究、个人探究）—总结汇报，其中的探究活动不仅可以独自开展，它还与协作学习有机地组合起来，使学生既可以进行个人探究活动，还可以与小组成员一起进行小组探究和个人探究的灵活组合与运用。

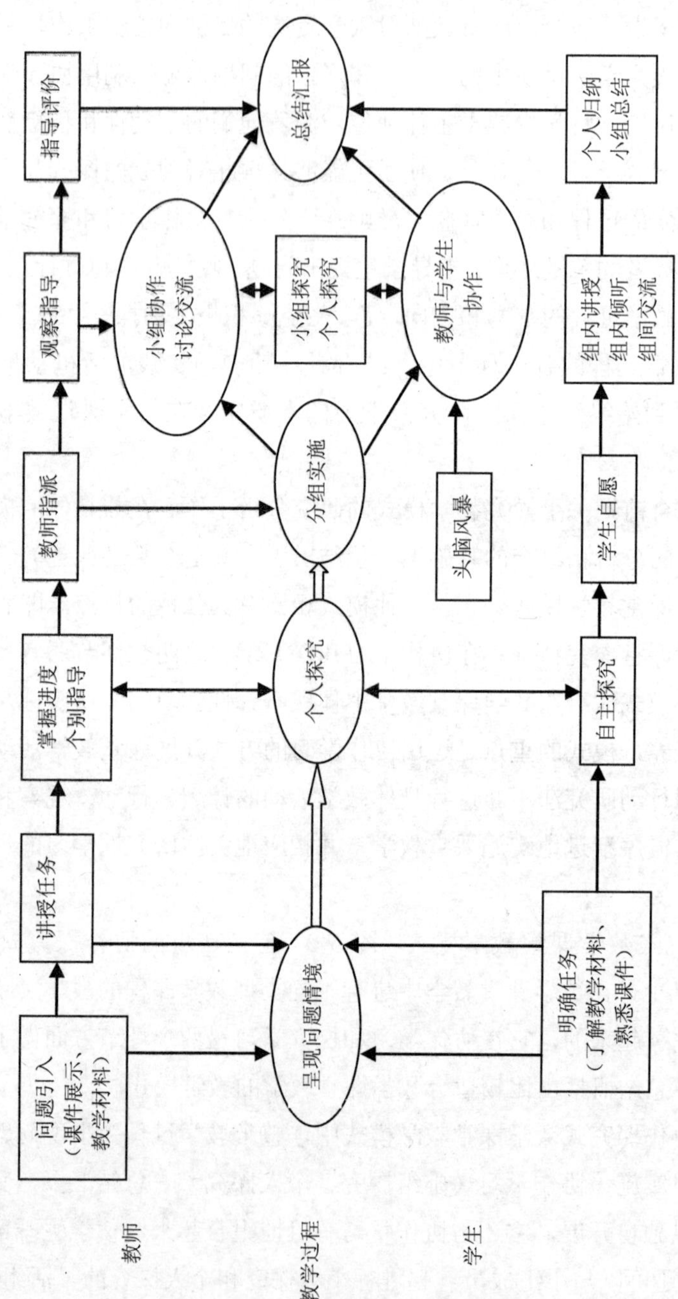


图 5-2 协作探究式数学教学模式

教师在整个课堂教学中，主要发挥主导作用，教师在课堂的开始阶段可以通过课本或者辅导教材为学生把问题呈现出来，也可以根据具体的教学需求，利用信息技术，通过课件或者是相应的技术应用引出问题，布置本次课的教学任务；在个人探究阶段，教师可以在掌握课堂节奏的过程中适时地进行个别辅导；在分组实施中，教师可以在学生自愿的原则下进行有效的分组，在小组活动开展的过程中，教师主要是扮演观察指导的角色，通过观察了解各小组学习活动开展的进程和情况，根据具体情况有效地控制和掌握小组活动的高效开展和实施。在协作学习的过程中，小组成员内可以进行适时交互，教师和每个小组、每个学生也可以进行适时的交互，也可以采用头脑风暴等方式进行全班性质的协作交流活动，这样既能使小组活动顺利地开展，又可以高效地进行个别化教学；在总结汇报阶段，教师对小组的成果汇报和学生个人的思考所给予的指导和有效的激励评价，可以帮助学生牢固地掌握本次课的教学内容，从而达到预期的教学目的。

学生在教师呈现的问题情境中，通过了解教材内容或者熟悉课件，明确本次课教学任务，个人探究是小组探究活动开展的基础，在协作学习实施过程中，学生可以带着在个人探究阶段所掌握的知识和存在的问题进行小组活动，小组活动可以以多种形式进行，如组内讲授、组内倾听、组间交流等；个人归纳和小组总结是学生学习的必要环节，可以高度提炼和提高学生的探究学习和协作学习过程中的知识掌握程度，从而达到本次课对学生的教学目标和要求。

协作探究式数学课堂教学模式的特点主要有通用灵活性、真实形象性、协作探究性和教学指导性。

### （一）通用灵活性

协作探究式数学课堂教学模式具有一定的通用性和灵活性，可以适用多种类型数学课堂如新课、复习课、习题课等教学的实施。它与其他教学模式相比有其独特的特点——利用协作学习的方式体现课堂探究精神。该模式注重在数学课堂教学中体现研究性学习的本质属性即探究精神的体现和培养，模式的重点是运用协作学习的方式开展课堂教学活动，研究者和实施者运用行动研究法不断进行具体教学活动的计划、行动、观察和反思四个环节的实施，循序渐进地实施课堂教学，并相应地关注研究性学习的形成性评价等相关问题。

### （二）真实形象性

在问题情境设置环节，教师利用信息技术等方法和手段，对教学资源的提供主要以动态的课件为展示工具，为学生呈现出比较真实和形象的问题情境。

### （三）协作探究性

探究的方式有多种，可以是自主学习、自行探究和自我练习，也可以是小组成员之间共同进行探究学习；通过探究学习使学生能够从事相对独立的探究和发现的学习活动，注重思索的过程和亲身体验。在进行协作学习时，可以根据具体的情况实施不同的协作方式，如可以组内成员之间互相讲授、倾听和交流，也可以师生共同协作学习；组内成员间可以采取一人对多人、两人随机组合等形式。采取不同的协作学习的方式组织学生开展讨论，可以做到把学生置于主体地位，激发起他们的主动性和积极性，增强了学生动机；教师可以采用头脑风暴的方式进行师生间的协作活动。

### （四）教学指导性

教师在学生进行协作学习和探究学习的过程中始终处于指导者的关键地位，指导学生提出问题、收集资料和进行创造性思考，把握整个课堂教学过程的节奏和方向，使学生能够积极主动探索并独立获取知识。能够在整个课堂教学过程中的各个环节，结合具体的教学实践灵活机动地运用和采纳本模式，做到始终注意保障研究性学习的本质精神在数学课堂教学中的贯彻和实施。

协作探究式数学课堂教学模式对高中数学教师在不同类型如新课、复习课和习题课等的课堂教学中实施协作探究式教学有一定的指导意义，协作学习在课堂教学中的应用可以充分调动起学生学习的积极性和主动性，使研究性学习的本质精神——探究精神能在课堂教学中得以实施和体现，可以看出本模式对教学在以下几方面起到指导作用：

- 探究活动可以以协作学习的方式在课堂教学中有效地开展；
- 教师的指导作用是课堂教学有效开展的保障；
- 学生协作学习的开展是调动积极性和主动性的有效手段；

- 模式的通用性使它可以在其他学科的课堂教学中得以实施；
- 模式的灵活性使它可以适合不同类型的课堂教学形式；
- 信息技术与课程的有效整合使教学形式和内容丰富、形象、生动。

## 五、协作探究式教学策略的实施

### （一）整体实施方案的设计（表 5-4）

表 5-4　实施研究的整体方案设计

| 1. 学习对象 |
|---|
| 北京市 110 中学高一（1）班（40 人）、高一（2）班（32 人）、高一（3）班（33 人）共三个班级，其中高一（1）班为理科班，高一（2）班和高一（3）班为实验班，学生已经具备一定的抽象思维能力和储备知识，一定的自我探究和小组协作能力以及初步的计算机操作能力。 |
| 2. 学习内容 |
| 本次研究的教材内容范围是人民教育出版社编制的全日制普通高级中学教科书第一册（下）和第二册（上）的全部内容，共五个教学章节，历时两个学期。<br>第四章　三角函数<br>第五章　平面向量<br>第六章　不等式<br>第七章　直线和圆的方程<br>第八章　圆锥曲线方程 |
| 3. 学习目的 |
| 注重提高学生的数学思维能力和发展学生的数学应用意识，通过在课堂教学中采取协作探究式的教学模式倡导学生积极主动、勇于探索和善于进行合作的学习，以达到数学课程标准中对学生的教学要求：<br>掌握必要的数学基础知识和基本技能，理解基本的数学概念、数学结论的本质，了解概念、结论等产生的背景、应用，体会其中蕴含的数学思想和方法，以及它们在后续学习中的作用；<br>不断提高空间想象、抽象概括、推理论证、运算求解、数据处理等基本能力；<br>培养数学地提出、分析和解决问题（包括简单的实际问题）的能力，数学表达和交流的能力，发展独立获取数学知识的能力；<br>加强学生的数学应用意识和创新意识，力求对现实世界中蕴含的一些数学模式进行思考并做出判断； |

通过协作探究式课堂教学方式的实施，提高学习数学的兴趣，树立学好数学的信心，形成锲而不舍的钻研精神和科学态度。

**4. 教学方式**

- 充分发挥学生的主动性，在学习中体现出探究意识和协作意识；
- 注重在课堂教学中学生探究能力的培养；
- 采取协作学习的方式进行课堂探究活动的开展；
- 教学方式灵活多样，充分发挥出信息技术的优势，做到信息技术与课程的优化整合；
- 采用适合学生自我探究和小组协作能力的教学方式；
- 建立合理科学的评价体系。

**5. 教学资源**

教学地点：学生教室、多媒体教室；

硬件资源：计算机及网络环境和平台支持；

软件资源：各类课件（Flash、PPT、几何画板、Word 文档和网站链接等）、教学设计案例模板、调查问卷、评价量表等。

**6. 评价方式**

- 针对不同的教学过程，采取不同的评价方式；
- 注重研究性学习的形成性评价；
- 注重形成性评价与总结性评价的结合，关注自评、互评和他评，互评包括组内互评和组间互评，他评包括专家评价、对个人的评价和对小组的评价，采取自我评价、他人评价和教师评价等多元评价方式。

## （二）行动实施流程

协作探究式数学课堂教学模式是在针对 110 中学具体教学情况的深入广泛的调研和特定的学习者分析基础之上，在一定的研究理论指导下进行的数学学科的行动研究。针对数学课堂教学的新课、复习课和习题课三种不同类型的课程进行协作探究模式的行动研究和具体实施，这次行动研究的实施流程分三个阶段进行，即前期准备阶段、具体实施阶段和总结反思阶段。

1. 前期准备阶段

首先进行学习内容分析，以每一个教学章节为单元进行整体教学方案的设计，包括数学教学目标、数学教学内容的分析；然后制订实施计划，包括行动方案的制订、教学策略的选择、教学媒体的选择和运用、网络资源的应用和评价方式等。在实际教学中，针对具体的高一数学课堂教学内容对相关的教学目标进行分析，制订总体计划、分步计划和行动方案。这是行动研究法的第一个环节——计划，计划中逐步体现协作学习和发现探究学习的教学方式和学习方式，找到二者的最佳结合点。

2．具体实施阶段

反复行动实践是行动研究法的关键阶段。首先实施分步计划，逐渐将协作学习方式和探究方式在数学课堂中得以实现和实施，观察分析课堂中老师的教和学生的学以及课堂教学情况，初步拟定以章节为单位的整体设计方案为基础，针对不同类型的数学课堂教学进行具体的课堂教学设计和实施，不断反复实践和改进。

3．总结反思阶段

总结反思是一个不断提高的过程。每次计划实施结束后都对具体的课堂教学设计方案、教师能力、学生协作探究能力和课堂教学效果进行总结与反思，取其优点，改正不足，进行下一步的行动准备和实施，直至建立起行之有效的协作探究式数学课堂教学模式。

在课堂教学活动设计这个阶段，数学相关的工具软件在教学中的应用非常关键，如何在课堂中应用这些数学软件，对教师的教和学生的学的作用体现在哪些方面以及如何评价应用效果，教师如何设计和应用工具软件才能更有利于学生能力的培养，也即真正让学生自己主动探究来训练学生的思维能力等一系列问题是教师和研究人员应该特别关注的问题。目前在数学教学中应用比较普遍的有几何画板、Flash 课件、几何专家、z+z 智能教学平台等工具软件和平台。

设计方案的总体宗旨是在数学课堂教学中重点体现学生的主动探究精神，通过协作学习这一有效手段培养学生的探究实践能力，每次课堂实施都制订详细的具体教学设计实施方案（图 5-3）。

下面谈到的内容是人民教育出版社编制的全日制普通高级中学教科书第一册（下）和第二册（上）的全部内容。教学研究方案的制订是从整个数学课程出发，以大的章节为单元进行整体的教学方案设计。每次教学活动的实施都是以一个完整的章节为单元进行整体教学研究方案的设计。研究者制订好整体教学研究方案后，会在整体方案的指导下，进行具体课堂教学方案的设计，每堂课的设计都要充分考虑到总体教学研究方案提到的教学内容、教学目标分析、学习者特征、教学方式、教学流程、教学资源、教学评价等多方面因素，结合具体情况进行灵活的教学设计。

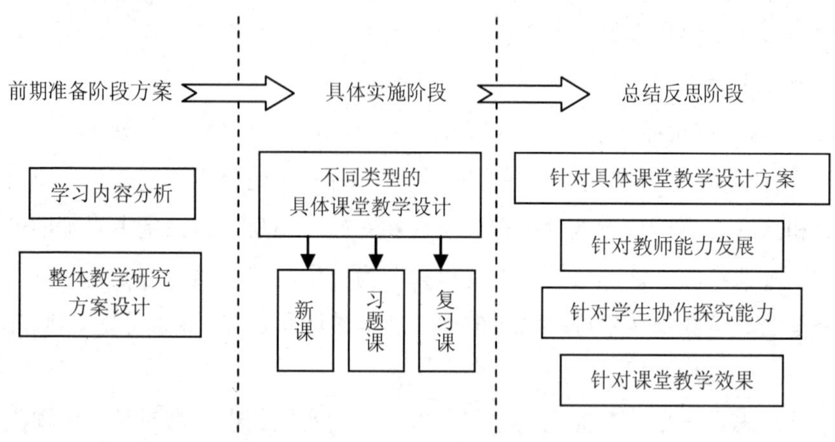


图 5-3 行动研究实施流程

学科教师的教学设计本着在数学课堂教学中充分体现协作探究教学模式所提倡的协作探究这一主旨精神，在整体教学研究方案的指导下，进行每一堂课程的具体教学方案的设计。以教师的某一次教学设计为例，教学过程中的实例引入—新知识的导学—学习探究—检测反馈—归纳小结—课后思考等环节就较好地体现了探究精神在课堂教学中的实施。除了对每一个章节进行整体研究方案的实施和指导教师进行具体教学设计方案制订的同时，还针对每一个整体设计方案提供相应的丰富的课件资源，以备教学上的使用和应用。

在每次上课后同样对教师和学生进行一些访谈调查，下面分别是针对学生和教师的访谈大纲：

教师访谈大纲 2：

- 上完这样的课以后，有什么想法？
- 为什么同样的教学内容在两个班级采取不同的教学方式？
- 想过再完善教案或者写出心得体验吗？

学生访谈大纲 2：

- 你觉得今天的课和以前的课有什么区别吗？
- 你喜欢上这样的课吗？
- 和以前的课相比，哪种课使你掌握的知识更扎实、更多一些？

## （三）以新课为主的协作探究数学课堂教学的实施

本次课的实施目的是针对数学老师以前的课堂教学观察的结果和深入的教学研究工作后，对正切函数的新课教授实施一定程度的改变。这是一堂关于正切函数的图像和性质的课堂教学，以自学和讨论为主，课前教师做了充分的准备，教师的教学方式与以前的传统教学方式相比有了一定的改变。

新课实施探究教学的特点是重点关注协作学习在数学课堂教学中的应用实践。教学内容为正切函数的图像和性质，以及具体运用相关知识解决数学习题和问题。上课前与教师一起做了相关的教学准备工作，仔细研究了北京大学附属中学张思明老师的关于《正切、余切函数的图像和性质》的教学过程记录，启发了教师的思维，开拓了教师的视野，针对 110 中学高一学生具体的实际情况，按照提出问题、设计问题、通过讨论解决问题的思路，设计了一堂以自学和活动为主的学习新课程、新内容的数学课并在实践中应用。

这次正切函数图像与性质的数学课堂教学，是针对初步的协作探究式数学课堂教学模式中的协作学习这一关键环节进行的深入的教学实践，从而找到协作学习在课堂教学中的最佳实施方法。

在高一（3）班和高一（2）班实施同样的教学内容，教学过程基本一样，都是教师讲述本课教学内容和学习方式，学生自学，教师提问学生讲解学习中出现的问题，然后小组分组讨论和小组汇报，教师对汇报结果进行讲评和总结，布置课后作业。教师主要以讲授和提问为主，教学效果较好，学生参与度相对较高。课堂教学的 5 个环节（图 5-4）为课程导入—自学与做题—教师讲解—小组讨论与汇报—教师总结。

1. 课程导入

首先教师通过讲解简略地介绍正弦、余弦函数，从而引出本次课程的内容——正切函数的图像和性质，并指出这堂课的教学方式是以自学和讨论为主，并对学习任务进行描述。

2. 自学与做题

通过观察，可以看到全班同学都能很投入地进行自学，通过课本、参考书和作业能顺利地完成附表中对旧知识的回顾；在对新知识的自学过程中，可以看到有部分同学对新知识的理解存在一定的问题和偏差，理解不透彻。教师在教学过程中通过巡视可以很清晰地看到这一点，对个别同学的提问做相应地个别讲解。

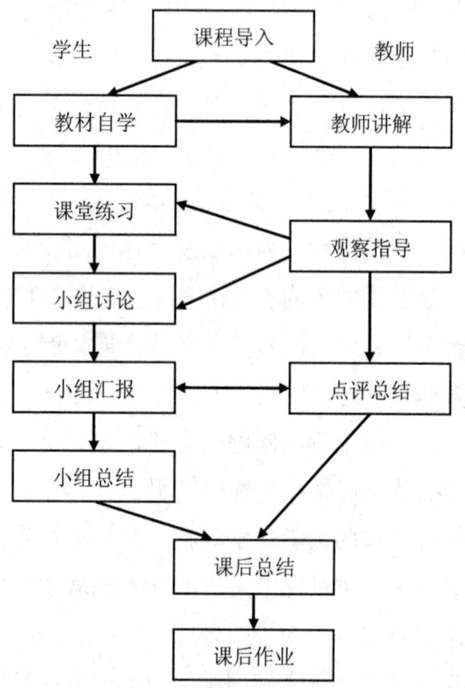


图 5-4 正切函数的图像与性质课教学流程

3．教师讲解

由于教师是对学生们普遍出现的两个问题做了针对性的讲解，所以可以看到学生的听讲很带有目的性和针对性，并能对教师的讲解做出迅速的反应，有些同学还同时对学习内容做了相应的修改。

4．小组讨论与汇报

两个班级共分 5 个小组，每个小组自由选择 5 个题目中的任意一个作为小组的汇报题目。可以看到，有 98%的学生能积极地投入到讨论中去，只有个别学生没有参加到讨论中。

在讨论中，有的学生很有热情和耐心地把自己的做题思路讲给小组成员，并且在和小组成员的交流、讨论和争辩中迅速发现自己的错误并及时改正过来，得

这次课是针对初步的协作探究式数学课堂教学模式中的探究学习这一关键环节进行的深入的教学实践，从而找到探究学习在课堂教学中的最佳实施方法。课堂教学的环节（图 5-5）为课程导入—了解课件—明确任务—个人探究、研究课件—填写学生研究报告—小组协作、讨论交流—小组汇报—课程总结—课后作业、拓展练习。教师提出本课学习方法和学习内容，首先学生自学教学内容的 Flash 课件，学生填写“图像变换复习活动课学生研究报告表”，然后进行小组协作讨论交流，教师辅导、观察学生学习情况，讨论交流后学生修改完善“图像变换复习活动课学生研究报告表”，进行小组汇报，教师指点评价小组和个人协作效果，总结归纳学习内容，最后教师进行课程总结和布置课后作业及拓展练习。

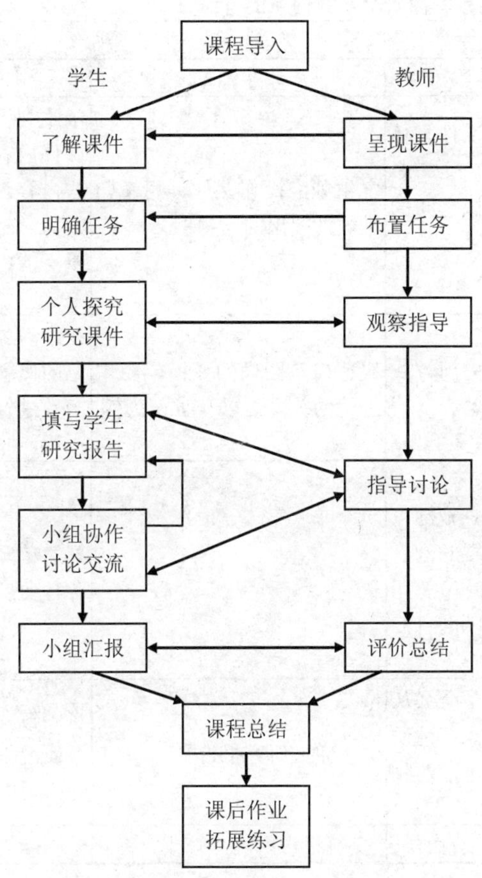


图 5-5 三角函数图像变换课教学流程

课程实施前研究者和学科教师共同制订了详细的图像变换复习活动课的教学设计（表 5-7）和图像变换复习活动课学生研究报告表（表 5-8）。

表 5-7　图像变换复习活动课教学设计

<table>
<tr><td rowspan="5">教学目标</td><td rowspan="2">知识目标</td><td colspan="2">1. 了解图像变换的几种方法：对称变换、位移变换、伸缩变换、其他变换</td></tr>
<tr><td colspan="2">2. 通过图像变换，了解图像之间的关系</td></tr>
<tr><td rowspan="3">能力目标</td><td colspan="2">1. 学生通过图像变换的关系探究函数性质</td></tr>
<tr><td colspan="2">2. 培养学生学习的能力，搜集知识、转化知识、应用知识的能力</td></tr>
<tr><td colspan="2">3. 解决学生在研究函数中遇到的实际问题，从研究图像开始考察性质</td></tr>
<tr><td>教学重点</td><td colspan="3">图像变换的几种方法和图像之间的关系</td></tr>
<tr><td>教学难点</td><td colspan="3">通过研究函数图像研究函数性质的方法</td></tr>
<tr><td colspan="4">教学过程</td></tr>
<tr><td colspan="2">教师活动</td><td>学生活动</td><td>意图</td></tr>
<tr><td colspan="2">一、教师指导学生自学课件具体实施中的问题<br>怎样研究图像变换中图像之间的特点<br>各种变换中图像之间的关系</td><td>学生独立操作课件，思考归纳教师提出的问题</td><td>学生利用资源自主学习，根据课件内容，调节个人学习速度与内容，有很强的针对性，教师为学生点拨了需要注意的和重点的内容，需要理解的思维方法</td></tr>
<tr><td colspan="2">二、总结几种变换——提问方式完成单一变换学习的检验</td><td>快速口答图像的变换，图像之间的关系，以 $y=\sin x$ 为例</td><td>在学习过程中学生接触到了抽象的概念，在 $y=\sin x$ 这个具体函数进行简单应用，加深学习过程，同时检验自学结果</td></tr>
<tr><td colspan="2">$y=\sin x$；$y=\sin(-x)$；$y=-\sin(-x)$；<br>$y=\sin(x+\pi/2)$；$y=\sin(x-\pi/2)$；<br>$y=\sin x+2$；$y=\sin x-2$；$y=\sin 2x$；<br>$y=\sin x/2$；<br>$y=5\sin x$；$y=1/5\sin x$；$y=|\sin x|$；<br>$y=\sin|x|$</td><td>学生口答，纠正</td><td>熟悉单一变换，使学生在明确各种变换前提下进行</td></tr>
<tr><td colspan="2">三、请学生自己研究一个函数（从图像变换角度考察），要求：请研究一个三角函数，至少包括两种以上变换（附学生研究报告）</td><td>学生完成研究报告</td><td>将图像变换方法应用到具体函数研究上，使学生学以致用，在学习中突出实效性和探究性</td></tr>
<tr><td colspan="2">四、小组交流，请学生进行总结</td><td>交流报告内容，修改完善</td><td></td></tr>
</table>

表 5-8　图像变换复习活动课学生研究报告表

| 学生研究报告 | 姓名 | 日期 |
|---|---|---|
| 要求 | 请研究一个三角函数至少包括两种以上变换 | |
| 内容 | 1. 函数表达式<br>2. 画出图形<br>3. 说明使用变换，由基本图像如何变换而来<br>4. 函数性质：定义域、值域、单调性、周期性、对称性（轴对称、中心对称并找出对称轴和对称中心） | |
| 函数名称 | | |
| 图形 | | |
| 变换 | | |
| 性质 | | |

对课堂教学效果进行评价、总结与反思。这次图像变换复习活动课与新课的协作探究式数学课堂教学的实施的最大区别是在课堂中增加了信息技术的运用。学生的学习探究活动不再拘泥于课本和教材，而是充分发挥了信息技术的优势。采用了三角函数包括正弦函数、余弦函数和正切函数图像的性质以及变换的大量Flash 课件，教学课件为学生呈现了书本无法提供的图像的动态形成过程，极大地激发了学生们学习的动机；课件资料的合理安排使学生能够有序地逐步开展探究活动；超文本形式的课件使每一位学生可以根据自己的实际情况自定学习步调，有利于增强探究过程中知识的掌握程度。

学生自学课件后的小组活动的开展，为教师和学生提供了共同学习和讨论的交互空间。教师与每个小组的交互活动使教师能够掌握和控制小组学习活动的进程和方向；小组内成员的相互交流、讨论可以使生生交互更加充分和深入，组内成员的相互讲解、讨论和倾听可以调动起每一位学生的积极性和主动性。

这次课堂教学的实施使学生的主动性和探究性得到了一定程度的体现和提高，学生能够很好地进行课件的自学和填写“学生研究报告”，课堂教师的提问和学生的回答也表明学生基本掌握了图像变换的知识，教学目标基本能够实现。值得注意的一点是，由于本次课程所选的课件内容比较多，导致小组讨论进行得不是十分充分，这是在以后课堂教学中特别需要注意的一点。

## （五）以习题课为主的协作探究数学课堂教学的实施

这是一堂关于直线与椭圆位置关系习题的课堂教学，本次课以学生自主探究和小组协作学习为主要学习方式，课前教师做了充分的准备，在不同的班级实施同样的教学内容，教师在教学方式的灵活转变和多元评价的采纳与实施方面都取得了良好的效果。

习题课中实施探究教学的特点是重点关注协作学习和探究学习的最佳结合方式而进行的在数学课堂教学中的应用实践（表 5-9）。

表 5-9　直线与椭圆位置关系教学设计

| 教学目标 | 知识目标 | 1. 直线与椭圆的位置关系<br>2. 直线与椭圆相交所得弦长问题<br>3. 弦所在直线方程问题 |
|---|---|---|
| | 能力目标 | 1. 类比直线与圆的位置关系，探究直线与椭圆的位置关系<br>2. 深化椭圆的性质学习 |
| 教学重点 | 直线与椭圆的位置关系，弦长问题，弦所在直线方程 | |
| 教学难点 | 学生解题综合能力的培养 | |
| 教学过程 | | |
| 步骤 | 教师活动 | 学生活动 |
| 复习引入 | 圆和直线的位置关系<br>提问：圆和直线的关系我们讨论了哪些问题? | 回忆口答<br>1. 位置判断<br>2. 切线问题<br>3. 弦长问题<br>4. 中点弦问题 |
| 新课讲授 | 椭圆和直线的位置关系<br>我们从哪几方面研究是否可以扩展圆中的某些结论 | 学生积极思考<br>将学生分成六组，每组给一个研究提纲和思考方向 |
| 引导学生分组探究 | 教师巡视，个别指导 | 1. 学生独立完成例题<br>2. 小组内交流做法，研究答案<br>3. 完成思考练习，深入研究<br>4. 为其他同学编写一道有关练习并独立完成 |
| 小组汇报 | 适时讲解和点拨 | 每组一个代表给其他各组讲解例题，学生之间可以提问交流 |
| 小　结 | 比较椭圆与直线位置关系与圆位置关系异同，得到一般解法<br>1. 联立方程求判别式法<br>2. 利用根与系数关系简化运算 | 学生聆听思考 |
| 课后作业 | 布置课后任务和作业 | 配套练习 |

本次教学是针对初步的协作探究式数学课堂教学模式中的协作学习和探究学习这两个关键环节进行的深入的教学实践，使协作学习和探究学习能够很好地结合起来，从而找到协作学习和探究学习在课堂教学中的最佳实施方法。

课后研究者和学科教师进行了总结和思考。在这次习题课中，协作和探究都得到了良好的体现和实施。协作学习在小组中得到了充分开展，协作方式有多种形式，组内成员间的一人对多人、两人随机组合、组间成员的交互都得到了体现；探究的方式也多种多样，既有个人自主探究，又有师生和生生共同探究。

研究性学习的形成性评价在课堂教学中的应用得到了体现和实施。教师在利用协作学习和探究学习激发学生的积极性和主动性的基础上，增加了激励评价机制的运用。这一点在《直线与椭圆位置关系》教学过程观察与记录（表 5-10）中高二（二）班的教学过程中得到了体现和实施。

表 5-10　《直线与椭圆位置关系》教学过程观察与记录

<table>
<tr><th>教学过程 1——高二（1）班</th><th>教学过程 2——高二（2）班</th></tr>
<tr><td>高二（1）班，分 5 个组，每组 8 人，班级男生偏多，课堂气氛活跃</td><td>高二（2）班共分 5 个组，每组 6 人，其中一个小组 8 人</td></tr>
<tr><td colspan="2">教学内容：这是一堂关于直线和椭圆的位置关系的习题课</td></tr>
<tr><td>课程引入<br>通过直线和圆的位置关系（相切、相交、相离）的复习引出直线和椭圆的位置关系的研究和讨论。<br>• 位置关系判断：$d$，$r$；焦点的个数<br>• 切线问题<br>• 弦长问题<br>• 中点弦问题<br>分配小组任务<br>1. 分发学生讨论报告，每人一份，小组学习，共 3 道题目，包含解答和思考两部分。<br>2. 要求独立完成分配的任务，可以互相讲解，组内讨论，为同伴出类似的练习题目，利用投影片进行小组汇报演示。<br>3. 班级小组分布示意图：</td><td>课程引入<br>• 位置关系判断：$d$，$r$；焦点的个数<br>• 切线问题<br>• 弦长问题<br>• 中点弦问题<br>引出椭圆和直线的位置关系<br>分配小组任务<br>1. 哪一个组先完成，可以先汇报讲解，要求组员同时也必须掌握。<br>2. 评价方式采取激励机制，第一名的小组作业为 3 道课后题，第二名的 4 道，第三名的 5 道。<br>3. 班级小组分布示意图：<br>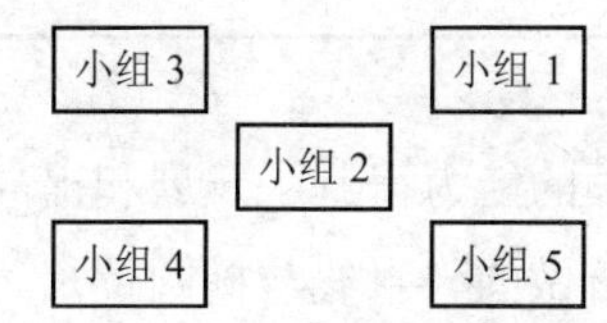<br></td></tr>
</table>

<table>
<tr><th>教学过程 1——高二（1）班</th><th>教学过程 2——高二（2）班</th></tr>
<tr><td>小组 3　　小组 1<br>小组 2<br>小组 4　　小组 5<br><br>4. 任务分配：第一题：小组 1；第二题：小组 2 和小组 5；第三题：小组 3 和小组 4。<br><br>教师巡视，个别辅导<br>1. 自学的 10 分钟期间，教师巡视，个别辅导。<br>2. 学生有的查阅课本和辅导书，有的自己做题，有的两个人讨论，有的小组成员给其他成员讲解。<br><br>小组汇报<br>1. 一人讲解，全班其他人倾听，组员可以补充，其他组成员可以发问。<br>2. 小组 1 发言汇报，大体的思路正确，思维有点混乱，有一点没讲解清楚；小组 5 中有一人发言，教师讲解评价；小组 2 汇报，每个组都体验、了解了方程组的解题过程，教师指导得多一些；小组 3 的做题效果一般，感觉难度大。原因是这三个例题的关联性比较强，即做好了第一题和第二题后，第三题的解决就会容易和顺理成章一些。<br><br>教师总结、布置作业</td><td>教师巡视，个别辅导<br>• 小组做题，讨论的形式不一样，有的个别做题，有的两人讨论（一人对一人，对象有转变，分别是两个人在进行一对一的讨论），有的是一人讲解，全组其他成员倾听。<br>• 时间缩短，完成任务就可以进行汇报。<br>• 教师对小组讨论把握的程度有所提高，不单单局限在形式上。<br><br>小组汇报，激励评价<br>第 2 组汇报，在讲解的过程中，发现了自己没有解决的问题，其他学生提出质疑：为什么不用一般性代替特殊性？思路正确，但是解题的过程中发现了自己的不足，小组 2 加 1 分。<br><br>全班接着进行协作探究学习<br>• 第五组汇报，思路已经清晰，全班在听他讲解的过程中，夹杂着讨论和教师的点拨讲解，第一题得到了解答；小组 5 加 1 分。<br>• 进行第二题的学习。小组 4 汇报，加 1 分。小组 2 补充，加 1 分。教师要求除了会做题，还要掌握弦长公式，其中小组 2 一人自动组织负责其他组员知识掌握程度的检查，小组气氛活跃，每一个人都积极思考和行动。小组 3 的状态是一人在讲解，其他组员积极倾听，认真程度高。小组 3 汇报第三题，加 1 分。<br>• 解方程组的过程得到了完整的体现和实施，学生的参与和主动探究调动了学生的积极性和主观能动性，教师的点拨把握了教学的进程和学生思维思考的方向性，使学生的学习快速有效。<br><br>小组排名<br>第一名小组 5，总分 2 分；第二名小组 2、小组 3、小组 4，总分 1 分；第三名小组 1，总分 0 分。</td></tr>
</table>

教师的能力得到了发展和提高。学科教师根据具体的课堂感受和体验，参考研究者所做的《直线与椭圆位置关系》教学过程观察与记录，对课堂教学设计进

行了补充、修改和完善，为下一轮课程实施提供设计方案和依据（表 5-11）。如教师转变教学方式的原因有：两个班的具体情况不同，高二（1）班学生的整体水平要比高二（2）班高（根据课堂观察，发现高二（2）班的学习效果要比高二（1）班好），在高二（1）班的教学中，小组 4 做题的效果比预料的低，促使教师发现和认识到教学内容中 3 道习题先后的强烈关联性，即没有前两道题的学习过程那么第三题的解答难度会相对增大，这促使她思考并改变了在高二（2）班的教学方式。根据研究者的启发和提示，学科教师结合教学内容记录描述整个教学过程的实施，从中挖掘问题，着手进行相关论文的撰写工作。

**表 5-11　直线与椭圆位置关系学生讨论报告**

| 例 1<br>直线和椭圆的位置关系 | 例 2<br>直线与椭圆相交所得弦长问题 | 例 3<br>弦所在直线方程的问题 |
|---|---|---|
| 当 $m$ 取何值时，直线 $L$: $y=x+m$ 与椭圆 $9x^2+16y^2=144$ 相切、相交、相离。解答： | 已知斜率为 1 的直线 $L$ 过椭圆 $x^2/4+y^2=1$ 的焦点，交椭圆于 $A$、$B$ 两点，求弦 $AB$ 的长。解答： | 直线 $L$ 与椭圆 $4x^2+9y^2=36$ 交于 $A$、$B$ 两点，并且线段 $AB$ 的中点坐标为（1，1），求直线 $L$ 的方程。解答： |
| 思考：<br>1. 直线与圆的位置关系怎样判断？是否可以推广到直线与椭圆的位置关系？<br>2. 怎样判断直线与椭圆的位置关系？（判断方法）<br>3. 为同学出一道练习题并解答。 | 思考：<br>1. 求 $AB$ 弦长时是否可以不求得交点 $A$、$B$ 坐标，怎样做？<br>2. 设直线 $y=kx+b$ 已知，能否推导出弦长公式<br>$\left\|AB\right\|=\sqrt{(1+K_2)(X_1-X_2)^2}$<br>3. 为同学出一道练习题并解答。 | 思考：<br>1. 对上题的答案是否还有所补充，例如直线 $L$ 的斜率 $K$ 不存在的情况下，是否还有直线与椭圆相交？<br>2. 为同学出一道练习题并解答。 |

这次习题课的行动研究表明，协作探究式教学可以在数学课堂教学上很好地实施。运用多个班级的比较研究工作可以使行动研究的实施效率提高，也有利于教师个人能力的快速增长。通过对两个教学班教学效果的对比实施，可以促进教师教学思路的灵活转变和教学方式的有效变化，教师的转变不能仅仅依靠教师培训这个辅助方式，还要具体地立足于课堂教学的实施和行动研究上。

## 六、实施协作探究策略的反思与改进

### （一）策略模式的实施与改进

模式的实施并不是固定不变的，根据具体教学内容和教学情况可以适当地对该模式进行灵活的使用和实施，实行最优化教学，使教学效果达到最佳。学生自主探究的效果远远超过教师一遍遍的传授，不仅使学生亲身体验到数学规律的发现与发展的过程，还能改变学生的数学观念，即数学不再是枯燥乏味的公理、定理和形式化的证明，而是动态的。生动活泼的探索发现过程以及学生在尝试过程中获得的体验和此过程中的受挫经历都会成为学生认知发展的基石。

总的协作探究式教学模式通过深入的课堂教学实践，在协作学习和探究学习这两个环节做了改进工作，细化、充实和完善了协作学习和探究学习在数学课堂教学实施的形式，总结概括出了适合数学课堂教学的比较通用的教学模式。

### （二）教师的发展

整个教学系统组成的重要要素有教师、学生、课程等。其中教师的专业发展是一个重要的因素。教师的教育教学理念以及教师自身的知识、能力结构问题等也就是一线教师的素质是课堂教学中的关键因素。在教学的过程中教师的指导作用如果能够得到正确的应用，他的主导作用还是会产生巨大作用的。教师的作用是为学生创造内心体验的情境，创设人机对话、师生互动、生生互动的效果，使学生利用自己原有的认知结构中的有关知识与经验去同化当前学习到的新知识，赋予新知识以某种意义。新课标下的教师要具备新的教学观念和意识，尤其要具备很强的教学设计意识，要有更新意识、问题意识、反思创新意识等，这是教师素质的重要组成部分，是形成教师教学能力的前提。

本次研究中的学科教师是刚刚参加工作的新教师，对她来讲，教授内容都是全新的。与其他教师相比，她的突出特点是组织能力强。从实践的过程来看，她还是比较倾向于传统教学方式，改变对她来说存在着一定的难度和压力。教师都有其自身的发展规律，在一年多的研究性学习的教学实践中，该教师角色发生了很大的转变，由传统教学向反思型教学方向发展。对探究教学的实施、协作学习的应用以及对创新思维中的表象加工与类比认识的不断深入等方面都有了极大程度的提高。如参照其他优秀案例可以使她迅速领悟并实施，在进行两个班级的相同内容的教学中，快速发现存在的问题并及时更正和改进教学方式，使教学效果得到明显提高。她自身的一些观念和意识也有了很大转变，例如下文就是在与学科教师进行研究的过程中所进行的访谈记录。

这次访谈的主题主要是关于探究和协作在课堂教学中如何实施的问题，其中A代表研究者，B代表实施者，即学科教师，下面是研究者与学科教师的部分谈话实录：

A：计划行动实施的目的是在课堂教学中体现出协作学习和探究精神。通过一些具体实施策略，使协作学习的理念能在课堂教学中实施，使学生既可以进行自主探究也可以进行协作探究，以便发挥协作探究的优势和作用。前一段时间的教学实践已经初步培养了学生协作意识、协作技能和探究精神，如何在这次整个章节的大范围内将二者更有效深入地结合并在课堂教学中得以体现，是现在我们要做的关键。目前有哪些教学内容比较适合这类学习方式的实施？

B：好像还是复习课要比在新课和习题课中好做。怎么进行探究呢？

A：学生的探究不光可以通过课件在复习课中实施，在新课的讲授中也可以将教师的单纯讲授改为学生自己探究学习，关键是教师如何进行有效的教学设计，注重在教学内容的设计上体现出适合学生探究的思路。小组协作学习可以作为一种辅助方式促进学生的探究学习。首先依据协作小组的分组原则、方式和分组教学策略进行分组的具体实施。如4~5个人一个小组，共有8个组。

B：怎么来进行小组协作学习呢？分组后怎么在课堂教学中实施呢？小组成员如何协作？

A：可否对以前的协作学习做进一步的深入实施，比如用类似专家组的形式使小组的活动方式发生一些改变，即对同一个研究内容所组成的专家组成员进行讨论交流，然后回到自己的小组汇报讲授总结在专家组所学到的知识。通过小组的不同变换和组合可以使每一个小组成员都有发挥主动性和积极性的机会，也能保证每一个人都积极行动并与其他相关成员积极互动起来。

B：这样不行，课堂上教学位置的改变太难了，会无法控制课堂教学秩序的。

通过谈话可以看出学科教学中存在的一些问题，学科教师还是停留在以前的实施体验中，不愿做新的尝试；认为教学秩序不好维持和组织，小组协作实施有一定难度，不求太大的改变；认为形式比较复杂和难组织，不容易实施。

研究者的指导思想是小组协作学习还是进行探究式的学习，探究的形式多样，可以根据具体的教学内容和特点采取有效的探究设计，一定要在实施协作学习方式的课堂教学过程中体现个人和小组探究，组内组间协作和竞争，通过组内、组间讲解使学生积极协作互动，在课后进行研究性学习及课题练习等。

研究者建议协作探究的实施方式和内容：

- 个人探究（包括学习内容的个人探究和计算机支持的个人探究）可以以组内合作竞争、小组协作探究和组间协作交流等方式进行；
- 学习内容的探究可以通过在课堂阅读课本，课前搜集资料，教师提供的资料等进行；计算机支持的个人探究可以通过课件、网络、平台进行探究学习；
- 组内合作竞争，小组内各自做完后组内讨论，小组汇报；
- 小组协作探究和组间协作可以研究不同的习题，归纳总结，然后组间竞争、协作、交流和共享；
- 评价为小组成绩和个人成绩相结合，形成性评价和总结评价相结合。

### （三）数学课堂评价

有效的研究性学习评价能促进教学的深入实施，发挥优点和长处，改正缺点和不足。授课教师在开始的课堂教学中并没有评价的意识和实施，只是注重对课后作业的完成情况和阶段测验的分数评测。经过一段时期的教学实践，教师已经愿意并自觉地在课堂上实施过程评价、个人评价和小组评价相结合等多元评价，这个内容在以习题课为主的协作探究数学课堂教学的实施一课中得以体现。

### （四）协作学习开展形式

协作学习在课堂教学中的实施可以进行不同要素的灵活综合运用，例如正切函数的数学课堂教学课中的小组内个人探究与小组协作的结合、课中的小组协作以及信息技术的运用与小组协作学习的有效结合等。教师与学生、学生与学生之间的相互交流、相互沟通、相互作用、相互理解、互相启发补充的动态过程中，可以互相分享彼此的思考、经验和知识，交流彼此的情感体验和观念，丰富教学内容，求得新的发展，从而达成共识、共享和共进，实现教学相长和共同发展。学生之间在讨论中相互补充、相互促进，不但使知识和能力得到提高，还培养了合作精神。协作是一种非常有效的学习方式，有利于数学知识在协作小组内、协作小组间的共享，培养学生的集体主义思想和团队精神，缩短师生、生生间的距离，产生情感共鸣，使课堂教学保持平等、宽松、民主、和谐的气氛，师生共享解决问题的快乐。

### （五）信息技术的作用

下文是学生在多媒体教室利用 Flash 课件进行“椭圆的习题课”学习中的教学记录和总结。可以看出，大多数同学还是很喜欢上这样的习题课，而且信息技术的优点能够得以体现和发挥，适当的技术使用对教学能够起到一定的促进作用。

在运用信息技术进行椭圆定义、标准方程和几何性质的基础知识、含有动态过程和解题步骤及答案的典型例题的讲解中，可以看到信息技术的运用能够对教师的教和学生的学产生良好的影响，取得很好的教学效果。

教师的反思：

- 如果是讲授型的上课，不会有时间讲授这么多的内容；
- 课件例 2 中的内容可以不光局限在直角上，加上锐角和钝角的演示就更好了，自己能够完善课件，以备下一轮课程的更好实施；
- 比较直观、生动、全面。

学生的具体感受：

- 比自己做的全面、细致；
- 可以参考、了解整个解题过程和思路；
- 先做后看，有成就感，愿意看课件和接着做题；
- 如果不会做，一看就明白了；
- 老师讲过的知识点一看就明白了，这里的图要比老师的清晰、准确和直观，有些图是在老师讲课时所看不到的；
- 动态的过程挺好的，在课堂上就看不到这些；

- 太简单了，一看全都会，就是自己不太愿意把全部的解题过程写出来；
- 这样自己做和看太累了，我喜欢听老师讲。

### （六）实施协作探究策略的优点

本次研究是运用行动研究法在中小学深入开展类似的研究性学习教学实践和科研工作，根据教学中存在的具体教学问题，以整个学科课程为主体进行总体教学设计，针对不同的数学课堂教学形式如新课、复习课和习题课等，把握研究性学习的实质，运用协作学习方式，对协作学习的不同要素进行有机高效的组合和综合，探讨出如何运用研究性学习的学习方式在课堂教学中提高学生的学习动机、让自主探究在课堂上得以实施，总结出了适合多种类型教学课的比较通用的协作探究式数学教学模式。可以看出，在课堂教学中实施协作探究式教学有以下优点：

- 研究性学习的开展有利于探究精神的培养；
- 协作学习的方式有助于教师的教，发挥出研究性学习中教师的指导作用；
- 协作和探究的有效结合有助于学生的学，发挥学生的自主性和探究性；
- 小组协作有助于在正常的课堂教学中培养学生的合作探究能力；
- 协作探究可以在课堂教学的不同类型、不同主题中进行相应的开展和实施。

## 七、其他学科课堂教学和学习中协作探究策略的应用

### （一）协作探究策略在大学课堂教学中的应用

1．协作探究学习条件分析和准备

教育改革的核心是课程改革，而课程改革的核心是学生学习方式的变革，新课程标准把“自主探究、合作交流”提到一个前所未有的高度，大学课程《图形图像处理》是一门实践操作性很强的课程，教学内容是当今应用范围最广、功能最强大的 Photoshop 图形处理软件，在大学课堂中运用协作探究学习策略进行教学具有一定的实践意义和参考价值。协作探究学习策略在大学课堂教学的实践是十分必要和重要的，能够在注重发展学生自主性、独立性和个性化方面发挥作用，

也能够提高学生综合素质，能够使学生在获得知识的同时，培养协作探究的学习能力。以大学《图形图像处理》课程为基础、基于课堂教学进行的包括教学和学习活动方案的设计与实施等一系列教学实践工作，能够为协作探究教学策略在大学课堂教学中具体实施提供具有借鉴意义的建议和措施。

协作探究学习策略的实施要具备一定的前提条件。针对 Photoshop 应用软件的独特特点，采取在课堂教学中实施小步子学习方式。如以编辑处理图像实例为例具体讲解每一部分的操作方法、步骤和技巧，包括图片格式、工具的使用、快捷键的使用、图像的编辑、通道蒙版的应用等，图文并茂的展示使学生易于理解和掌握。由于学生操作时所见即所得，遇到问题能得到及时解决和反馈，通过小步子练习获得了知识和技能，有利于学生协作探究学习的开展。

协作学习策略和探究学习策略需要整合。单独使用协作学习策略，学生以小组形式学习，不利于解决探究性问题；对于探究性问题，每个同学单独进行问题探究时会局限在自己的认知范围内，缺少了团队合作、分工协作和知识共享，这样的学习也是缺乏效率的。协作学习和探究学习的整合能让学生带着问题进行有效学习。

协作学习的组织工作和学生的学习准备至关重要。要根据协作学习的目标与任务及其协作学习成员的个性特征创设良好的协作学习环境。在学习环境中，有意识地设计一个团队，让成员经常在学习过程中沟通交流，分享各种学习方法和心得，共同完成一定的学习任务，从而相互影响、相互促进。例如，在讲授对图像进行人物抠图的教学内容时，教师先将在网上下载好的图片以及准备讲解的图片展示给同学们，课堂讲授操作步骤，同时要求学生上机操作实践。在实践学习过程中，将学习能力强和学习能力弱的同学分成一组，共同完成作品，在体验协作学习的过程中做到互相帮助互相提高。

2．协作探究学习策略的课堂教学设计

探究性学习的过程是多层面的活动，主要包括提出问题、资源设计、活动过程的组织、评价的设计与实施四个环节。

（1）提出问题

问题是学生协作探究学习的开始，也是整个协作探究活动的方向和目的。协作探究性学习强调培养学生发现问题、分析问题和解决问题的能力，教师要创设一定的问题情境，并使学生产生相应的问题意识，问题的难易程度要恰当，使协作探究的问题处于学生的认知发展区，对学生已有的观念、知识结构进行挑战，激发他们的好奇心、求知欲，从而使他们着手寻找对策和解决问题。

（2）资源设计

资源设计旨在提供足够的与问题和任务相关的背景知识、信息资料以及相关的站点链接，供学生查阅、学习和解决问题，为学生的进一步思考、探究提供必要的工具和支持，并指导学生将协作探究结果利用适当的方式进行表达。

（3）活动过程的组织

教学活动过程指由师生之间以及学生之间的交互作用而形成的动态过程，对于单一问题可采用自主探究，培养学生独立解决问题的能力；而对于综合问题可采用协作探究，以小组形式组织培养学生的合作和协调能力。

（4）评价的设计与实施

协作探究性学习的评价，是协作探究性学习活动的重要组成部分，其目的是检查和促进教与学，对促进学生达到学习目的具有十分重要的意义。教师在实施评价时将总结性评价与形成性评价相结合，将个人评价与小组评价相结合，突出形成性评价。

3．协作探究学习策略的课堂教学实施

（1）创设协作学习的教学情境

以教学内容为依据，认真分析每一次教学活动和学习活动，创设协作探究学习情境。

具体步骤如下：① 课前预习。在学习资料、实例、教学媒体、上机时间等方面提供充分的支持；② 问题的提出。精心设计教学大纲和实例，通过投影或多媒体等辅助手段完成教学目标的要求；③ 课堂讨论。讨论过程包括学生的学习过程和教师的指导过程。教师努力创设和谐、民主、平等的师生关系和教学气氛，给每个学生提供思考、创造、表现及成功的机会；④ 归纳和总结。教师通过验证、课内作业、竞赛等形式，给学生足够的思维空间和信息空间，引导学生进行创作。如讲解背景与人物结合的色彩处理这个知识点时，在对不同学生用模糊和羽化等不同方法达到同样制作效果的对比归纳总结过程中，大家共同讨论，拓展思维方式，达到了较好的学习效果；⑤ 课后复习巩固。对每节课的要点，进行巩固练习，促进学生自我纠正反馈，鼓励成功、矫正错误，使学生的知识得到巩固、迁移、深化，提高学生对应用软件的操作能力；⑥ 教师主导作用很重要。教师教学情境的设置、教学活动的组织和讲授、教学评价和监控对于维持高水平的交互活动具有重要意义。

（2）提倡学生间相互交流和切磋

在协作学习和探究学习中，重视学生的自主学习，充分激发学生的学习兴趣与学习动机，发挥学生学习主体的作用，提供便捷有效的交流手段，鼓励学生之间的协作，对协作探究过程进行积极的引导。

在对教学实例进行讲解的授课过程中，有的同学对这种教学方式比较感兴趣，因此要求学生结合 Photoshop 课程教材以 PowerPoint、word 等课件形式制作个人课堂笔记，并以个人或者小组形式进行汇报演讲。由于每个学生对知识点的观察角度不同，理解不同，最后制作出的课件也大不相同，各有其特点和独到之处，通过汇报演讲能够看出同学们的讨论过程及思想内容的交流，学习者的思维和智慧在为整个群体所共享的同时，也使思维角度多元化得到充分发展。

（3）利用小组协作优势进行探究式学习

学生解决问题并完成任务的过程是发挥学生协作探究精神的最好时机，在教学过程中，采取对话、讨论、竞赛等协作形式让学生以小组为单位进行问题的探究，通过不同观点的交锋、补充、修改等，达到共享集体思维的成果，从而加强对知识的理解。

具体实施内容包括：① 学生以小组为单位，组员分工合作进行教学任务的解读与分析，制订切实可行的小组行动方案；② 小组成员之间进行讨论，并根据个人的学习情况，制订成员间的个人学习计划；③ 通过课堂进行学习，在这一过程中自己发现问题、提出问题；④ 各小组之间进行交流，教师对各小组进行指导，进一步解决问题。

（4）对具有创新意识的学生给予特殊激励

当学生在课堂上或实践练习中有突出表现和创新意识时，教师给予及时的鼓励和评价，对同一工具的不同应用所制作出的不同作品进行比较分析，把同学们的创新想法与大家共享，更加激发了同学们的学习动机和创新意识。

4．存在的问题及解决办法

通过教学实践和思考，发现在课堂教学中实施协作探究学习策略存在不深入的问题：一是小组协作探究学习的内容没有探讨价值。所讨论的问题简单形式化，缺乏思考性、启发性、探索性，不具备协作的倾向性；二是教师采用小组学习策略准备不足。教师不能及时介入学生的协作探究，有很大的随意性和盲目性；三是分组不科学、分工不明确。学习能力强的和弱的学生地位不均等，学生的个性思维得不到发展；四是教师的问题情境创设不够科学。不能激发学生学习兴趣和欲望，不能使学生产生合作学习的冲动和愿望，不能引导学生以高涨的学习热情投身于小组活动中。

解决的办法及建议主要有：一是教师要转变教育观念。教师从教学理念上应重视生生之间的合作与交往，重视小组成员之间的协作、对话与沟通；二是教师创设情境，提供平台。教师从教学内容出发创设情境，设置有趣味性、知识性、层次性和可讨论性的问题，为学生的协作探究提供操作平台，对学习任务产生浓厚的兴趣和强烈的探索欲望；三是鼓励学生积极参与。以学生的积极参与为基础，教师需要在备课时做大量的课前准备工作，了解学生特点和教学内容特点，对能否进行小组协作探究学习进行正确的判断；四是重视教师指导作用。强调学生间的合作，并不是忽视教师的主导作用。教师始终是协作学习的组织者、引导者和参与者；五是充分发挥协作和探究精神。具体的教学设计和实践中充分考虑二者各自的特色，充分发挥二者各自的优势，在适当的时机使用适当的学习方式。

### （二）自主协作策略在大学课堂教学中的应用

1．协作学习与自主学习

当今社会，人类已经步入以知识经济为基础的信息与学习社会，人们的生存方式和学习方式正在经历着一场历史性的巨大变革，全民终身学习成为教育核心理念，个体的学习能力已经成为一项最基本的生存能力，联合国教科文组织在著名的“学会生存”报告中指出：“未来的文盲是那些没有学会怎样学习的人。”而自主学习和协作学习是实现素质教育和终身教育的主要策略。

协作学习（cooperative learning）是学生以小组形式参与、为达到共同的学习目标、在一定的激励机制下最大化个人和他人习得成果而合作互助的一切相关行为（黄荣怀，1999）。协作学习的理论基础主要奠基于社会学与心理学等学科之上，主要包括社会互赖理论和凝聚力理论，小组建设、小组评议及任务的专门化，不但可以使小组的成员协调工作，而且还使全班作为一个整体发挥整体功能。每个人不管能力大小，都能给小组任务及全班任务的完成做出独特的贡献。

自主学习的主要理论依据是终身学习和创新学习的理论，学习过程不应只是一种被动接受过程，而是在自我发展需要的引导下，自主运用已有知识经验创造性地获取知识，解决实际问题的过程。因此，自主学习更主要的是要让学习过程具有自主性和创造性。学会自主学习，是一个人终身学习、发展的需要。

学习策略的运用对学习质量与学习效果有着极大的促进作用。《远程教育学基础》是一门理论和实践都很强的课程，学习者必须有一定的远程学习经历才能理解远程教育的相关原理、规律以及将来的实践，而目前《远程教育学基础》课程的教学对象主要是直接受传统教育的本科生，在理论基础指导下对《远程教育学基础》课程教学采用协作学习和自主学习这两种主要教学策略，学习者的理论学习与实践操作脱离情况较为严重，寻求解决这一问题的方法就很有必要。

2．课堂教学中存在的问题分析

自 20 世纪 90 年代我国教育技术学专业开始开设《远程教育学基础》课程，目前远程教育已经成为我国教育技术学专业的一个重要方向，《远程教育学基础》成为培养远程教育工作人才的基础课程。远程教育学是一门理论性和实践性都很强的学科。目前《远程教育学基础》课程的教学对象主要是直接受传统教育的应届教育技术本科生，学习者的理论学习与实践操作脱离情况较为严重，寻求解决这一问题的方法成为一种必要。传统课堂教学主要以教师为中心，学生被动地接受知识，课堂活动的核心是教师的教学，这样学生学习的主动性得不到发挥，学生在课堂上无法进行自主学习和协作学习。

3．自主学习和协作学习的开展

以《远程教育学基础》课程为例开展教学实践，教学对象为赤峰学院 2008 级教育技术本科生，教学环境为多媒体教室、网络实验室和图书资料室，在教学过程中采用自主学习和协作学习相结合的教学策略，进行了一系列教学实践工作，让学生学会自主与协作学习，引导和帮助学生进入自主与协作学习状态，培养、锻炼和提高学生自主学习与协作学习的能力。

4. 教学准备

教师根据《远程教育学基础》课程教学大纲，分析了学习者特征和课堂教学现状，在确定教学目标的基础上针对自主学习和协作学习的特点，采取了自主学习和协作学习的教学策略，制订和开展了以小组形式为主的一系列教学和学习活动。

在以自主学习为主的课堂教学中，学生首先根据教师指导确定学习计划，其次根据学校和自身条件，选择获取学习资源方式，然后根据课本和学习资源得出学习结果，最后向班级汇报学习结果，接受全方位的评价。教师在实施基于自主学习的课堂教学时，需要注意的问题有：

- 更新教学理念，树立基于自主学习的新的教学理念；
- 确认教学主体，学生是进行自主学习的主体；
- 确定教学内容，选择的教学内容符合学习者的主体需要；
- 选择教学策略，设计自主学习策略，充分调动学生学习积极性。

在以协作学习为主的课堂教学中，教师确定具体教学内容，学生根据教师确定的教学目标，首先进行小组分工，确定每个成员在教学活动中承担的任务；其次学生借助计算机网络和图书馆收集学习资料和数据，并对资料和数据进行归纳、总结；最后小组协作完成教学目标，同时向班级和老师汇报。基于课堂的协作学习是在班级中建立协作学习的情境，学生通过小组形式进行学习，教师和学生、学生和学生在讨论、协作与交流的基础上进行协作学习。

协作学习中教师的角色，是使学生认识到协作学习的重要性，引导学生用各种方法激发和培养学习动机、兴趣、积极性、责任感。在小组确立目标、组内分工、明确个人责任过程中，教师在方向上给予监督和修正，教师是监督者、引导者、辅导者。在小组个人学习过程中，教师的作用是加强学生与小组的协作、与学生进行沟通、交流与讨论，加强组与组之间的合作与竞争，对个别学生进行辅导和深入分析，引导学生提出问题以促进讨论、明确学生在学习过程中的角色等。

5. 活动设计

图 5-6 是基于《远程教育学基础》课程的自主学习和协作学习教学活动模式，具体环节说明如下。

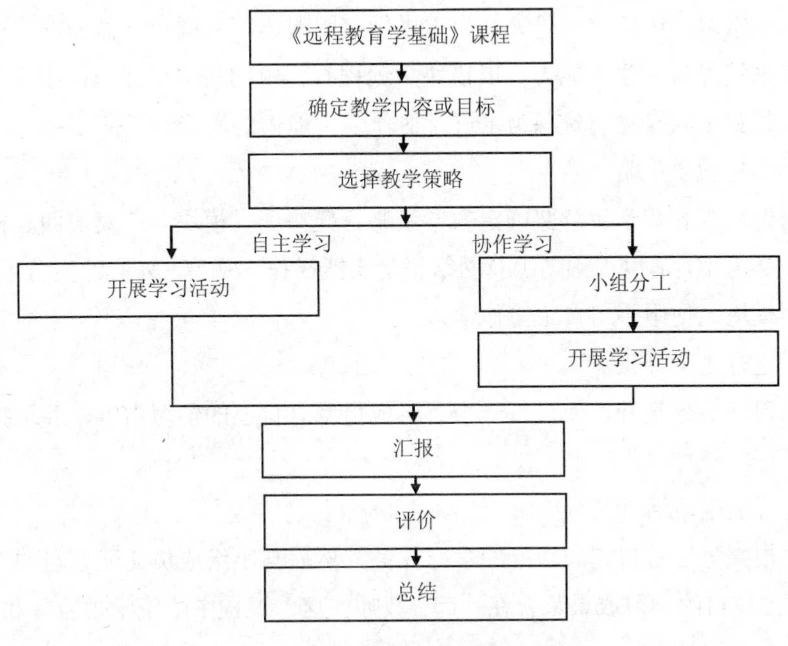


图 5-6 教学活动模式

（1）分组方式

混合分组包括能力高的一组、能力相差大的一组、单独学习的一组，进行协作学习、自主学习之间的对比学习，班级是学习系统，每组 5～7 人，由熟悉情况的学生与老师和助教根据小组建立规则并进行协调。分组以后，各小组推荐小组组长，负责组内管理、分工等。

（2）教学内容

《远程教育学基础》，全书分为 8 个模块，即远程教育的历史与发展、远程教育学的基本原理与基本规律、远程教育中的教学与辅导、远程教育中的学生学习与学生支持、远程教育的系统结构与质量保证、远程教育中的教学设计与课程开发、远程教育中的媒体与资源、远程教育中的专业文档与专业写作。其中，前 5 个模块为必修内容，模块六、模块七为选修内容，模块八为自学内容。

6．教学实施

（1）选定教学目标

教师确定要完成的教学内容或目标。以模块二内容中张伟远和马素姬的《远程成人学生学习经历的调查研究》为主进行上网阅读，并撰写一篇 800 字的个人学习心得来培养自主学习能力。以模块六远程教育中的教学设计与课程开发和模块七远程教育中的媒体与资源为主进行协作学习能力的培养。

（2）选择教学策略

根据课程内容和学生意愿确定教学策略。模块一、模块三、模块四、模块五以传统教学为主，辅以视频动画及网络平台实践操作；模块二采取学生自主学习；模块六、模块七使用小组自主协作学习。

（3）进行小组分工

将学习任务分割开，使得每一个小组成员都有自己的学习内容，并承担相应的学习责任。

（4）开展学习活动

学生根据分工首先完成自己的学习任务，然后与小组成员交流各自的学习结果，最后把各自的学习成果整合在一起。教师在这一过程中给予学生监督和指导，掌握每组的学习情况。

（5）提交学习成果

提交个人和小组的学习结果，个人和学习小组把本组的学习、研讨结果呈现给全班，教师总结、评价个人和各组的学习，必要时对学习内容进行补充讲解。

（6）进行评价总结

自主学习环节采用学生自评、学生互评和教师评价 3 种方式。学生自评是指学生通过自主学习活动以后谈的学习心得。学生互评是其他同学听完个人汇报后对其提出的意见。教师评价是教师在听取了学生汇报后，对个人学习成果给予的评定和学习内容的补充。

协作学习环节采用小组自评、小组间互评和教师评价 3 种方式。小组自评是指在完成教学任务后，小组成员去评价他人和自己在本次协作学习中的表现以及学习心得。小组间互评是其他小组在听取了该小组汇报后，对其学习成果提出的意见。教师评价是教师在听取了小组汇报后，对每组学习成果给予的评定和对学习内容进行的补充。

7. 总结与建议

在整个教学实施过程中，对学生进行了动态考察，包括学生自主学习章节测验、小组讨论的过程评价、小组成果汇报评价以及终结性测试等。从多个角度收集到了较为齐全的有效的试验数据资料。通过分析这些资料，我们发现，由于目前《远程教育学基础》课程的教学对象主要是直接受传统教育的应届教育技术本科生，教学老师也是接受传统教育成长起来的，他们已经习惯了教师是教学活动的主体和学生是被动接受知识的学习者的教学模式，在课堂教学中还存在一些不足。

（1）学生的不足

由于缺乏对自主学习和协作学习的认识，学生没有充分认识到自己在教学活动中的教学主体地位，导致自主学习和协作学习各方面开展得不顺利。例如：如何利用网络查找和收集资料，小组协作学习的分工和协作，教学过程中与传统教学的矛盾等。

（2）教师的不足

由于教师对使用自主学习和协作学习这两种教学策略开展教学准备的不够充分，导致自主学习和协作学习运行得较慢。例如：教师仍然受传统教育的影响，缺乏与学生和小组的交流，存在对自主学习和协作学习的怀疑等。

（3）教学资源的不足

要进行自主学习和协作学习，必须有强大的学习支持系统。针对上述不足提出的建议主要包括：一是转变思想观念。在教学模式的改革中明确“以学生为中心”的思想。“以学生为中心”就是改变过去传统教育中“以教师为中心”的思想，充分发挥学生的主体作用，给学生以发现、探索、创造的空间，充分挖掘学生的潜能；二是做好教学准备。教师课前做好充分的教学准备，做好对教学理念的更新。教师要从教学的主导者变成教学的引导者，用爱心营造以学生为中心的课堂氛围，以便充分发挥学生学习的主观能动性，挖掘学生的学习积极性；三是创设学习环境。创设让学生自主探索、自主创新、协作发展的学习环境。这一学习环境要求社会、政府、学校要建立相应的政策来支持自主学习和协作学习的发展；四是建立辅助系统。建立强大的教学辅助系统，包括教师队伍、教学资源。为学生进行自主学习和协作学习创造条件。教学辅助系统是开展自主学习和协作学习的必要条件，这样才能使自主学习和协作学习良好地进行。

# 第二节　课外教学和学习中的协作探究策略

## 一、协作探究策略与学生能力培养

国内课外教学与学习的开展主要以研究性学习为主，国外强调的是探究性学习，主要探讨协作探究策略在研究性学习中的实践应用。

探究学习（inquiry learning）一词于1964年由芝加哥大学施瓦布教授首次提出，他主张把科学的可变性渗透到课程中，并采用探究教学来教授“作为探究的学科”，以便让学习者更好地理解科学的本质。探究学习中的探究并非完全是科学家似的科学探究，而是指学习者在教师指导下，为获得科学素养以类似科学探究的方式开展的学习活动。与科学探究相对应，探究学习遵循以下典型程序，即形成问题、搜集数据、提出假设、检验假设、交流结果。需要强调的是，探究学习并不适用于教学的各个阶段，它适用于某项学习的中高级阶段，要求学习者具有一定的自主探究学习能力。

协作学习（cooperative learning）是学生以小组形式参与、为达到共同的学习目标、在一定的激励机制下最大化个人和他人习得成果，而合作互助的一切相关行为。小组成员的协同工作是实现班级学习目标的有机组成部分。小组协作活动中的个体（学生）可以将其在学习过程中探索、发现的信息和学习材料与小组中的其他成员共享，甚至可以同其他组或全班同学共享。在此过程中，学生之间为了达到小组学习目标，个体之间可以采用对话、商讨、争论等形式对问题进行充分论证，以期获得达到学习目标的最佳途径。

协作探究学习实质上是基于问题解决活动进行的协同性知识建构，它以协作的问题解决活动为主线，同时整合了其他的知识获取方式。这种学习模式具有以下特征：① 探究性：学习开始于问题，学习过程中最主要的活动是高水平思维，学习的结果是深层整合的可以灵活迁移的知识和高级思维技能。② 整合性：以问题解决学习为主线，与其他学习途径互补。在问题的推动下，学习者会主动查阅有关的资料，进行现场考察、观测分析或访问专家，而后将不同途径得来的信息综合运用到问题解决活动中。③ 协作互动性：学习者分工协作，彼此交流分享成果经验，进行观点交锋和综合，共同贡献于探究任务。

知识经济时代技术的迅猛发展，对当前教育的人才培养提出了新的要求，同时也提供了前所未有的发展机遇。学生的协作学习能力和探究学习能力是当前教育教学中的重要研究内容，协作学习和探究学习在课堂教学中的有效整合能够极大地发挥教育技术的优势。教师在教学过程中如何与学生进行互动达到共同发展、教师如何促进学生自主探究学习等是目前教育中的难点和热点问题，也是当前教改实验研究的重要课题。

## 二、协作探究和研究性学习在环境教育中的应用

### （一）研究性学习

当前随着多媒体技术和网络的日益普及，信息技术正在改变人类社会的生产方式、工作方式、生活方式和学习方式，人类迈入了一个知识和信息占突出地位的新世纪，信息时代也可以说是一个崭新的知识经济时代。知识创新也成为民族进步、国家兴旺的根本动力。知识创新需要依靠具备探求态度和具有批判、创新与实践能力的人才。学校教育的根本任务不再是传授固有知识和技能，而是使学生学会做人、学会求知、学会合作和学会生存与发展，学生的创新能力和实践能力的培养更为紧迫。在哈佛大学师生中流传着一句名言："The one real object of education is to have a man in the condition of continually asking questions."（教育的真正目的就是让人不断提出问题思索问题）。

为了适应社会发展对教育提出的新要求，世界各国纷纷推行教育改革，而以自主性、开放性、研究性学习重构整个课程已成为许多国家当前教育改革的突出特征。各国虽然对研究性学习的称谓各不相同，但可以肯定研究性学习代表了世界教育改革的发展趋势之一。探究学习、发现学习和合作学习日益成为教育界关注的焦点和研究方向。为此，世界各国纷纷进行课程改革，开设了类似我国研究性学习的课程。

2001 年 4 月，教育部〔2001〕6 号文件印发了《普通高中“研究性学习”实施指南（试行）》，对推进“研究性学习”实施的方方面面做出了详细的规定，为研究性学习课程的实施提供了有力的指导。其中将研究性学习定义为：“学生在教师指导下，从自然、社会和生活中选择和确定专题进行研究，并在研究过程中主动地获取知识、应用知识、解决问题的学习活动。”

学术界对研究性学习做出了广义和狭义两种解释：广义的解释是“泛指学生主动探究的学习活动。它是一种学习的理念、策略、方法，适用于学生对所有学科的学习”；狭义的解释是“作为一门独立的课程，研究性学习指在教学过程中以问题为载体，创设一种类似科学研究的情境和途径，让学生通过自己收集、分析和处理信息来实际感受和体验知识的产生过程，进而了解社会，学会学习，培养分析问题、解决问题的能力和创造能力”。

### （二）环境教育

自联合国第 27 届会议规定每年的 6 月 5 日为“世界环境日”以来，世界各国的环境保护宣传活动蓬勃发展。保护环境、实施可持续发展战略，是当今世界的共识。环境保护，教育为本。联合国的《里约环境与发展宣言》和《21 世纪议程》都明确提出了环境教育的可持续发展方向，《塞萨洛尼宣言》提出环境教育是为了环境和可持续发展的教育。环境教育正在与各国的教育改革相结合，基础教育成为环境与发展教育的支柱。拥有众多人口、地大物博的中国尤其重视环境教育，教育部已经将环境教育正式纳入中小学课程。

环境教育的特点主要是综合性和实践性。环境教育涉及自然科学和人文社会科学领域，可以采用多种方式开展实施，如以跨学科的方式融入各科教学中、通过综合实践活动甚至是设置独立的环境教育课程来开展；环境教育强调学生的亲身体验和实践，在解决问题的过程中发展创新精神和培养实践能力。

通过开展环境教育，学校可以进一步提高教育教学水平，增强师生的环境素养和实践参与能力。环境教育正成为学校的一种时尚、一种理念和一种共识。注重探讨运用现代教学理念，应用现代教育技术理论和研究性学习方式进一步开展环境教育教学的理论与实践研究已经成为一种新趋势。

## （三）网络环境与研究性学习

环境教育的目的是提高学生的环境道德意识，促使他们用自觉的行动去保护美丽的大自然。实现环境教育的目标，必须与新的教育改革相结合，探索环境教育的新方法、新途径。通过环境教育使学生了解和掌握关于自然环境、人文环境和个人环境的知识和信息，将自然环境、人文环境和个人环境看成一个完整的环境系统，通过学生亲身体验去认识环境、了解环境、理解环境、关心环境、保护环境，只有这样才能使学生充分而有效地获得对环境系统的情感、态度、价值、知识、信息和技能等。这些正是现代社会人才必须具备的素质。环境教育可以以热点问题为中心展开，力求通过问题的提出、问题的解决来培养学生的创新精神和实践能力，重要的是提高学生的环境素养，培养学生的环保意识。目前环境教育教材和课外读物匮乏，导致学校虽有较高的积极性，但普遍存在"无米下炊"的实际问题，影响了教学效果。因此，以研究性学习方式开展学校的环境教育有它自己的独特性和优越性。

研究性学习的目的强调学生通过实践，增强探究和创新意识，学习科学研究的方法，发展综合运用知识的能力，改变课程实施过于强调接受学习、死记硬背、机械训练的现状，倡导学生主动参与、乐于探究、勤于动手，培养学生搜集和处理信息的能力、获取新知识的能力、分析和解决问题的能力以及交流与合作的能力。

北京师范大学网络教育实验室承担的北京市教育科学"十五"规划重点课题"网络环境下的研究性学习的理论和实践"的课题研究正是为了推进国家的基础教育改革，实施素质教育，培养学生的创新精神和实践能力，它为环境教育和研究性学习的结合提供了一个良好的契机。通过课题开展，发现研究性学习方式有利于环境教育各类形式活动的开展，尤其在对选题问题的研究中，发现学生更加喜欢和关注环境教育中的相关课题。环境教育强调的亲身体验和研究性学习倡导的探究精神、自身体验的共性使二者的结合成为必然。

研究重点是探讨以环境教育为主的研究性学习课题成果。在大量有关环境教育的案例和相关的教学和科研活动的研究性学习成果中，目前具有代表性的环境教育研究成果主要有三种形式，即以专题学习网站形式开展环境教育、以科研课题活动方式开展环境教育和以课堂教学形式开展环境教育。

## （四）研究性学习中环境教育的开展形式

1．以活动方式开展环境教育

在中小学普遍开展的研究性学习大多是以科研课题活动的形式进行，环境教育和研究性学习相结合成为目前学校环境教育的一大特色。这类活动有的是以课题研究形式进行的课外活动，课外活动课采取自由选题、小组协作、探究活动、教师指导，与社会相关机构和人员组织联合等各种方式进行环境教育活动的开展；有的是以学校设置的综合实践活动课为载体。活动开展形式多样，但大体的实施流程都遵循研究性学习的一般流程，即选题阶段、实施阶段和结题阶段。

从研究性学习的选题阶段就可以看出学生和教师的关注焦点大多集中在环境教育的相关选题中，由此可以看出环境教育在中小学开展的必要性和重要性，师生具有浓厚的研究和关注环境教育的兴趣，以研究性为主要形式的环境教育在中小学的开展将会有深厚的土壤和广阔的天地。下面以深圳北师大南山附中的“家禽羽毛对油污的吸附作用”活动案例阐述环境教育中研究性学习活动的具体实施步骤，“家禽羽毛对油污的吸附作用”活动的实施步骤如图 5-7 所示。

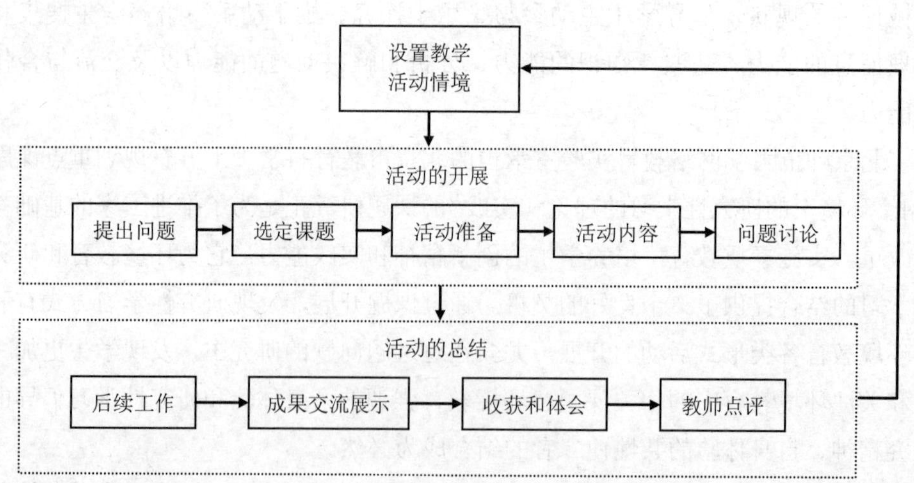


图 5-7 “家禽羽毛对油污的吸附作用”活动的实施步骤

除了在学校范围内以研究性学习方式进行环境教育以外，还可以采取其他形式多样的环境教育活动，如环境科技活动和社区实践活动，成立环保小组，采取做小报、画漫画、办讲座、搞竞赛的方式，组织开展“变废为宝”“环保宣传”“义务植树”和“规划设计”活动等来增长学生的环保知识，结合乡土地理，增强环保意识，培养环境行为。

2. 以专题学习网站形式开展环境教育

网络时代的信息和知识相当丰富多彩，如何在知识海洋中高质高效地汲取营养，避免“迷航”现象的出现，是网络教育关注的一大重点问题。研究性学习的重要辅助工具包括网上资源、工具软件和网络平台。环境教育可以充分利用网络资源和平台的支撑作用，开展全校或者某一主题的环境教育。

环境教育专题学习网站是在网络环境下，向学习者提供大量的与环境教育某一专题相关的学习资源，让学习者通过网络协作学习工具，围绕某一具体专题而进行较为广泛深入的探究、发现学习活动的一个数字化学习系统。

江苏省常熟市石梅小学就是基于这个理念建设了以网络为基础、以探究式学习方式为主的《江南古镇》专题学习网站。把传统的课堂教学和课外辅导联系起来，远程教育的时空分离特点为课堂教学和课外辅导拓展了更加广阔的空间。它是围绕江南的一些有名的古镇设计开发的一个供学生学习探究、协作交流和资料搜集的研究性学习网站，它充分体现了交互性和学生自主研究性。通过这一专题网站让学生了解家乡的环境，通过网上旅游的形式激发学生热爱家乡的情感，渗透环境教育，增强环保意识。学生不但在专题网站上获得充分的资源，还将运用信息技术，采用“拾荒式”搜索，带着一定的问题上网查找、收集解决问题所需的信息，主动探究学习、自主学习和小组协作学习，不断完善专题网站的内容。

该专题网站的模块结构如图 5-8 所示。

古镇介绍部分从不同的角度、图文并茂地介绍了古镇的风景。资源库的网上游，比较详细地介绍了九个江南古镇，学生可以在游览的过程中找到自己所研究问题的内容，自主学习，激发学习的主动性和积极性；相关网址为学习者提供了相关链接和搜索功能，学生可以自己查找资料，探究能力培养。网络题库中提供有关江南古镇知识性的题目，学生可以进行网上测试，从而激发学生学习动机。网络论坛实现了生生、师生互动协作交流，培养了学生的协作能力、交流能力等。

网上评价系统从自我评价、综合评价、过程评价和总结评价等方面进行多元评价。

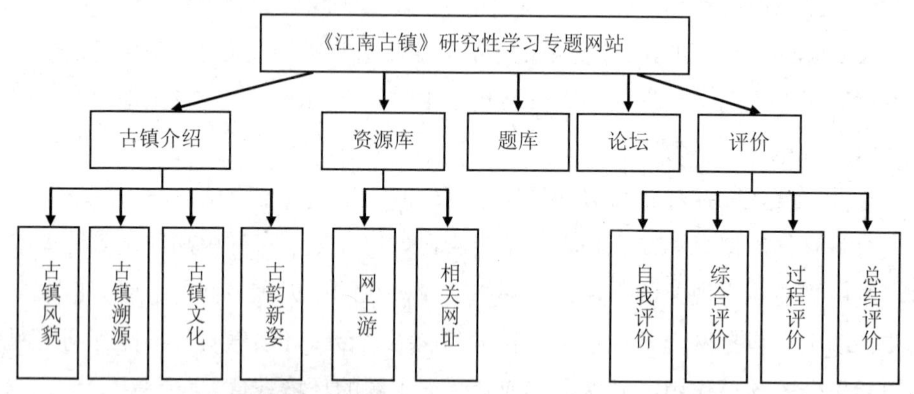


图 5-8 《江南古镇》研究性学习专题网站

环境教育专题学习网站的建立和使用将大量的信息资源有效地组合在一起，较好地解决了环境教育中资源庞杂分散的问题。如果将大量的环境教育专题学习网站组织成一个集合，建立起环境教育的知识库，这就为课堂教学和课外探究学习提供了平台，形成了一个完整的学习过程，也使学生的知识结构更加完整。各类环境教育专题学习网站逐渐汇集成环境教育资源库，可供以后的学生进行二次探究，让学生在探究过程中自己培养收集、分析和利用信息的能力，并学会分享与合作。

3．以课堂教学形式开展环境教育

环境教育不仅可以利用环境教育专题学习网站和以科研课题研究活动为主，它还可以更加深入广泛地与各个学科融合，与具体学科内容相结合，将环境保护意识融入具体的学科教学实践中。上海嘉定南苑小学的案例《大自然警钟长鸣》就是在语文学科教学中，运用现代的信息技术手段对学生进行环境教育的实践成果。这篇社会性的课文旨在使学生从小就关注一些社会环境问题，从小就有一种忧患的环保意识，课程利用 Flash 动画、新闻报道等视频设备和资料、多媒体教室、网站和网络平台及各类相关媒体制作成学习包，充分运用多媒体网络技术的优势，让学生在网上自由地浏览，自主探索、自我测试、自我感悟、自我展示。在师生、生生的合作、交流、互动中品词品句、体会含义，形成自己的判断，最终导致力所能及的环保行动和主动关心社会环境问题的初步意识。探究性作业的布置，让学生主动介入社会、寻求学生的自主发展。利用现代信息技术手段使学生从虚拟世界到现实生活，引导学生认识到由于人类的肆意破坏，大自然已敲响警钟，使他们在情感上融入教学，与作者产生共鸣，继而激发他们主动参与学习。

综上所述，可以看到以研究性学习方式为主的环境教育已经在中小学教育教学中如火如荼地进行，随着教育改革的深入开展和环境教育的进一步实施，以专题网站的形式进行环境教育、以科研课题为主的环境教育和与具体学科教学相融合的课堂教学形式会得到进一步发展和完善，专门的环境教育课程的设置也很可能加入到环境教育和研究性学习中去，相信随着研究性学习理论研究和环境教育教学实践的不断发展，也必将会涌现出更加丰富多彩的环境教育研究形式，并取得丰硕的理论和实践研究成果。

## 三、协作探究策略与网络资源利用

### （一）协作探究策略与网络资源

协作探究策略在国内教学的课外应用主要体现在研究性学习方面，也是基础教育中的研究热点问题，网络资源在研究性学习中的应用是个难点和关键问题。搜索引擎的使用和怎样收藏有用资源两个方面的内容可以帮助学习者进行网络资源的搜集，下面从主题网站资源的设计、基于网络资源的研究性学习单元的设计、研究性学习过程的资源积累三个方面讲述如何利用网络资源开展研究性学习。

网上资源是网络环境下开展研究性学习的三要素之一，是研究性学习的重要辅助工具。由于网络技术的不断发展，可以通过网络资源来满足师生在研究性学习中的多方面需求：

- 丰富且浩瀚的网络资源能够为研究提供许多依据，可以使师生获得启迪，从而激发出思想火花；
- 便捷的搜索机制有助于学生对所获得的网上信息进行有效的筛选、综合、分类和再创造，可以提高信息处理的能力；
- 网络资源的动态性和开放性允许师生实时共享研究性学习过程中的动态

信息资源，比如反思日志、成长档案袋和阶段成果等，从而促进评价和自主学习。

虽然网络资源是海量的，且其增长是无止境的，但是寻找和应用资源却是有法可循的，只有掌握了这些基本方法，才可能根据实际情况灵活运用网络资源，充分发挥网络资源的优势。从2003年12月“网络环境下的研究性学习理论与实践研究”课题组第二届年会上所交流的教学案例来看，大约有60%的案例涉及“资源搜索”、48%的案例涉及“设计主题网站开展探究学习”、15%的案例涉及“利用多媒体课件呈现问题情境”。这一方面反映了教师们普遍认识到了丰富的网络资源有助于学生自主探究、多媒体和超媒体技术能很好地呈现问题情境、静态网络资源有助于“培养学生的信息搜集和处理能力”，但另一方面也反映了目前教师忽略学习过程资源的积累和再利用，忽略资源对问题解决的有效性。本书拟从资源搜集、专题学习网站设计、基于网络资源的研究性学习单元设计、师生在探究过程中生成资源的积累等四个方面讨论研究性学习中网络资源的利用问题。

### （二）网络资源的搜集

Internet是当今世界上最大的信息网络系统，已成为全球范围内传播、交流信息的主渠道，所涉及和涵盖的资源包罗万象，种类繁多，涉及政治、经济、科学、文化、法律、体育、医学等各个领域的各类知识，其中的大部分资源都能为教育所用。如何在浩如烟海的网络资源中迅速有效地找到所需资料是开展研究性学习的重要因素。

1. 熟练应用搜索引擎

搜索引擎是在网络中主动搜索信息并将其自动索引的信息查询系统。熟练掌握和应用搜索引擎是快速获取网络资源的必备技能。目前比较常用的搜索引擎主要有：google（http://www.google.com）、雅虎（http://www.yahoo.com.cn）、搜狗（http://www.sougou.com）、百度（http://www.baidu.com）、天网（http://e.pku.edu.cn）等。

搜索方式主要有关键词搜索、分类搜索、高级搜索等方式。关键词搜索只需用户输入查询的关键字，就可以将包含关键字网页的匹配结果返回给用户。其优点是：① 全文搜索；② 检索功能强；③ 信息更新速度快。但是提供的信息虽然多而全，但可供选择的信息太多，并且提供的查询结果重复链接较多，层次结构不清晰，给人一种繁多杂乱的感觉。分类搜索以层次结构清晰的分类目录的形式组织网络资源。这种分类便于用户查询到具体明确的主题。比如搜索有关甲午战争中英雄人物的历史资料，可以选择“社会科学”类目中的历史，然后在子目录中选择搜索目标“中国史”，再进行下一步搜索，这样可以提高搜索效率和准确率。高级搜索可使用布尔逻辑符或邻近符，更精确地表达出检索词之间的关系，并可限定检索时间，还可按自己的意图进行结果排序，从而可达到较理想的检出结果。比如应用百度搜索中东石油问题，但又希望搜索结果中没有价格的相关信息，就可以输入“中东石油-价格”来进行查询。

2．注意收藏有用资源

在利用搜索引擎进行网络资源的搜集过程中如果遇到了资源特别丰富、有价值，并且更新速度快、访问量高，自己平时需经常登录的网站时，可以利用计算机收藏夹的功能收藏网址，按照自己的分类标准对积累的网址进行条理清晰的组织和管理，通过积累不断扩大和丰富自己的动态资源库。

目前的网络资源主要有两类：网络数据库和资源网站。好的数据库数据多、层次清、更新时间短、涵盖范围广、信息索引全面详细、提供全文下载服务，可以在收藏夹中设置数据库这一类别来收藏这些有价值的资源。如中国学术期刊数据库（www.cnki.net）、超星数字图书馆（http://www.ssreader.com/）、北极星书库（http://www.ebook007.com/index.htm）、中小学多媒体数字图书馆（http://www.cmdl.net/）、上海教育网络图书馆（http://www.lib.sh.edu.cn/）等。教育资源网站的收藏可以以专业综合类、学科网站类、专题类等几种类别进行收藏，如专业综合类网站有国家基础教育资源网（http://www.cbern.gov.cn/index.jsp）、人民教育出版社（http://www.pep.com.cn/）、中国中小学教育教学网（http:// www.K12.com.cn）、中国基础教育网（http://www.cbe21.com.cn）、英特尔未来教育（http://www.teachfuture.com）、中国教育信息网（http://www.chinaedu. edu.cn/）、科学教育网（http://www.sedu.org.cn/）、中国科普网（http://www.stcity.net. cn/）等。学科类网站有语文学科教育网（http://www.classbegin.com）、中数网（http://www.cnmaths.com/）、中国物理教育网（http://www.cpenet.org.cn/）、化学在线（http://www.chemonline.net/）等。专题类网站如数学奥林匹克俱乐部

（http://mathclub.chination.net）、少年地球探险家专题学习网站（http://zhez.gdzh.gov.cn/ct/goworld/index.asp）、丝绸之路（http://61.144.246.3：8080/nx/sczl/index.htm）、红色火星（http://www.fractalism.com/fractal-art.htm）等。

除了应用“收藏夹”收藏资源地址，对一些有价值的网络资源，还可以利用下载工具获得。常用的下载工具包括网际快车（FlashGet）、网络蚂蚁（NetAnts）、FTP 文件下载工具（CuteFTP）等。对下载的资源可以按照文字、图片、动画、课件等方式进行贮存和分类管理。

### （三）专题学习网站的设计

专题学习网站是指在互联网网络环境下，围绕某门课程与多门课程密切相关的某一项或多项学习专题进行较为广泛深入研究的资源学习型网站。与一般教育资源网站不同，专题学习网站注重选择某一专题组织相关的文本、图像、视频等资料信息，注重引导学生对相关知识点进行融会贯通。比如江苏常熟石梅小学的《江南古镇》专题网站设计了四个内容栏目引导学生了解江南古镇的历史、文化和目前发展状况：

- 古镇风貌：有关江南古镇的特色、名胜古迹及特产；
- 古镇溯源：江南古镇的历史及其遗留至今的原因；
- 古镇文化：与古镇相关的一些名人轶事及民情风俗；
- 古韵新姿：激发并引导学生分析当前经济发展给古镇带来的利弊。

除了组织与主题相关的资源内容以外，很多专题学习网站还提供一些扩展性的学习资源（比如在线字典、其他相关网站等）、网上交流讨论平台和学习过程指导功能。仍以“江南古镇”专题学习网站为例，教师专门设计了围绕“古镇风貌”“古镇历史”“古镇文化”的三套试题，以检测学生对网站上信息的掌握程度。如果学生在做题过程中遇到困难，可以通过讨论区向其他同学或教师寻求帮助和支持。另外，由于现代旅游业和开放进程的推动，给古镇带来了很多新的问题，比如人为破坏、环境污染、习俗消失等。围绕古镇古朴风貌的保护和时代发展话题，教师指导学生在专题学习网站的讨论区内展开了长时间的交流，学生不仅在网站内交流自己的看法，而且还积极引用其他 Internet 网站、报刊、杂志上的资料来拓展思路，形成共同的研究结论。

由于专题学习网站围绕特定主题组织内容，将大量的信息资源有序地组合在一起，较好地解决了教育资源庞杂分散的问题，避免了学生在信息搜集过程中的“迷航”现象，能够保证学生所接收的信息在其处理和有效应用的能力范围内，提高了信息搜集和研究性学习效率。另外，各类教育专题学习网站逐渐汇集成教育资源库，可供以后的学生进行更宽泛的二次探究。

### （四）基于网络资源的学习单元设计

基于网络资源的研究性学习是一种学习者通过对各类网络资源进行开发和利用来完成学习和研究目标的学习方式，以信息素养培养和自我拓展知识为根本特征。在基于网络资源的研究性学习中，学生常常通过搜集零散的信息逐步形成相关研究主题的、具体的、系统的知识体系，成为自我发现问题和解决问题的学习者。教师在整个学习过程中，充当类似主持人的角色，制订单元目标、收集学习资料（比如设计专题学习网站），给予学生适当的提示启发，对学习进程进行监控和评价等。设计基于网络资源的研究性学习主要包括以下五个基本环节：

1．确定研究目标

根据学习者分析和研究主题分析，确定知识目标、信息能力目标和情感目标，比如“校园垃圾回收问题研究”的目标设定为：

- 知识目标：学校师生的日常行为对环境的影响及影响是如何产生的；
- 信息能力目标：能以图表的形式表示关键信息；能对相关网络资源进行有效搜索、分类；能依据搜索到的信息设计实地采访和调查大纲；
- 校园情感目标：建立环境保护的意识，增强责任感。

2．设计活动计划

设计一些能够让学生逐步达成设定目标的活动，仍以“垃圾回收问题研究”为例，该学习单元包括的活动有：

- 浏览、讨论有关回收问题的资源，包括当地的新闻、政府文件等；
- 围绕“学校的生活垃圾”开展头脑风暴式的讨论活动，确定实地调研和采访的计划；
- 实地调研（比如计算学校垃圾箱的个数及垃圾箱中垃圾的分类）和采访（比如采访校园保洁工）；

➢ 利用学习平台开展全校范围内的讨论，征集有关垃圾处理和回收的建议或意见；

➢ 利用信息技术工具总结研究成果，并开展交流活动。

3．考虑资源利用

考虑能够支持该学习单元的所有可能的资源，包括网上网下的所有资源；如果有需要就创设专题学习网站供学生深入学习和交流。

4．指导学生应用

指导学生应用与学习单元有关的资源，比如“校园垃圾回收问题研究”中，教师指导学生建立信息卡片整理搜索到的网络资源，并要求学生在信息卡片里说明各类资源的应用计划。

5．鼓励创新评价

通过量规明确研究成果的要求，鼓励学生以创新的方式呈现研究成果，比如“校园垃圾回收问题研究”中，教师对学生研究报告中的“信息搜索”一项能力目标的评价量规见表 5-12。

表 5-12 信息搜索能力目标评价量规

| | 差 | 合格 | 良 | 优 |
|---|---|---|---|---|
| 信息搜索 | 多数或绝大多数信息不正确或不完全 | 收集的信息并不是很支持报告中的观点 | 报告中所用的信息能支持要表达的观点 | 有足够的信息支持报告中的观点，而且注意用图表的形式综合信息 |

## （五）学习过程资源的积累

在研究性学习的过程中，师生会创建很多的信息资源，比如：学生的实验观察表、访谈记录、小组会议记录、日记等，教师的阶段性评语和指导意见、教师的观察表等。这些资料反映了学生的研究进度，系统化汇总和呈现这些过程资源不仅有助于提高学生的参与度，多方面体现学生的个性发展，同时也有助于促进师生反思研究性学习的过程，为后续师生的研究提供一个更直接的范本或借鉴。

北京师范大学网络教育实验室开发的 WebIL 平台（http://www.webil.net.cn）

可以自动记录和保存小组成员所提交的任何信息，指导教师不仅可以进入小组活动空间逐项细致地浏览、查看这些信息，也可以直接通过小组活动情况报表（比如上传文章数、提问数、登录频率等）快速了解这些过程信息。学生的大部分档案资料在一定条件下可由 WebIL 平台管理员调整为面向平台所有用户开放的资源，比如管理员可以将优秀研究小组提交的开题报告、结题报告、阶段成果和研究文件归入平台资源库中供所有合法用户查询共享。

另外，Blog 也是一个有效的收集、积累、共享过程性资源的有效工具。Blog，通常称为“博客”，是最近出现的一种非常流行的网上交流和知识共享方式。学习者只需要经过简单的注册就可以拥有一个具备个人网站特征形式的 Blog。免费提供个人 Blog 的网站有：http://www.blog-city.com、http://www.blogdot.org、http://new.blogcn.com、http://blogbus.com、http://www.blogdriver.com、http://www.blogger.com 等。利用 Blog，教师和学生可以采集、摘录网上有用知识（包括各类文档、图片、声音、视频文件等），可以按照自己的喜爱和分类标准组织管理这些知识，可以随时记录或创作自己的研究心得、体验、想法和感悟，可以发布公开这些信息或个人知识，可以浏览评注他人 Blog 上的内容。随着时间的推移，Blog 会记录下学生在研究性学习过程中的成长足迹和成果，所有学习者 Blog 群上的资源也会日渐积累起来。学习者在阅读自己和他人的 Blog 过程中逐步修正、提炼自己的理解，从而产生更多的体会、感受和收获。这样一个不断持续发展、积累生成资源的过程实际上就是一个反思和深入学习的过程，也是一个动态资源不断积累和产生的过程。

# 第六章 新技术媒体的教学应用

## 第一节 新技术媒体发展现状

### 一、新技术媒体概述

新技术媒体在教育教学领域的影响越来越广泛和深入，尤其是随着网络环境的迅速发展，教育领域内新技术媒体的应用也越来越即时、广泛和深入。

中国教育领域中课堂教学计算机操作系统主要以 Windows 系统为主，国外更多的是使用苹果计算机及 Mac 操作系统，这也导致国内课堂教学常用的应用软件主要是包括 Word、PowerPoint、Excel、Photoshop、Dreamweaver、Authorware、Flash、MindMap、Adobe Premiere 等，国外更多使用 Mac 系统内部自带软件，教学过程中上网便利，学生和教师利用网络在线服务选择自己喜欢的软件进行学习和汇报，如 Prezi、Skype、Weebly、MindMap 等。

社交媒体在我国的应用非常普及，人们的生活学习工作都在应用社交媒体网络，目前国内外使用的社交媒体主要包括微信、QQ 和微博等，而国外主要应用的软件包括 Twitter、Facebook 等。起源于美国的 Twitter 是最早也是最著名的微博，而国外 Facebook（脸书）是世界排名领先的照片分享站点，是创办于美国的一个社交网络服务网站，由于相关政策法律原因我国国内用户无法正常登录 Facebook，一般通过使用 GoAgent、6VPN 网络代理工具访问登录。

在我国，微博（MicroBlog）主要有新浪微博、腾讯微博、网易微博、搜狐微博等，使用人数众多，但目前微博用户规模和使用率正在呈下降趋势。在我国使用非常广泛和流行的是腾讯 QQ 软件，它是腾讯公司开发的一款基于 Internet 的即时通信（IM）软件。微信（WeChat）是目前在我国最流行的社交软件，它是腾讯公司于 2011 年 1 月 21 日推出的一个为智能终端提供即时通信服务的免费应用程序，微信内置了许多用于 QQ 的插件。而对于海外用户使用将是 4.0 版本，设置了 Facebook 插件的使用，微信已经开始国际化。目前我国教师和学生都会在课堂教学中运用到微信和 QQ。

## 二、新技术媒体类别

下面重点介绍中西方国家普遍使用的社交媒体如微信、腾讯 QQ、Facebook、Twitter、微博等。目前，在我国主要使用的媒体包括微信、腾讯 QQ 以及微博，西方国家主要使用的媒体是 Facebook、Twitter 和 Instagram，同时微信和腾讯 QQ 也有用户在使用。我国和西方国家用户能够共同使用的媒体是微信和腾讯 QQ。

### （一）微信（WeChat）

微信是目前在我国最流行的社交软件，是腾讯公司于 2011 年 1 月 21 日推出的一个为智能终端提供即时通信服务的免费应用程序，可以通过网络快速发送免费（需消耗少量网络流量）语音短信、视频、图片和文字，支持多人群聊的手机聊天。

微信软件本身完全免费，使用任何功能都不会收取费用，使用微信时产生的上网流量费由网络运营商收取。微信支持跨通信运营商、跨操作系统平台，提供公众平台、朋友圈、消息推送等功能，可以通过“摇一摇”“搜索号码”“附近的人”、扫二维码方式添加好友和关注公众平台，同时微信将内容分享给好友并将用户看到的精彩内容分享到微信朋友圈。微信用户截至 2013 年 11 月注册用户量已经突破 6 亿，是亚洲地区最大用户群体的移动即时通信软件。截至 2014 年 8 月，微信拥有 4.38 亿活跃用户，其中包括 7 000 万国外用户。

2013 年 10 月，微信 3.1 版本发布。目前版本的中文版微信与英文版微信不存在太大差别，国内的用户更多地依赖QQ，因此微信内置了许多用于QQ的插件。而对于海外的用户，设置了Facebook插件的使用，而Facebook插件在国内的微信用户是看不到的。2014年12月发布的3.5版本又新增了分享QR Code到Facebook的功能，同时支持海外100多个地区手机短信注册微信账号。微信已经渐渐开始它的国际化脚步，国外使用的将是4.0版本，可能将API与Facebook打通，同时还会有部分针对海外使用者的功能更新。

### （二）腾讯QQ

腾讯QQ在我国使用非常广泛和流行。腾讯QQ（简称QQ）是腾讯公司开发的一款基于Internet的即时通信（IM）软件。腾讯QQ支持在线聊天、视频电话、点对点断点续传文件、共享文件、网络硬盘、自定义面板、QQ邮箱等多种功能，并可与移动通信终端等多种通信方式相连，目前QQ已经覆盖PC、Mac、Android、iPhone等主流平台。

### （三）Facebook

Facebook（脸书）是创办于美国的一个社交网络服务网站，于2004年2月4日上线，主要创始人为美国人马克·扎克伯格。Facebook是世界排名领先的照片分享站点，截至2013年11月每天上传约3.5亿张照片。截至2012年5月，Facebook拥有约9亿用户。由于相关政策法律的原因，我国国内用户无法正常登录Facebook，一般通过使用GoAgent、6VPN网络代理工具访问登录。

### （四）Twitter

Twitter是一个广受欢迎的社交网络（social network service）及微博客服务的网站，是全球互联网上访问量最大的十个网站之一，是微博客的典型应用。它是一个社交网络及微博客服务的网站，它允许用户将自己的最新动态和想法以短信形式发送给手机和个性化网站群，而不仅仅是发送给个人。Twitter允许用户发布文本信息，所有的Twitter消息都被限制在140个字符之内，用户可以互相跟帖，有点类似于Facebook的状态更新服务，它对所有人都是开放的，类似我国的飞信。

### （五）微博（MicroBlog）

微博是分享简短实时信息的社交网络平台，单帖字数 140 个字符以内。用户既可以在微博上浏览感兴趣的信息，也可以发布信息供别人浏览，既可以发布图片也可以发布视频，其最大的特点是技术发布信息快速，信息传播的速度快，其实时性、现场感以及快捷性甚至超过所有媒体。最早也是最著名的微博是美国 Twitter。我国主要有新浪微博、腾讯微博、网易微博、搜狐微博等，使用人数众多，中国互联网络信息中心（CNNIC）发布消息称截至 2013 年上半年，新浪微博注册用户达到 5.36 亿，腾讯拥有近 7.5 亿的 QQ 注册用户，3 亿左右的活跃用户。截至 2013 年 6 月，我国微博用户规模达到 3.31 亿，97%以上的中央政府部门、100%的省级政府和 98%以上的地市级政府部门开通了政府门户网站，政务微博认证账号超过 24 万个。目前微博用户规模和使用率正在呈下降趋势，而整体即时通信用户规模在提升。

### （六）Instagram

Instagram 是一款支持 IOS、Windows Phone、Android 平台的移动应用，允许用户在任何环境下抓拍下自己的生活图片，选择图片的滤镜样式（Lomo、Nashville、Apollo、Poprocket 等 10 多种胶圈效果），一键分享至 Instagram、Facebook、Twitter、Flickr、Tumblr、Foursquare 或者新浪微博平台上，Instagram 在移动端融入了很多社会化元素，包括好友关系的建立、回复、分享和收藏等。

### （七）Wikipedia（维基百科）

维基百科是一个基于维基技术的全球性多语言百科全书协作计划，也是一部用不同语言写成的网络百科全书，其目标及宗旨是为全人类提供自由的百科全书——用他们所选择的语言来书写而成的，是一个动态的、可自由访问（绝大多数国家，使用安全链接也行）和编辑的全球知识体。它在许多国家相当普及，其口号为“维基百科，自由的百科全书”。中文则附加“海纳百川，有容乃大”。2012 年 11 月，维基百科计划通过 Kaltura 的 HTML5 视频播放器和工具套件加大视频投入，使用户可以向任何的维基百科文章中添加视频，有可能成为全世界最大的数字视频库。事实上，维基百科不能说是一种技术，而是一种创造性运用技术的方式，但对一种先进技术来说，能把它用好其实是最重要的事情。

## 第二节　新技术媒体发展趋势

### 一、新技术媒体与教学

在教学工作中更多的是依赖个性化和社交化、数字化和智慧化学习环境，目前比较流行的新技术媒体发展趋势包括翻转课堂、游戏化学习、移动学习、开放式教育资源、免费在线课程、快速便捷的软件等。2015 年地平线报告（高等教育版）中谈到 2015 年的数字化学习趋势主要包括以下内容：不断升级的社交媒体和交互式工具、个性化和数字化的学习环境、社交化和智能化的学习内容管理、翻转课堂和游戏化的学习方式、开放式教育资源和免费在线课程的日益普及和运用快速便捷的软件工具展示个人成果。

随着信息技术和科学技术的迅猛发展，人们的生活方式、学习方式和工作方式等也受到了广泛而深刻的影响，新媒体、新技术在教育中的应用也越来越受到人们的关注和重视。人类知识传播经历了口耳相承、文字印刷和电子传播时代，互联网带来的传播媒介进化给大众传播带来了新革命，高度信息化社会已经到来。当代新媒介技术从数字技术、网络技术、多媒体技术和传播技术等多方面使数字化资源更加丰富、网络传播更加快速和便捷，全球化趋势势不可挡，新媒体技术正在使人类的传播活动发生重大变革。教师常用的社交媒体软件还包括实时的和非实时的工具，实时工具包括手机，非实时工具包括 E-mail、Platform、MicroBlog 和 Message 等。教育教学不能仅仅以技术媒体为主，教师的教和学生的学才是教育的本质内容，教师和学生在教学中可以应用快速便捷的软件工具展示个人成果，如苹果 mac 中的软件包括 iMovie、Finale（music）/Garage Band（music），其他软件包括 Prezi、Weebly、Skype、MindMap、Schoology、Dragon Naturally Speaking、WordPress、Quizlet、Audacity、Photoshop、Google Earth 等。

## 二、新技术媒体的优势

### （一）数字化的学习环境

除了社交媒体的应用外，教师培训工作更多的是依赖个性化和社交化、数字化和智慧化学习环境，目前比较流行的发展趋势包括翻转课堂、游戏化学习、移动学习、开放式教育资源、免费在线课程、快速便捷的软件等。数字化的学习趋势主要包括以下内容：

- 不断升级的社交媒体和交互式工具；
- 个性化和数字化的学习环境；
- 社交化和智能化的学习内容管理；
- 翻转课堂和游戏化的学习方式；
- 开放式教育资源和免费在线课程的日益普及；
- 快速便捷的软件工具展示个人成果。

### （二）组建交互式社交媒体网络

微信是目前我国最流行的社交软件，利用微信可以组建协作学习团队。

### （三）创设智慧化学习环境

依托国内外高校网络教育平台创设智慧化学习环境，如利用北京大学网络教育为全国中小学教师提供教育技术能力培训。北京大学网络教育平台是引领式网络教学平台，使网络课程资源与网络教学过程很好地结合了起来，能够帮助教师制订学习计划，学习线索清晰，学习过程简便，提供学习社区服务，利用电子档案袋记录学习历程，分享学习成果，学习环境做到了个性化、数字化、社交化和智能化。

### （四）依托开放式教育资源

目前比较热门的教学模式主要有远程直播教学（distance education）、微课、

MOOC（慕课）、翻转课堂（flipped classroom）等，教师可以依托全世界开放式教育资源和免费在线课程进行培训和学习，目前开放式教育资源非常丰富，主要包括有 Khan（可汗学院）、Coursera、Udacity、edX、The Minerva Project 和 TED 等。教师培训工作可以利用这些资源进行翻转课堂教学、游戏化学习、移动学习的开展。

翻转课堂是目前比较新的教学模式之一。翻转课堂模式转变了传统教学模式，通过课堂外的线上传递教学内容，将“完成作业”转移到课堂上。可汗学院能够为教师提供翻转课堂教学模式学习的培训。可汗学院以视频教程的免费在线图书馆著称，并在夏季提供面对面的教师培训，培训教师使用可汗学院的视频和工具进行翻转课堂教学，主要特色是告诉教师如何利用模块教学使学生自定步调进行驱动学习。

#### （五）应用快速便捷的软件工具

应用快速便捷的软件工具展示个人成果，如苹果 Mac 中的软件包括 iMovie、Finale（music）、Garage Band（music），其他软件包括 Prezi、Weebly、Skype、MindMap、Schoology、Dragon Naturally Speaking、WordPress、Quizlet、Audacity、Photoshop、Google Earth 等。

## 第三节　新技术媒体教学应用

### 一、民族地区专业创新人才培养

#### （一）教育技术学专业创新人才培养需求

我国的高等教育正在进行从精英教育到大众化教育的转变，当今国际社会的发展突飞猛进，没有创新能力的民族将无法面对未来的冲击。21 世纪大学教育的任务，是要培养适应这种未来世界的公民，它本身既是民族的，又是面向世界的。

这就必须培养创新型的人才以适应社会的发展与需求，所以创新型人才培养在我国具有战略性的重要地位。如何培养出更适合社会需求的高素质和高能力的创新人才当然也成了焦点问题，本书立足于以教育技术专业创新人才培养，运用行动研究法指导教师在实践中进行教学方式的改革和创新，总结出对教育技术专业创新型人才培养具有一定借鉴意义的经验与建议。

所谓“创新人才”，是指具有创新精神的创造型人才，也就是具有创新意识、创造性思维和创新能力的人才。时代的发展需要创新型人才，党的十七大报告中提出将“优先发展教育，建设人力资源强国”作为加快推进以改善民生为重点的社会建设的六大任务之首，更加突出了教育在改善民生、建设和谐社会中的重要位置。“优先发展教育，建设人力资源强国”是我们的重要目标，将会对我国科教兴国战略的实施和社会主义现代化产生重要而深远的影响。当前，我国正处于一个重要的战略机遇期，既面临巨大的发展机遇和空间，又面临新的挑战和风险，如何在新的历史时期为我国高等教育创新人才培养做出贡献非常重要。

现代教育技术的迅猛发展，深刻地变革着人类教育的方方面面。具有创新精神和创新能力的教育技术优秀专业人才也逐渐成为当今社会各教育技术岗位的紧缺资源。教育技术专业创新人才培养必须着眼于这一大趋势，认真研究如何在教学过程中采取有效的方法和手段进行教育变革，更新观念，优化师资，改善环境，强化实践，确保为社会培养出更多的教育技术专业的优秀创新型人才。信息技术蕴含着强大的工具性价值，信息技术有效合理地融入教学能够影响大学教师的教学理念以及教学的实施策略和教学模式，并以此赋予传统教学模式新的教学内涵。但是，由于大学教师的教学惯性、教师考核方式、教育观念以及教学技术水平的影响，信息化教学远没有发挥出它应有的优势和潜力，导致学生毕业后知识面不宽、综合素质不高、社会适应性不强、创新能力不足等问题。这早已引起大学教育者的高度重视，所以专业创新性人才的培养迫在眉睫。

### （二）行动研究法与探究学习

行动研究法（action research approach）是 20 世纪 40 年代由美国心理学家勒温（K Lewin）首先提出的，最初行动研究法在心理学、民族学领域，50 年代后期有人开始运用在教育研究中，这种研究方法逐渐被教育理论研究者、教育实践工作者和教育行政管理人员认识、接受并采纳。70年代以来，行动研究法在欧美各国已经成为主要教育研究方法之一，也是当今比较流行和受欢迎的教育科研方法之一。行动研究法被广泛接受的观点之一为学者卡尔与凯米斯（Carr & Kemmis，1986）所界定的定义：“行动研究是在社会情境中（包括教育情境）自我反省探究的一种形式，参与者包括教师、学生、校长等人，其目的是在促发社会的或教育实践的合理性及正义性、帮助研究者对实践工作的了解、并付诸实施。”

行动研究在实施过程中最基本的四个环节是计划、行动、观察和反思，其过程是螺旋式加深的发展过程，每一个螺旋发展圈都包括这四个相互联系、相互依赖的环节，强调理论探索与解决实际问题的有机结合。

培养创新精神和意识，关键是要把探究精神运用在课堂教学中。有代表性的探究教学模式主要有布鲁纳的发现教学模式、萨其曼的探究训练教学模式和兰本达的探究—研讨教学模式。美国心理学家布鲁纳指出探索得来的知识最深刻难忘，比教师直接教得更有效，学生体会到“发现”的真正乐趣。因此，教师可以发挥他的主导作用，创设良好的氛围，激起学生探究的愿望，展开积极的思维，培养学生解决问题的能力。布鲁纳的发现教学模式是学生相对独立的探究和发现的学习活动，注重思索的过程，它强调学生在发现的过程中学习；萨其曼的探究训练教学模式注重学生本能地对新奇事物的内在动力，使用训练的方法，指导学生提出问题、收集资料和进行创造性思考，它是教师设置问题疑难情境、学生通过向教师提问来收集资料而强调训练的一种教学模式，可以发挥出学生的主动性和激发好奇心理；兰本达的探究—研讨教学模式是教师提供资源，组织学生讨论，将学生置于主体地位，是主动探索、独立获取知识的过程，把教学过程看作是教师、学生和学习材料相互作用的系统，注重讨论。

### （三）专业创新人才培养教学实践

这个教学实践是以教育技术学专业选修课《Photoshop CS 9.0》为例，在课堂教学和实践教学中，采用行动研究法作为指导思想和行动方针，调动学生主动探究学习的意识，培养学生的创新能力。

Photoshop 是 Adobe 公司出品的当前最流行的图像处理软件，广泛应用于广告设计、封面制作及彩色印刷等多个领域，具有功能强大、界面美观、操作方便等特点，Photoshop处理的图片属于位图，可以对图像某一部分进行处理，如利用选择工具进行颜色、滤镜等操作。Photoshop具有两大功能：一是能够进行图像处理，比如进行图像+文字的广告设计，二是具有绘图功能，使用者通过手绘和创意就可以创作出独具特色的作品，这要求设计师有一定的美术功底。

行动研究法就是解决实践中遇到的问题，为行动而研究，在行动中研究，由行动者研究，它是将研究与实践结合起来的方法。通过行动和思考，获得新知识和新能力，更关注对以往经验的总结和反思，强调的不仅是计划和行动，而且通过观察和深刻的反思获得经验的提升，从而使下一轮的行动研究更加有效完善，可以说行动研究法是克服以往教育理论脱离教育实践弊端的有效方法之一。这种方法要求教育实践者担任主角，理论与实践有机地结合在一起。行动研究法应用范围广、应用方法灵活，更能满足各行业和专业对人才实践性与理论性兼备的人才培养要求。教育技术行业是一门对实践性要求很高的专业，特别注重实践能力，行动研究法有利于教育技术专业人员理论研究推进和水平的提高，从而推动实践更有力地进行。

在整个教学过程中，运用行动研究法把教学和实践结合起来，在进行教学的同时把自己作为一名研究者，为了提高教学质量和培养学生的创新精神和创新能力，不断尝试各种教学方式和教学手段，通过行动和思考总结出适合本班教学和学生特点的各种教学经验并付诸实施，较好地运用了行动研究法中“为行动而研究，在行动中研究”的重要环节，整个教学环节中在以下几方面进行了教育技术创新人才能力培养的实践探索工作。

1．重视开拓创新精神和能力的培养

时代发展需要具有开拓精神和创新能力的人才，人才的培养离不开实践，在行动中研究，可以促进教育技术专业人才用积极的思维和行动的手段进行学习、研究和实践，从根本上解决教育技术专业人才学习理论和实践过程中的被动局面，使之更加顺应时代潮流，具备开拓创新精神和创造能力。Photoshop是一门操作性非常强的应用型软件，要求学生能够熟练操作和使用，具有一定的操作能力和实践经验。需从以下两个教学环节注重创新精神和能力的培养。

（1）课堂讲授环节

在课堂讲授过程中采取发现教学法和启发教学的原则，首先确定课程基本的教学方式和教学内容，以讲授工具软件的各项基本功能为主，要求学生在学会软件基本操作的基础上发挥自己的想象力和创造力，给学生一定的创作空间，让他们任选题材完成作品的创作。

（2）重视课堂作品展示环节

要求学生们在课堂上讲解自己作品的创作思路和想法、制作过程和操作步骤、在制作过程中遇到的难点或困惑及解决办法，正如学生所说“课堂的作品展示是最能激发灵感的环节！”正所谓“一千个读者就有一千个哈姆雷特”，每一个同学就是一个哈姆雷特，展示后每个同学就拥有了更多的创新思维。没有给出具体的实例，要求学生充分发挥想象力，利用软件的基本操作功能进行创作，并把他们的作品在课堂上进行展示，这极大地激发了学生的学习动机，从而达到了培养学生开拓创新精神和自主学习能力的目的。

2．理论和实践相结合能力的培养

任何行业的人才都要具有扎实的理论功底和实践能力，教育技术行业尤其如此。行动研究法恰恰在人才培养中克服了“理论上的巨人，行动上的矮子”这一弊端，它既重视理论水平的培养，也重视与时代发展相一致的实践经验，从而满足教育技术专业创新人才培养中的理论和实践相结合能力的培养要求。行业的特点决定了对教育技术专业创新人才的实践能力要求非常高，并且还需具备终身学习能力、信息技术应用能力与专业综合实践能力等，而行动研究法的实施，就是要求实践者在实践过程中不断计划、行动、观察、反思，通过反复的行动实践来发现问题和不足，激发行动者积极思维，达到对专业理论知识和实践经验能够融会贯通的水平，从而不断提高专业水平和综合实践能力。

本门课程通过电子笔记、上机操作、布置作业、课堂展示四个教学环节开展理论和实践相结合能力的培养工作。课堂讲授过程中，学生在观看老师演示工具的使用方法时觉得太简单了，认为根本不用做笔记，然而在实际操作的过程中却不知道该怎么做。这时候才认识到“好记性不如烂笔头”，认识到课堂笔记太重要了！同时上机操作也是非常重要的环节，Photoshop 本身就是一个应用型软件，要求的就是学生能够熟练掌握软件中各个基本工具的操作方法，熟练的操作练习是培养学生实践能力的最重要和关键的环节。布置作业的目的就是让学生能够带着任务去学习，促进学生更加努力地去思考和制作出完美的作品。课堂展示能够使同学们清楚地知道自己同其他人的差距，找到差距后会激发他们努力赶上别人，希望下节课自己也能呈上一幅好作品，从而使他们能够带着激情和目标进行下一次的上机课程实践，制作出令人满意的视频作品。

3．科学的研究态度和方法的培养

当今的知识经济时代，学习型社会要求全民学习、终身学习且具备科学的工作精神，在工作和学习中自觉主动地增强科研意识、运用科学方法促进人的全面发展，这是实现全面建设小康社会的奋斗目标的重要保障。网络学习是先进的学习方式和发展趋势，只有不断接触新知识，学习新技能，把握和学习社会和行业发展的最新动态和方向才能够紧跟时代发展的步伐。行动研究法在国内外相关领域的实践中已经证实，它的“为行动而研究、在行动中研究、由行动者研究”能够在教学工作实施过程中为培养学生科学的研究方法和态度提供行之有效的手段和方法。

在教学过程中发现，学生学会软件中的某一种操作方法并不难，难的是如何掌握住这类软件的学习方法，也就是如何学会学习是比较困难的。于是在上机实践课中，为拓宽学生的知识面和视野，鼓励学生利用网络环境自觉主动地查找各类有关 Photoshop 的最新学习资源及网络教程，选择自己感兴趣的内容进行学习和实践。很快学生们在自学的过程中逐渐找到了适合自己的学习方法和途径，他们的网络学习技能、计算机软件操作能力都得到了极大的提高。

4．协作沟通交流能力的培养

和谐社会离不开和谐团队。社会的不断发展和进步，技术发展的日新月异，对教育技术人才需求更加多元化，对人才素质的要求也日益提升，这就要求教育技术专业的创新人才还要具备一定的团队精神和协同工作能力。

“独学而无友，则孤陋寡闻”，一个人的力量是有限的，学会合作就意味着力量的强大。在 Photoshop 课堂教学中，展示作品这一环节尤其能够培养和体现学生的协作沟通交流能力。在展示个人作品时，有两位同学对照片处理有着浓厚的兴趣，而他们各自对软件的运用又不尽相同，处理过的照片当然也各具特色。在课堂操作演示的过程中，同学们积极发表见解，使被展示作品的作者受益匪浅。通过作品制作中的合作与交流，极大地开阔了同学们的视野，使他们认识到同样的作品，可以有不同的操作步骤和方法，甚至效果是有极大差别的。受到触动的同学努力探究，争取做出更好的作品。这样一个异步同向上升的过程会使一个班级产生良好的竞争合作关系，能使一个班级整体提升到一个新的层次。

“三人行必有我师”，在上机操作练习遇到困难时，同学们都非常热心，被请教的同学不遗余力地帮助请教者共同解决难题，大家相互讨论、相互帮助，不仅能更扎实地掌握自己已经学过的知识，更有可能在这个过程中学到自己不具备的其他同学优秀的东西。通过相互交流经验，取长补短，才能共同进步，最终获得双赢。在学生学习应用软件并能够熟练运用软件工具进行作品创作方面，运用行动研究法可以提高学生的创新能力，所以在我们的教学实践中，行动研究法不失为培养创新型人才的有效方法之一。

### （四）民族地区专业创新人才培养研究

1．民族地区专业创新人才培养存在的问题

国内民族地区高校教育在专业课程设置、培养目标、课堂教学等多方面有自己独特的特点和不足，在以信息为特征的知识经济时代发展民族地区学生的创新意识和创新能力，需要立足于本土展开适合民族地区特色的专业创新人才培养新途径的研究。应该说民族地区的教育与发达地区还存在着差距，未来的科学技术不断进步，社会需要能够把技术更好地运用到教育教学中的应用型、创新型和复合型人才。我们只有针对地区具体情况，不断实践和探索，不断总结经验，发现不足并及时调整民族地区教育技术学专业院校的教学模式和人才培养体系，才能为社会培养出优秀的创新人才。

随着我国高校招生规模的大幅度提高，我国高等教育大众化进程达到了一个新的高度。专业扩招使教育技术学专业毕业人数猛增，民族地区教育技术学专业的学生就业形势日益严峻，供需矛盾十分突出，如何调整高校教育技术专业课程设置、使人才培养目标与社会需求相符，如何在教学中培养学生的创新精神和创造能力，培养出面向二十一世纪人才的创新型、应用型人才，是高等教育面临的突出问题。

建构主义理论的突出优点是有利于培养具有创新思维和创新能力的创作型人才。建构主义认为，知识不是通过教师讲授得到的，而是学习者在一定的情境即社会文化背景下，借助其他人的帮助，充分利用各种学习资源，通过意义建构而获得的。学习是一种活动过程和建构过程，学习必须处于丰富的情境中，强调教学必须以学习者为中心，强调学习者对知识的主动探索、主动发现，强调情境、协作学习、学习环境和利用各种信息资源来支持学习，强调学习过程的最终目的是完成意义建构。知识经济时代需要创新型人才，不但要求具有创新精神和创新意识，还要富于独创性，具有创造能力，能够提出问题、解决问题。如何利用理论知识在实践教学中探索，在以信息为特征的知识经济时代培养学生的创新意识和创新能力，试图找到一条适合民族地区特色的教育技术专业创新人才培养的新途径非常必要。

由于教育技术专业人才要求既要具备理论水平又要具有实践能力，此项研究以问卷形式进行，问卷调查对象是以赤峰学院和呼伦贝尔学院教育技术专业大三、大四学生为例，共发放调查问卷 123 份，收回有效调查问卷 118 份，问卷调查有效率达到 95.9%。通过问卷调查，发现在以下几个方面存在一些问题。

（1）专业培养目标不明确

随着时代的进步，教育技术专业人才培养目标也在不断变化。教育技术发展的一条重要脉络就是技术的发展，不断出现的新媒体、新技术要求教育技术专业人才必须与时俱进，紧跟技术的发展，研究如何把技术更好地应用到教育教学中去。培养目标要求学生全面地掌握教育技术学的基本理论和操作技能，学生学习的门类比较多，就业方向也比较广泛，学生要具备现代教育技术的设计、开发、应用和管理的基本能力，能够从事中小学信息技术课程教学，要具备现代多媒体计算机及网络等硬件设施的使用与维护及软件设计与开发能力，能够在中小型电视台从事电视摄录、编导工作等。对于较多的培养目标要求，学生容易出现学得多而不精的现象。通过问卷调查可以发现学生对课程喜好程度受以下几方面因素影响：38%的学生选择课程与未来就业相关，而选择课程内容新颖和关注教师讲课方式的学生分别只有 23%和 27%，还有 12%的学生选择了其他因素。不难发现，民族地区教育技术专业学生很关心自己专业的培养目标是否符合社会的就业形势，他们希望自己所学的知识可以运用到就业当中去。

（2）专业课程设置不合理

教育技术专业人才培养目标决定了专业课程的设置和教学计划的制订。培养目标要求学生全面地掌握教育技术学的基本理论和操作技能，使学生学习的课程门类比较多，课程涵盖范围比较广，涉及教育学、心理学、广播电视编导、传播传媒、计算机应用等多个学科领域，这就使专业学习容易产生广而不精的现象。

由于培养目标要求学生具备信息技术应用能力、能够开展数字媒体研究及开发技术、能够从事教育软件工程和进行现代远程教育、具备媒体设计与开发能力、教学系统使用维护与管理能力、教学系统设计能力等，使其在大学阶段需要学习的课程范围比较广，基础理论课包括教育学、心理学、艺术学、传播学、物理学、数学等，而电教音乐、电教美术、模拟电路、数字电路等课程占用了学生很多时间，其部分教学内容与专业课程重复，给学生带来时间上的浪费。在对课程种类进行调查中发现，37%的学生最喜爱电视电声摄录摄像类课程，63%的学生最喜爱计算机类课程，而喜爱基础理论类和艺术基础类课程的学生分别只占到 2%和8%。可以明显看出，学生对于电视电声摄录摄像及计算机类课程的喜爱要高于基础理论课和艺术基础类课程，分析课程的种类又可以看出学生对于实践操作类型的课程的喜爱强于理论类的课程。

（3）学生自身存在的问题

在专业发展方向方面，学生对自身将来的发展还是很盲目的，对本专业发展的侧重点的认识存在不同看法，58%的学生希望通过四年的本科学习得到全面发展，42%的学生希望能够在某一方面得到偏重发展。大部分学生认为以后可以胜任信息技术人员、广告设计人员、电视台工作人员、动画设计制作人员、网页设计人员等职务，但与各相关专业人员相比，教育技术本科学生在深度上还存在一些差距和不足，在走上工作岗位后需要深入学习对应专业的知识。在调查中发现，学生对自己的学习目标没有定位，学校开设什么课就上什么课，在自己的时间和学习重点上没有规划和侧重点，学习存在着一定的盲目性。

（4）学校教学中存在的问题

民族地区高校教育技术专业开设时间较短，师资力量也不及其他院校。教师专业层次复杂多样，本专业高级教师较少，部分教师是从其他专业转为教育技术专业。由于地处西部经济欠发达地区，学校硬件设施也比较落后和缺乏，科研氛围不是十分浓厚，实训基地相对比较缺乏，学习资源比较有限，教师的课堂教学还趋向于传统课堂教学，教学改革深度不够。

2．相应的解决对策

（1）明确培养目标

社会的发展离不开生产活动，在进行生产活动的过程中人才起主导作用，培养目标要有针对性，这样高校培养出来的人才才能满足社会的需求。教育技术学专业的培养目标：一是国家规定的本科教育人才培养总目标，二是具体培养要求或培养规格即根据教育技术学的培养对象、范畴来培养相应的专业人才。民族地区高等教育技术专业人才培养主要包括两大类，即信息技术类和广播电视编导类人才，可以针对不同的专业发展方向采取分批、分方向培养的解决方案。对于信息技术类人才，要培养学生计算机软件操作应用能力、教学设计能力，多增加学生实践操作练习；对于广播电视编导类人才，在摄录、编导、制作等方面加强学生的实践操作技能训练。目前，在新形势下规范教学管理、推进学分制改革、加强应用型人才培养的根本方法和有效途径是赤峰学院“十二五”中后期学校教学工作的主要任务和具体措施。赤峰学院突出培养应用型、复合型、创新型人才，着力构建“厚基础、重应用”的人才培养模式，注重对学生健全人格、创新精神和实践能力的培养，努力促进学生全面发展和个性化发展，全面贯彻落实科学发展观和国家教育方针，秉承“厚德敬业、务实创新”的大学精神，以育人为根本，以提高教育教学质量为主题，坚持开门开放开明办学，主动融入赤峰，服务地方，突出特色，转型发展，着力建设内蒙古中东部地区重要的人才高地和科技文化创新基地，努力把学校建设成为区域性综合型大学。

（2）合理设置课程

明确民族地区教育技术专业培养目标后，合理设置课程是创新人才培养的关键。针对信息技术类和广播电视编导类两个不同方向，可以调整课程设置重点，对信息技术类人才适当加大计算机类课程的投入，减少广播电视节目类课程，而对广播电视编导类学生来说，可以相应地增加广播电视编导类课程，在课程深浅程度和教学内容方面，根据具体情况做适当删减和调整。①增添实训课环节。一些简单的理论，课本教学培养出的学生大多是“书呆子”，个人思想受到限制，通过实训、实践来提高学生动手能力并开发他们的创新思想，使他们成为具有创新能力的人才；②课程内容要融入创新思想。时代的发展已经告诉我们创新的重要性，而民族地区在培养教育技术专业创新人才过程中还沿用以前的课程内容，不注重培养学生创新能力，教师可以根据教学情况适当融入创新思想，有利于培养学生的创新思维；③坚持理论与实践相结合的原则。不是说理论、实践到底哪个重要，只有两者充分结合，理论联系实践才能培养出我们所要的创新型人才，所以说在课程设置上要保证理论课与实践课相结合。加强设置提高教育信息资源开发能力的专业实验课程尤其重要，比如设置影像资源开发类专业实验课程、设置多媒体与网络资源开发类专业实验课程等。

赤峰学院在以往培养方案和多年教育教学工作基础之上，在国家教育方针的指导下，在广泛调研基础之上不断修订各院系各专业的培养方案，使之顺应时代发展潮流，符合与培养目标相一致的专业课程设置，做到能够培养出符合社会需要和发展的创新型、应用型和复合型人才。

（3）明确学生自我定位

大学生活是一个人确定理想的重要阶段，兴趣是学生学习的一种动力，学生认清自己的兴趣、爱好和特长，确定自己的发展方向，选择适合自己的培养目标，准确进行自我定位，可以提高学习自主性，充分利用自身环境中的各种资源有利于学生创新能力的进一步培养。

“营造良好育人环境，努力培养品牌学生”是赤峰学院“十二五”中后期学校教学工作的主要任务和具体措施之一，坚持培养高层次应用型人才与培养学生的发展力、创造力相结合，坚持本地化和开放化的原则，坚持学生为本和能力为重的原则。在课程安排中将信息技术教育、教育技术教育、电教管理、电视节目制作和绩效技术作为方向，使学生在学习过程中就能够明确自己的定位和方向。在教学改革中，注重教师“教”与学生“学”、学生全面发展与个性化发展的辩证关系，使学生能够认识到自己在学校和社会中应该达到的水平和能力发展潜力，使学生清楚地认识到自己的学业目标和能力培养的水平。

（4）深入改革课堂教学

教师必须在先进教育理念指导下理论联系实际，注重学生的能力培养，提高教育教学效果。首先，注重以学生为中心的教育理念，让学生切实走进课堂教学中去。作为教育工作者理应顺应时代发展的潮流，竭力把自己的课堂变成赏识学生、培养学生思维的场所，要善于从教学和生活中捕捉能激发学生创造欲望、为他们提供一个能充分发挥想象力的空间与契机，让他们也有机会“异想天开”，心驰神往、奇思妙想是产生创造力的不竭源泉。教会学生学会学习的方法更加重要，在课堂教学中，教师要不断考察学生的计算机软件应用能力，可以采用多种方式培养学生操作能力，如让学生选取部分内容进行教师角色的实践体验，教师对学生做出相应评价，学生可以进行互评，这样有利于提高学生自主学习的兴趣和能力，有利于学生创新精神和创新能力的培养。

其次，可以开展各种教学技能比赛，发挥学生的创新精神并培养学生创新能力。比赛可以激发学生动力，比赛既能锻炼学生的良好心态，又能够培养学生的创新能力，为学生的大胆创新提供舞台和发展空间。研究性学习是培养学生创新能力的一种有效方式。研究性学习是指在教学过程中以问题为载体，创设一种类似科学研究的情境和途径，让学生通过自己收集、分析和处理信息来实际感受和体验知识的产生过程，进而了解社会、学会学习，培养其分析问题、解决问题的能力和创造能力。研究性学习以转变学生的学习方式为目的，强调一种主动探究和创新实践的精神，着眼于培养学生终身受用的学习能力。研究性学习的开展可以拓展学生思路，培养学生探究精神和创新能力。

教师在课堂上可以多开展以培养学生创新精神和创新能力的各项教学活动，教育技术专业创新人才培养模式应突出自然科学和社会科学相结合，传统教育媒体和现代教育媒体相结合，培养教师和培养技术人员相结合的三大专业特色，具体可以参考图 6-1 所示模式开展教育教学工作。

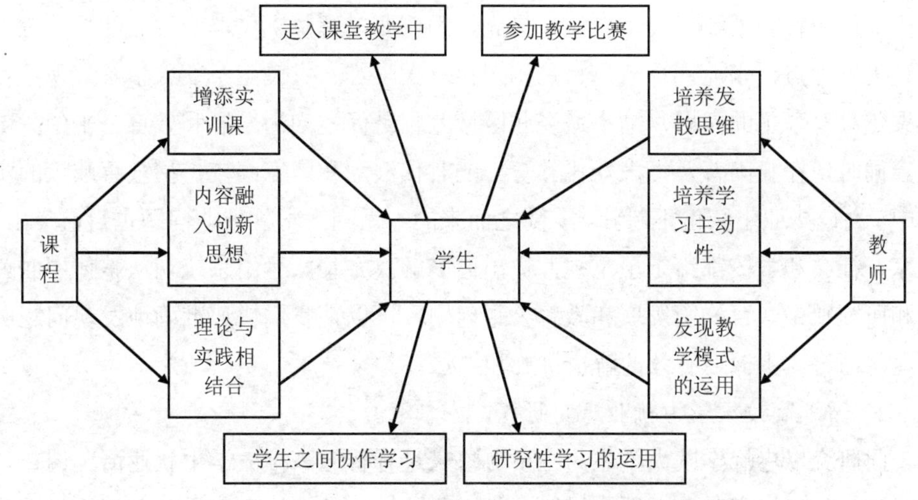


图 6-2　民族地区教育技术专业创新人才培养模式

当今社会不但需要创新型人才，更加需要具有团队精神的创新型人才，协作学习的开展也非常必要。协作学习是指学习者以小组形式参与，为达到共同的学习目标，在一定的激励机制下为获得最大化个人和小组学习成果而合作互助的一切相关行为。比如教师在课堂上布置了一项教学任务即制作网站首页，可以在课堂上采取分组教学的方式，学生之间为了达到小组所要完成的任务会进行对话、商讨、争论等交流活动，这种教学方式对学生创新性思维的培养具有积极作用。教师、学生之间多沟通、多交流可以发现学生的兴趣所在，激发学习兴趣有利于学生进行自主学习，有利于创造性思维与创造性能力的培养。

### （五）民族地区大学生就业问题研究

1．创新人才培养与就业问题

在科学技术发展日新月异的今天，社会对人才的要求越来越高。随着我国普及“大众化教育”和高校扩招政策的实施，高校毕业生队伍不断壮大，大学生就业问题日益突出，教育公平的问题也逐渐成为人们关注的焦点和热点话题。本书通过对普通高校大学生就业问题展开的调查研究来揭示出教育公平存在的问题，为有效地解决教育均衡发展和实现教育公平提供一些意见和建议。实现中国梦，人才是根本，教育是基础。党的十八大报告指出要“大力促进教育公平，合理配置教育资源”，强调“让每个孩子都能成为有用之才”。党的十八届三中全会中将“深化教育领域综合改革”排在最先，强调要以解决人民群众关心的热点难点问题为着力点，当前，择校热、贫困子弟上大学难、农民工子女入学难等现状直接聚焦教育公平的问题，缩小城乡和区域差距是促进均衡发展和教育公平的关键点。同时，在我国普及“大众化教育”的时代浪潮和国家高校扩招教育政策的实施中，高校毕业生队伍不断壮大，随之而来的一系列大学生就业问题也日益突出，国家、社会和学校都给予了重视并提出诸多解决方案。运用系统观从整体层面关注和研究整个教育均衡发展和教育公平问题，可以使我们快速准确地发现问题所在，从而进一步探讨有效的解决措施和办法。

2．普通高校大学生就业意向研究

此研究以赤峰学院大学生为主要对象来进行普通高校大学生就业情况调查。赤峰学院是赤峰市唯一一所全日制二类本科院校，是赤峰市各行各业人才的重要输出源地。本次调查方式主要有问卷调查、访谈等，采用数据统计软件通过对数据的收集、采集进行统计分析，共发放问卷 500 份，回收问卷 500 份，回收率 100%，其中有效问卷 490 份，问卷有效率 98%。本次问卷主要从就业基本情况、就业认识情况、就业准备情况等几个方面展开了调查研究。

（1）不同生源地学生毕业后的选择

从统计数据来看，生源地为农村和旗县学生直接就业的人数比例大于考研人数的比例，而城市的学生毕业后考研的人数比例大于直接就业人数（表 6-1），这说明家庭环境和观念以及家庭经济情况对学生就业选择有较大的影响，学生受教育机会受家庭经济条件影响较大。

表 6-1　不同生源地学生毕业后的选择

| 问卷内容 | 选项 | 百分比 |
| --- | --- | --- |
| 生源地为农村的学生毕业后将 | 直接就业 | 57.5% |
| | 考研 | 35.0% |
| | 创业 | 2.5% |
| | 其他 | 5.0% |
| 生源地为旗县的学生毕业后将 | 直接就业 | 47.2% |
| | 考研 | 38.9% |
| | 创业 | 11.1% |
| | 其他 | 2.8% |
| 生源地为城市的学生毕业后将 | 直接就业 | 33.3% |
| | 考研 | 45.8% |
| | 创业 | 20.8% |
| | 其他 | 0.1% |

（2）直接就业与考研学生对就业前景和考研热的看法

学生毕业后直接就业的人数比例在减小，而考研的人数在增加，毕业后打算就业的学生对自己就业前景的态度比较焦虑和悲观的百分比为 39.6%，而考研学生比例为 15.4%（表 6-2）；直接就业的学生认为高学历增加就业优势的占 20.8%，而考研的学生则为 51.3%。这说明学生认为考研可以缓解就业压力，可以避过就业高峰期，认为研究生就业会有着明显的优势。

表 6-2　直接就业与考研的学生对就业前景和考研热的看法

| 问卷内容 | | 选项 | 百分比 |
|---|---|---|---|
| 直接就业 | 对自己的就业前景态度 | 比较焦虑 | 31.3% |
| | | 悲观 | 8.3% |
| | | 乐观 | 20.8% |
| | | 一般 | 39.6% |
| | 如何看待考研热现象 | 高学历增加就业优势 | 20.8% |
| | | 研究生越来越多，就业形势严峻 | 45.8% |
| | | 其他 | 33.4% |
| 考研 | 对自己的就业前景态度 | 比较焦虑 | 12.8% |
| | | 悲观 | 2.6% |
| | | 乐观 | 35.9% |
| | | 一般 | 48.7% |
| | 如何看待考研热现象 | 高学历增加就业优势 | 51.3% |
| | | 研究生越来越多，就业形势严峻 | 35.9% |

（3）就业认识情况调查

在大学生对未来工作的了解以及如何看待专业对口问题上，关于自己适合从事什么工作的调查中发现，54%的学生不清楚，9%的学生很不了解，这两个百分比总和为 63%，说明大部分学生对自己的未来很迷茫，职业方向和定位不准，职业规划少，就业时显得很被动；持有工作后能做什么就是自己的方向和先找份工作以后待机再向专业发展的想法的学生比重共为 87%，说明了多数学生的现实情况，先就业后择业，再向专业方面发展。

（4）就业准备情况调查

大学生获得就业信息的来源主要包括三方面：39.2%来源于招聘会，35.8%来源于招聘网站，25%来源于学校就业指导中心。学生自身也需要从多方渠道获取就业信息，增加就业机会。关于就业所选择地区问题有一半的学生希望留在本省就业，较大一部分同学想去大城市经济发达地区发展，而只有极少数学生希望去农村基层。学生对自身能力的认识，大多数认为缺乏实践能力和创业能力，学生适应能力强，社会关系对就业影响比较大。

3．对普通高校大学生就业意向的思考

（1）不同生源地学生选择就业方向不同

生源地是农村和旗县的学生毕业后选择直接就业的比例大于考研比例，生源地是城市的学生毕业后选择考研人数大于直接就业人数，生源地是农村和旗县区的学生选择创业的人数低于生源地是城市的学生，表明生源地是农村和旗县的学生更加倾向于直接就业，生源地是城市的学生毕业后更加倾向于考研和创业。

按照生源地是农村、旗县和城市，学生在直接就业方面呈现下降趋势，表明生源地是农村、旗县的学生就业压力大于生源地是城市的学生；按照生源地是农村、旗县和城市，学生在考研方面呈现上升趋势，表明生源地是城市的学生比较热衷于考研；按照生源地是农村、旗县和城市，学生在选择创业方面呈现上升趋势，表明生源地是农村、旗县的学生不愿承担更大的就业风险。

由此可见，经济基础的不同决定了学生接受更高层次教育的要求不同，经济条件好的同学会更有意愿接受高层次教育。

（2）考研与就业体现了社会对高校人才的需求标准

目前，考研在从经济和时间上都是一种较大的投入，攻读三年硕士的毕业生与有三年工作经验的本科生相比的竞争优势越来越小，用人单位对求职者的工作经验也越来越重视，学生踏入社会经过实践才会更清楚地知道自己想要和能做的是什么，同时对普通本科院校大学生来讲，考研确实是一次重新选择与腾飞的机会。

实际上，无论是考研还是就业，这都是一个职业生涯规划问题，考研是为了更好地就业，就业后也可以在职考研，普通高校学生只要摆正心态、看清自己的实际情况，具体问题具体分析，制订出更加适合自己的职业生涯规划会对学生的选择具有重要指导意义，能够帮助每个人找到适合自己的发展方向。

（3）就业认识与准备情况反映出大学生的能力与水平

大学生择业时首先要认识自己，了解自己的长处、特点和爱好能力、性格特点及专业技能，全面综合地审视自己，对自己做一个恰当准确的认识和定位可以大致确定择业方向。对自己的认识，尽量避免两种极端倾向，既不要高估自己，使就业标准定得太高和不太切合实际从而影响顺利就业，也不能低估自己，不敢尝试理想的单位，结果失掉本来很好的机会，因此恰当地评估自己是正确择业的前提和基础。

关于就业与专业是否对口问题，从调查中发现多数同学还是先就业后择业，再向专业方面发展，专业不对口的情况是一种正常现象，现在的大学教育更重要的是提供思维方式的训练和全面培养个人综合能力，对于面临择业的大学生而言，能找到对口的专业固然理想，在工作过程中发现自己新的职业兴趣也不失为一个现实的选择和切实可行的办法。

（4）大学生就业与社会需要的关系

社会需要对于大学生就业尤为重要，社会提供的岗位是个人就业的前提，大学生择业受到社会发展的制约。大学生在选择职业岗位时可以把社会需要作为出发点和归宿点，以社会对自己的要求为尺度，去观察问题和认识问题，进而决定自己的职业岗位。目前的就业体制是毕业生自主择业，但自主择业也是相对的，会受一些条件制约和限制，大学生从客观出发，综合自己的素质和能力情况，将个人的求职意愿与社会的客观需要结合起来，发挥个人素质优势原则，侧重某一优势或特长来择业，把个人意愿和社会需要统一结合起来，可以做到扬长避短，实现人尽其才，才尽其用。大学生在择业时还应树立正确的价值观，避免功利心理、求名心理、求闲求便心理、从众心理等不利于就业的因素。

长期以来，我国奉行的“学而优则仕”传统就业观念影响着大学生的择业，大部分人认为大学生就应该进机关事业单位或是大企业就业，对到农村就业有着轻视的想法，觉得会没有前途。再加上，我国在长期发展过程中形成了城乡二元结构，城乡两极分化较为严重，城市居民享有城市户籍，而农村居民享有农村户籍，两种户籍的居民在享用保险、养老、住房、福利等社会保障体系方面存在差异。这些也会对大学毕业生选择到农村就业有一定的影响。国家出台了一系列政策措施引导和鼓励大学毕业生到农村基层就业和创业，如“大学生村官计划”“西部志愿者计划”“三支一扶计划”（高校毕业生到农村基层从事支教、支农、支医和扶贫工作），鼓励大学生到农村基层工作，源源不断的高校人才资源到农村基层去就业，可以为我国基层工作带来新鲜的活力和不竭的发展动力。

### （六）民族地区文化传承教学研究

1. 新技术与民族文化传承

一个民族之所以形成并存在，最根本的原因莫过于形成了自己特有的文化。

民族本身就是文化的一种存在和载体。文化具有民族性，民族性是当代文化的又一显著特征。不同的民族创造了不同特点、不同传统的文化。民族性是当代文化的显著特征。民族文化是一个民族的标志，具有独特性、传承性和象征性。文化的民族性具有相对的稳定性，凝聚了民族群体的伦理道德、思维方式、价值观念，这些形成了民族的文化精神。

民族文化的传承既是文化工作的一个重要方向，也是民族工作的一个重要组成部分。知识经济时代技术的发展日新月异，现代文化传播媒介的不断演变与融合，为信息的传播带来了新变化。声像并茂的视听媒介如电影、电视在人们的生活中占据着重要的地位和作用，是高效和有效传承民族文化的手段和方式。其中，使用先进的摄像技术手段和多层次的画面构图能够全方位地立体化体现出民族文化独特的艺术风格和作品个性。

蒙古族是一个能歌善舞、骁勇善战、有突出特色的民族。《黑骏马》《额吉》《嘎达梅林》和《父亲的草原母亲的河》等都是充分表现了蒙古族民族特色的影片，其中《父亲的草原母亲的河》在动态构图和运动镜头方面的有机结合，充分将蒙古族文化的独特性和民族性体现了出来。本书就以《父亲的草原母亲的河》为例，阐释动态构图与运动镜头在蒙古族文化传承中的表现，以摄像技术为基础，从动态构图和运动镜头综合运用的角度，阐述动态构图和运动镜头二者的有机结合在民族文化传承中所发挥的重要作用：多角度拍摄再现民族风貌、多视点画面还原民族精神、运动镜头表现民族精髓。

2．动态构图和运动镜头的有机结合

构图是指在影视拍摄中把被摄对象及各种造型元素加以有机地组织、选择和安排，通过画面呈现景物或人物的相互方位、空间范围、透视关系等，以塑造视觉形象、构成画面样式的一种创作活动。构图有静态构图、动态构图等多种形式，相对于静态构图而言，动态构图在通常的点、线、面、色、光等要素之外，又加入了运动这个因素，构图的元素和形式在不停地发生变化，画面的表现对象和主题也在不断变化。动态构图下的被摄对象与摄像机同时或分别处于运动状态，使得画面内视觉形象构图组合的相互关系连续或间断地发生变化，可以表达更多的思想内涵，更能吸引人的注意，这也是其魅力所在。

运动镜头可以分为推、拉、摇、移、跟、升降和综合运动，其中推、拉镜头是利用移动车或摄影师走动向摄影对象推进或拉远的拍摄形式。摇镜头是指中心位置不变，向纵横方向摇摄。移镜头是指不固定跟随某一对象而进行纵横移动拍摄。跟镜头是跟随一个或数个运动着的对象拍摄。升、降镜头是指在升降机上，在升高或降低的运动中拍摄。综合运动镜头是指在一个镜头中把推、拉、摇、移、跟、升降等各种运动摄像方式，不同程度地、有机地结合起来的拍摄形式，实现多角度、多构图、多景别的造型效果。

影视画面构图最重要的是突出主体形象，通常必须明确主体的位置，处理好主体与陪体、主体与背景环境之间的关系，寻找最佳的拍摄角度和景别，分配好光线、色调等造型元素，以获取内容与形式高度统一的、完美的影视画面。运动镜头主要是通过摄像机的运动产生多变的景别和角度、多变的空间和层次，形成多变的画面构图和审美效果。二者的有机结合在影视屏幕上为人们展示了一种新的视觉效果，开拓了再现生活、表现生活以及观察和认识自然景物的新的艺术造型形式，直接表现人们生活中活跃的视点和视觉方向，赋予影视作品更多丰富的造型形式，使影视作品更加贴近生活，逼近真实的艺术。

3．动态构图和运动镜头在民族文化传承中的体现

摄像是一种动态造型艺术，具有运动造型特点的画面是更加逼近生活、逼近真实的艺术。运动镜头动感强烈、视觉流畅，通过连续的记录和多视角的表现营造出唯美的动态构图，从而更能够淋漓尽致地表现出蒙古族民族精神，使蒙古族民族文化得以深入流传和传承。

（1）多角度拍摄再现民族风貌

采用摄像这种现代媒体手段可以从摄像高度和摄像方向等多角度拍摄，从而产生多变的景别、空间和层次，形成多变的审美效果和逼真运动的视听感受，能够更加准确生动地表现出蒙古族民族的生活状态，最后达到生动还原美感生活和有效艺术提升的效果。

蒙古族是“逐水草而迁徙”的游牧民族，辽阔的大草原是千百年来蒙古族繁衍生息的家园，广袤的生活环境决定了蒙古族辽阔的胸怀，影片中表现草原上洁白羊群的画面主要采取平摄镜头，画面构图以羊群为主体，景别随着镜头的推、拉、摇、移也在相应变化，这是草原上比较典型的表现蒙古族生活的画面，使人能够感觉到草原的宁静辽阔和深远及蒙古族人民的恬静心态。

（2）多视点画面还原民族精神

蒙古族世代生活在辽阔的草原，他们崇尚自由的生活，热爱大自然。本片在叙事视点中，选择以草原美丽的景色为背景讲述故事，充分展现了蒙古草原的魅力，叙事视点的选择也是本片成功的一个重要因素。从这一角度讲述故事，让我们看到了一个更温情的《父亲的草原母亲的河》。

在影片《父亲的草原母亲的河》中，每当出现父亲骑马飞驰在辽阔草原上的画面时，富有蒙古族特色的悠扬的马头琴声响起，抒情的音乐使画面视点表现得自由连贯流畅，信息量更丰富，表现力更强，更自然真实、贴近生活，符合观众的视觉心理和艺术感觉。

本片中，镜头不断变换，但无论如何变换使用，影片都是围绕主题内容进行叙事，无论是从主观镜头还是客观镜头，都为我们展示了一幅辽阔的蒙古族草原长长的画卷，在这如画的风景中发生的故事，必然会触动观众的内心。同时，镜头运用多个视点的交叉，通过三个不同的人物的视角来表现母亲的形象，从侧面刻画了母亲的内心，比单一人物视点叙述更具有立体感，塑造了更丰满的母亲形象。本片中还运用局部镜头模拟观察者的视点，让观众能有深入的体验。

（3）运动镜头表现蒙古族民族精髓

在体现蒙古族文化生活的影片中，更具有民族特色镜头的运用就是追随被摄主体运动的表现形式。蒙古族是马背上的民族，奔驰的骏马能够很好地表现出蒙古族文化中豪爽的特色，对拍摄奔驰骏马画面的要求则更高。

对变焦距运动方向的选择要考虑被摄物体的运动方向、画面内情绪的要求以及画面情节对造型的要求等，通常运动镜头表现运动画面时，经常会采取横向运动方向或纵向运动方向。同时焦距的改变配合被摄物体的运动，往往能够实现很多的艺术效果。

使用运动镜头表现横向运动物体时，可以采取变焦距镜头长焦端进行跟、摇，这是因为长焦端视角窄，包括的背景范围小，横摇时背景变化迅速而且有虚幻之感，运动的速度就显得快了，动感很强，如影片《父亲的草原母亲的河》中多次出现的父亲骑着奔驰的骏马的唯美画面，就是以绿色的草原为背景，采取变焦距镜头长焦端进行跟、摇拍摄，观众可以清楚地看到父亲在马背上的身姿以及骏马的动态。横摇时画面背景被虚幻，柔和的色彩突出黄色骏马和主人公的运动画面。

使用运动镜头表现纵向运动物体时，可以选择变焦距镜头静态的广角端强化纵深方向的运动，从而产生明显的空间深度感和运动速度感。同样，在这部影片中，父亲策马奔驰在草原上为心爱的人采摘鲜花这一画面镜头就是采取从纵深方向表现的运动画面，背景同样是绿色的草原，与横向拍摄相比，鲜花绿草清晰，奔驰的骏马和父亲由远及近，父亲在奔驰的马背上采摘鲜花的动作潇洒流畅，镜头恰到好处地将爱情主题表现得淋漓尽致。

另外，急速推、拉变焦距镜头能使画面的运动力度增强，节奏加快，是表现情绪、节奏与气氛的很好的方式。运用得适时和恰当，会给人带来强烈的震撼。如用推镜头从正面拍摄迎面而来的奔驰的骏马，通过画面节奏和运动节奏，强化了骏马奔驰的速度，给观众带来了很强烈的视觉冲击感。同时配合轨道、摇臂等拍摄，使摄像机、被摄体、镜头的焦距三者都发生改变，拍摄的艺术效果更加多元化，急速推拉变焦距镜头和画面构图的完美结合更准确更完美地体现出影片所要表达的寓意和内涵来。

## 二、手机媒体的教学应用

### （一）手机媒体与大学生思想行为

本书主要以民族地区为研究范围，针对具体民族教育问题进行系统性研究。内蒙古自治区地域面积广阔，为少数民族聚居区，生活方式特殊等社会问题也更加复杂多样，在当今社会的现代化进程中由于经济发展与文化发展的不同步，民族教育也具有其独特性。国家在《国家中长期教育改革和发展规划纲要（2010—2020 年）》第九章里明确指出国家重视和支持民族教育事业、加快民族教育事业发展规律、促进改革民族地区各级各类教育协调发展。

手机媒体是继报刊、广播、电视、互联网四大媒体之后的“第五媒体”，手机媒体通过第一代的模拟移动通话（1G）发展到第二代移动电话（2G）和第三代移动通信电话（3G）以及日渐普及的第四代移动通信技术（4G）。科技的快速发展将手机和互联网快速融合、语音通信和多媒体通信结合，使手机媒体具有便捷性和隐蔽性，同时具备图片浏览、音视频通信和播放、浏览网页、电话会议及电子商务等功能。作为新兴的媒体，手机已经成为社会交往中的重要载体和沟通手段。大学生是十分时尚的青年群体，几乎每一位大学生都拥有手机，手机已经深入到大学生学习和生活中的方方面面。手机媒体既丰富了大学生的精神生活，同时也给大学生的学习生活和思想行为带来了负面影响，随着手机媒体在技术方面的深入挖掘和广泛应用，其对大学生在思想行为和价值取向等方面也带来了广泛而深刻的影响。

目前，我国关于手机媒体的主要研究热点为手机媒体在移动学习中的应用，特别是在 3G 环境下智能手机作为移动学习平台，包括手机报、手机短信、手机视频等方面在移动学习中的应用，对手机媒体影响的研究大部分集中在学习和生活中大学生消费观、人际交往、学习成绩方面的影响，高校教师关注更多的是学生的手机依赖症对高校教学效率和大学生学习效率的影响。随着信息社会的快速发展，手机媒体也会不断地发展，相信手机媒体对于大学生的影响也会越来越大，社会和高校对手机媒体应用现状的高度重视和研究，可以充分加大手机媒体的正面影响来采取有效措施为大学生创造良好学习生活环境，使大学生能够成长为国家社会所需要的栋梁之材。

### （二）手机媒体应用现状调查分析

本书以赤峰学院 350 名在校大学生为研究对象，采用抽样调查方法，共发放调查问卷 350 份，收回有效调查问卷 334 份，有效回收率达到 95.4%，采用问卷星数据分析软件进行统计和分析。调查问卷主要围绕大学生使用手机情况、使用手机媒体的感受、手机媒体带来的影响三个维度设置了 17 个问题，包括学生的基本信息、大学生使用手机时间、使用手机哪些功能、手机的重要性、手机在哪些方面带来了正面和负面影响等，具体内容如下：

目前大学生手机拥有率极高，几乎人手一部手机且大多是智能手机。人民网调查统计，目前拥有具备上网条件的智能手机的大学生占 61.2%，经常使用手机上网的有 51.7%，远高于全国平均水平。

关于手机重要程度调查结果（图 6-2），40.48%的大学生认为非常重要，54.38%的大学生认为重要，只有 0.6%的大学生认为不重要，由此可见，手机已成为大学生生活的必需品。60.36%的大学生每天使用手机 3 小时以上，31.23%的大学生每天使用手机1～3小时，8.41%的大学生每天使用在1小时以下，由此可见，大学生在手机上花费了很多时间。

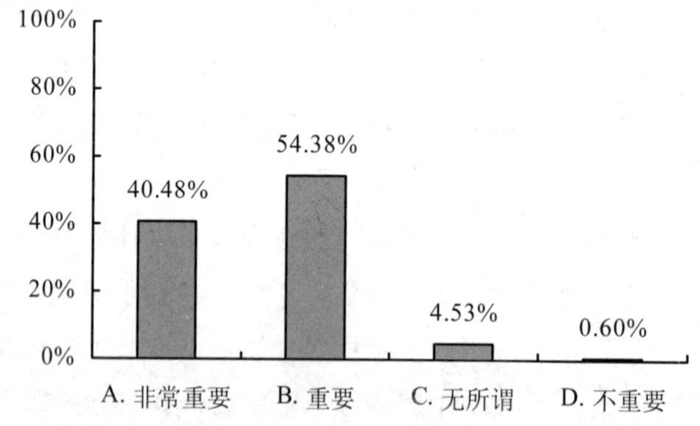


图6-2 手机的重要程度

关于大学生经常用手机做什么的调查结果（图6-3）显示，64.95%的大学生经常使用手机听音乐，75.83%的大学生浏览网页，61.63%的大学生使用手机聊微信，手机已经成为大学生主要的可随时随地娱乐休闲的工具，许多大学生表示手机不离身，被称为“拇指族”。

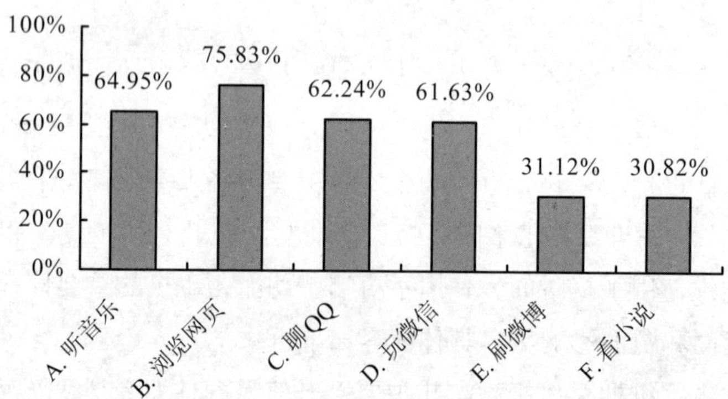


图6-3 经常用手机做什么

通过调查和访谈，发现大部分大学生都在使用微信。微信是一款通过网络快速发送语音短信、视频、图片和文字，支持多人群聊的手机聊天软件。调查显示大学生喜欢微信的原因如下：

- 资费便宜，微信只需使用流量而不收取其他费用；
- 实用性强，学生们使用微信的 LBS 功能进行互动交流；
- 娱乐性强，微信支持语音、图片、视频、文字等格式信息，使沟通更加丰富有趣。

关于大学生认为手机对他们哪些方面会产生影响的调查结果（图 6-4）显示，61.86%的大学生认为手机对他们的娱乐生活有很大影响，45.95%的大学生认为手机对他们的人际交往有很大影响，44.44%的大学生认为手机对他们的情感心理有很大影响，24.62%的大学生认为手机对他们的价值理想有影响。手机的出现使人们的交流变得更加便捷和顺畅，手机的不断发展对大学生学习生活、价值理性、情感心理、人际交往等方面的影响越来越大。

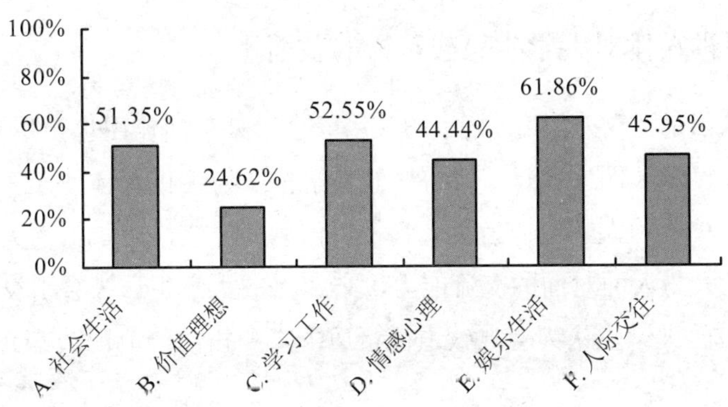


图 6-4 手机媒体对哪些方面产生影响

## （三）手机媒体对当代大学生思想行为的正面影响

1. 手机通信功能扩大了交往空间

以前人们之间的远距离交流方式主要以书信为主，人际交往受时间和空间限制，手机的通话和短信功能使人们在千里之外就能够与家人、友人进行实时沟通和联系，它已成为人类眼睛和耳朵的延伸，是大学生进行人际交流的十分重要的工具。手机独特的隐蔽性和便捷性深受大学生喜爱，手机交流的非正面接触，能降低与陌生人交流所带来的紧张感，很好地保障大学生的隐私。手机媒体能够整合 QQ、微博、微信等多种交流工作，能够实现一对一、一对多和多对多的交流互动，能够扩大其交流圈，有助于使大学生拥有良好的心态并促进良好人际关系的发展。

2．手机媒体能够满足大学生获取信息需求

支持 3G 智能手机的网络中涵盖大量数字化信息资源，大学生可通过手机的上网功能浏览网页，了解国家社会最新新闻和动态，关注社会热点问题；搜索自己想要的信息，能够满足大学生的日常生活和学习需求。

3．移动资源能够满足和丰富道德情感需求

大学生可以通过浏览网络文字、视频音频动画等内容，更好地了解和感受社会，既开阔了视野，又丰富了精神生活和道德情感，有助于大学生培养正确的价值观和思想行为。

### （四）手机媒体对大学生思想行为的负面影响

任何技术都是“双刃剑”，技术的应用既会带来正面作用也会带来负面影响，本次调查结果显示（图 6-5），54.38%的大学生认为手机媒体使人变得内向化、脱离集体，64.95%的大学生认为会受到不良信息的诱惑，58.31%的大学生认为手机媒体弱化了人与人面对面的交流能力，35.35%的大学生认为会引发诚信危机，29%和 32.02%的大学生认为会导致道德素质下降和扭曲价值观。其负面影响具体如下：

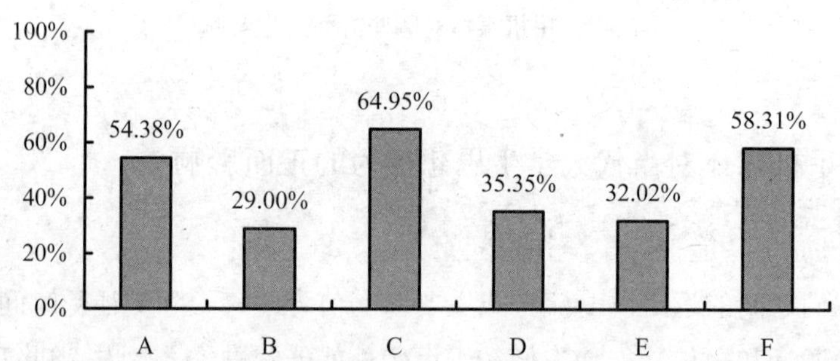


A—使人变得内向化、脱离集体；B—导致道德素质下降；C—不良信息的诱惑；D—引发诚信危机；

E—扭曲价值观；F—弱化面对面人际交往能力

图 6-5 手机媒体产生哪些负面影响

1．过度依赖手机，引发诚信危机

随着手机技术的发展，手机携带日益方便，外形更加漂亮，功能也越来越强大，获取信息十分便捷，学生之间实时沟通功能的出现导致很多大学生在上课期间沉迷于手机虚拟世界，严重影响课堂秩序和学习成绩；手机的便捷性和隐蔽性能够为大学生提供便利条件，使部分学生产生了不劳而获、投机取巧的心理，强化了惰性心理，削弱了责任意识，引发了诚信危机，对大学生价值观产生了极其消极的影响。

2．过度依赖手机，弱化人际交往能力

经过调查发现，接近 95%的大学生都认为手机对于他们很重要，60.36%的在校大学生每天使用手机时间在 3 小时以上，而且使用手机的时间会占用工作和学习的时间。当手机不在身边时（图 6-6），有 21.45%的大学生会觉得心里空虚、觉得很无聊，14.5%的大学生会觉得焦躁不安、害怕漏接电话和短信，50.76%的大学生认为与别人联系十分不方便，仅仅有 13.29%的大学生认为没影响。由此可见，大学生对于手机的依赖程度日益加深，大学生在人际交往过程中使用手机频率很高，问候方式越来越形式化，面对面交流的缺乏很大程度上弱化了大学生现实生活中人际交往能力，人与人之间的距离感增强，削弱了大学生与外界的情感联系。与此同时，大学生对于手机网络世界的交流和交往几乎完全信任，现实社会与网络世界的差异使大学生对于现实中的人际交往产生恐慌和逃避心理，性格趋向内向化，容易慢慢脱离集体，削弱大学生与社会的情感联系，严重影响大学生心理健康的发展。

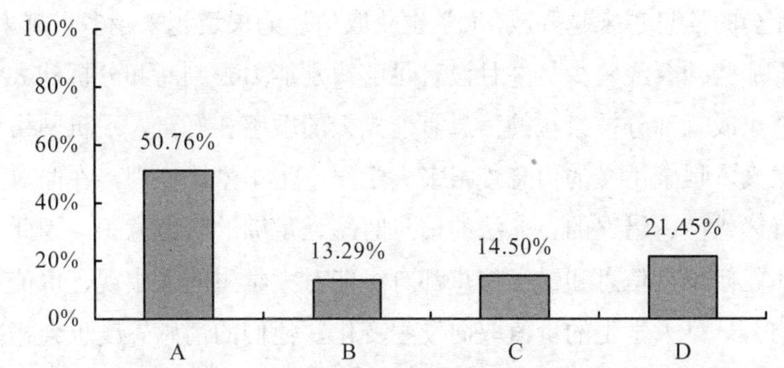


A—与别人联系起来很不方便；B—没影响；C—焦躁不安，害怕有短信或漏接来电；

D—心里空虚，觉得很无聊

图 6-6 当手机不在身边出现的情况

3．不良信息不利于大学生思想行为和价值观形成

大学生在使用手机过程中经常会收到虚假信息、暴力信息、色情信息和破坏性信息，这些不良信息容易造成大学生出现错误的认知和价值取向，使其道德判断能力下降，侵蚀了大学生的思想。通过问卷中关于大学生对于手机网络中的信息是否会影响自己价值判断的调查发现（图 6-7），其中 66.07%的大学生认为有时会影响自己的价值判断，只有 25.53%的大学生认为不会对自己造成影响。

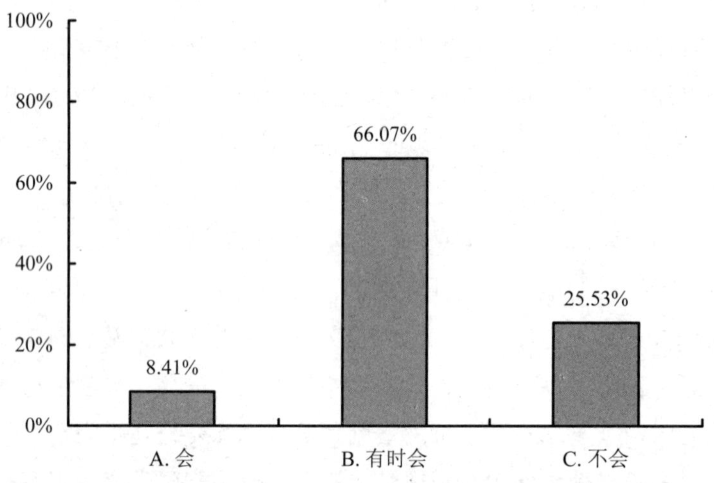


图 6-7　手机媒体中的信息会不会影响价值判断

由于社会的信息越来越开放，大学生获取信息的渠道越来越多也越来越方便，特别是对于那些社会经验少，并且没有足够辨别能力去判断和分析的大学生，对于一些被禁止或者部分被禁止的信息有着先天的敏感和好奇，手机网络世界中大量的物质主义、拜金主义的信息使很多大学生产生了攀比心理，在面对手机网络世界中具有迷惑性、错误的、非法的信息时缺乏足够的防范意识，因此，手机媒体中传递的任何不良信息和错误信息都有可能对大学生的人生观、价值观和世界观产生影响。一旦大学生的价值取向发生变化，他们的情感态度也会相应发生变化，对社会的认识发生扭曲，会对社会产生不信任感，忽略自身的社会责任感和使命感，使大学生放弃对崇高理想的追求和崇高人格的塑造，容易导致大学生主流意识形态逐渐弱化。

调查显示，民族地区大学生智能手机使用时间长，拥有率高于全国平均水平，由于手机媒体自身的信息获取便利性、传播时效性及强大的娱乐功能性，民族地区政治经济文化环境的不发达性使得大学生在生活、学习等多方面更加依赖手机媒体，其对大学生娱乐休闲、人际交往、情感心理、学习方式和价值理想等方面都产生了相应的正面影响和负面作用。

### （五）手机媒体对大学生思想行为影响的对策

手机媒体对大学生思想行为的影响是多方面的，需要我们充分利用手机媒体优势发挥积极作用，以手机媒体为平台建立一个学校、教师和学生“三位一体”的思想行为教育模式，做到社会政府和相关教育部门对高校大学生的思想行为教育和指导。

1．建立以手机媒体为平台的高校思想教育机制

手机是把“双刃剑”，它的有效运用对高校教育来说既是难题，同时也是机遇和挑战。以手机媒体为平台，建立社会、学校、教师和学生等多方位的双向交流互动的思想行为教育模式，巧妙运用手机的便捷性、实时性和互动性开展各项工作。

（1）建立多层面微信账号，扩大学生交往空间

学校可以建立包括学校、班主任和辅导员及大学生之间多层面的微信账号，师生、生生之间实时的交流互动，能够运用先进媒体技术实时有效地帮助大学生解决生活中的实际问题，消除忧虑和困扰，可以拉近大学生与社会、学校、老师和同学们间的距离，帮助大学生树立正确的价值观。

（2）定期发送国际国内校园及行业最新动态

定期发送国际国内时事政治、热点新闻及学校最新动态，关注就业和创业信息、专家讲座和社团活动等，针对大学生十分关注的焦点问题进行解答和交流。

（3）定期推送相关专业内多种媒体形式移动资源

定期推送与大学生本专业相关的各类知识内容，充分利用手机媒体最新功能做到以多种媒体形式如文字、图形图像、音频视频及动画等传递数字化学习资源，使移动学习成为大学生专业发展的有效途径和手段。

2. 政府和社会各阶层加强诚信教育制度建设

减少手机媒体信息对大学生的负面影响需要从根源入手，政府部门和社会各阶层应加大监管力度，通过制定并完善相关的法律法规营造良好的社会氛围，加强对互联网、手机等媒体环境的监管力度，严厉打击传播非法信息和不健康信息行为，通过法律手段净化手机网络环境，为大学生创设良好手机媒体应用环境，使大学生诚信教育从我做起，从现在做起。

3. 引导大学生文明使用手机，提高人际交往能力

高校的思想政治教育工作者应该充分认识到手机媒体是把“双刃剑”，通过开展倡导大学生文明使用手机的主题讲座、社团活动等形式的集体活动，加强对大学生进行社会主义主流意识形态教育，减少手机媒体信息的负面影响，引导大学生合理安排自己的生活、学习时间，引导和鼓励大学生提高面对面的人际交往能力，促进同学之间相互帮助、相互关心，使大学生始终保持乐观向上的心态，帮助大学生树立正确的人生观、价值观和世界观。

4. 加强大学生德育建设和媒体素养能力培养

自我教育是教育的最高境界，是培养人才的有效手段。手机媒体中的不良信息会给大学生思想行为带来负面影响，因此，加强德育教育，促使大学生形成良好道德思想品质而自觉进行思想转变的工作尤其重要。要增强学生自我保护意识，使其清醒地认识到手机媒体中网络世界的交流同样要遵守现实生活中的道德规范，塑造健康的人格，始终能够保持乐观的心态，自觉抵制不健康信息的诱惑，能够做到理性看待信息的传播，增强社会使命感和责任感。

## 三、思维导图的教学应用

### （一）思维导图与物理教学

思维导图是一种思维的过程，它利用记忆、思维的规律帮助人们建构自己的知识体系，绘制思维导图的过程就是思维和记忆的过程。思维导图在 20 世纪 90 年代传入我国，并在教育领域产生了积极的影响。思维导图的创始人是东尼·巴赞，以“大脑先生”闻名国际，英国头脑基金会的总裁和“世界记忆冠军协会”

的主席，是“心智文化概念”的创作人。思维导图又叫心智图，是表达发射性思维有效的图形思维工具，它是一种将大脑思考与记忆问题具体化的工具，能够帮助人们用图像和联想进行思考。思维导图也是创新思维工具，它将人脑对知识理解进行有价值的求新探索，能够帮助人们加深记忆知识和获得独创结果。思维导图不仅能展现出事物的本质属性和外延，还能产生出新颖的、前所未有的结果，是智力和素质高度发展的结果。

思维导图在教育领域的应用有其特有的特点。首先，学生看到思维导图第一眼就会看它的中心位置，也就是中央位置。这里是整个知识点的中心部分，是整个课程里的重点内容或难点内容。其次，主要内容的主干部分通过分支向四周发射，将主要的知识点又分解成若干的分知识点或次要内容供学生掌握，主次分明。最后，分支内容由与知识点有关联的图形和在线条上的关键字构成。这样通过联想法可以加强学生对知识点的掌握和记忆。

物理学科与其他学科相比，以其抽象、不易理解和计算量大等特点使之在教学和学习中具有一定的难度，导致学生的物理成绩和学习效率较低、对物理课程学习兴趣不浓厚。如何在教育理论指导下充分利用先进技术和发挥应用软件的优势及特点开展教学，是目前教师们比较关注的热点和难点问题。思维导图作为一种有效的工具和物理学科特点进行有效结合，以便发挥出技术最大优势来达到最优化教学。

## （二）思维导图在物理教学中的实施

物理课程中的知识具有比较枯燥乏味、缺乏吸引力和计算题较多的特点，传统的物理教学中比较常见的形式是教师在讲台上讲授、学生以听为主，教师知识的传授和学生的学习被分割开来，学生的学习积极性不容易被调动起来，如何在 45 分钟的课堂教学中调动起学生学习的主动性和积极性、达到教学效果最优化是教师们研究和关注的热点问题。

思维导图的独特特点使之运用于物理教学中具有得天独厚的条件。以下是以高中物理教学为例，在典型的以教为主的教学模式和教学策略指导思想下，从教学目标的设定、主要知识点整合以及思维导图的绘制技巧等方面阐述如何运用思维导图进行物理教学的实施。

1．确定教学内容

首先任课教师对思维导图的理解和掌握有很清晰的思路，通过对学生和教材的分析，选取了物理的电场和电场强度作为授课内容（图 6-8），它是整个高中教材的难点和重点，学生对这个内容感觉比较困难，有一定的困惑感和抵触感。

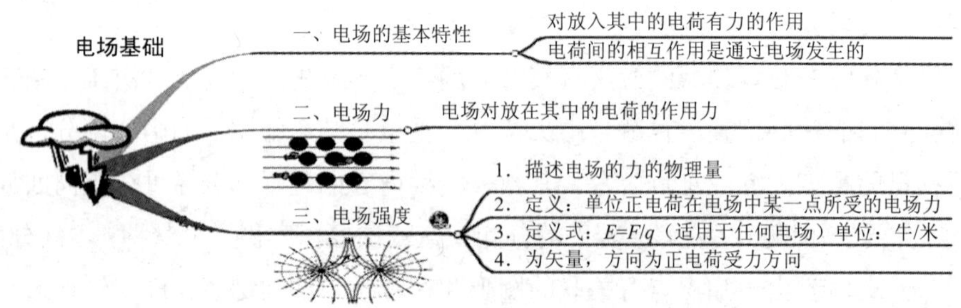


图 6-8　电场基础

2．设计实施方案

在绘制思维导图之前最重要的工作就是教学设计。教学设计工作包括教学内容、学习者特征、教学方法、教学效果评价等内容。

（1）分析教学内容

首先让学生自行阅读教材，使学生对教学内容有一个初步的认识；其次让学生找出本节课主要知识点和关键词并加以标记；然后教师进行授课；最后整理教学内容并加以记忆。

（2）分析学习者

对学生进行了解和摸底，根据物理知识的掌握程度决定教材知识点讲解的深浅程度。

（3）分析教学方法

采取“双主”教学模式，教师在教学过程中做好各项准备，教师的讲授可以不受时间和顺序的限制，灵活机动，学生可以随时提出问题请教师解答，充分体现以学生为主体、教师为主导的教学理念和教师的引导作用。除了课堂教学外，在其他类型的课堂教学中如习题课、复习课和自习课等时间，尽可能多地加强学生思维导图的运用。

3．实施课堂教学

（1）确定教学目标即找出主要知识点和关键词，本节课的教学目标为：

- 知道电场是客观存在的，不以人的意志为转移；
- 了解电场的规律，知道电场能的性质；
- 能够说出电场力是如何使物体发生形变或使物体运动状态发生变化的；
- 会用公式计算物体所受到的电场力以及平行板间、电容器间的电容；
- 知道电场是如何产生的以及电场产生的规律；
- 熟练掌握电场力计算方法。

（2）选定主题，分析教学知识点尤其是教学重点和难点

在整个课堂教学中教学的重点和难点是中心主题，其余的内容都是由中心主题向外扩展或延伸出来的，最后逐渐完善整个教学内容，本节课的中心主题“电场”为一级主题，主要学习它的产生、力的性质、能的性质、应用规律和物理方法，知道三种起电方式，了解元电荷、点电荷与电量的区别和联系，掌握库仑定律的内容、公式以及使用条件，并且能够区分电场强度与电场力（图6-9）。

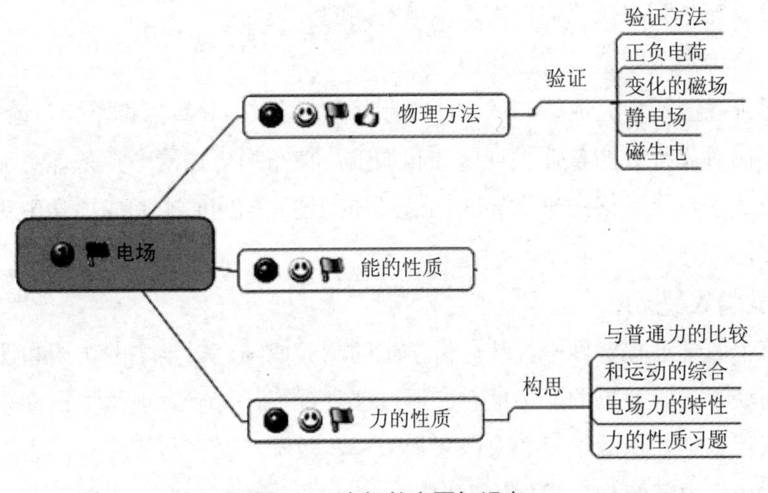


图6-9　电场的主要知识点

教师绘制思维导图可以利用已有的软件工具如MindManage、MindMap等（图6-10），也可以利用黑板彩色粉笔等工具，学生可以利用软件工具或者白纸和彩色笔等工具。绘制内容主要是将电场作为中心主题，写在正中央，之后把其

他相关知识点写到电场的周围或者同一侧，然后按照层次关系继续书写三级标题，书写过程中要保证知识点的清晰度和顺序性。

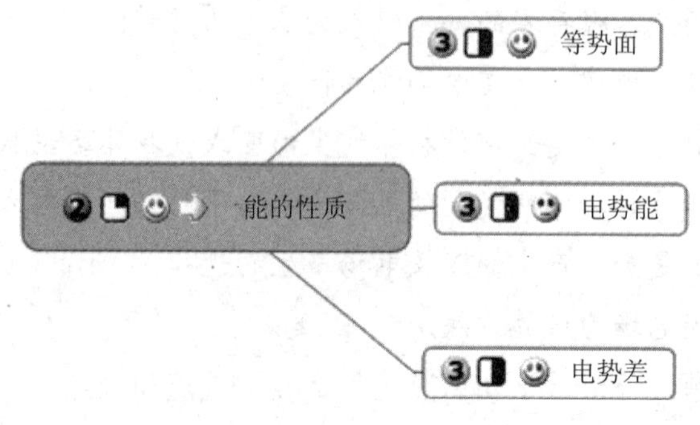


图 6-10 电场能的性质

绘制技巧主要包括以下内容：在初期绘制思维导图的时候需要注意排版，可以把知识点多的主题和知识点少的主题交错进行书写，线条可以用曲线或者直线，可以利用粗细展示出等级差异，可以在连线上写出相应的关键词。在整个绘制过程中还可以充分利用颜色的作用体现出不同的分类。

（3）修饰图画即整理记忆知识

在思维导图初步完成绘制后，它的清晰度、层次感和重点都不会是最完美的，需要学生们对思维导图整体进行修饰和加工，使布局更加清晰，条理更加明了，从而完成属于自己风格的思维导图，信息加工过程的同时也完成了学生对知识的整理和记忆。

4. 教学效果反馈

在整个教学过程实施中，从分析学生的测验成绩、对学生的访谈和课堂观察等多方面获得教学效果的反馈信息。通过课堂观察，可以发现学生很喜欢运用思维导图进行基础知识的学习，上课兴趣浓厚，教学活动参与程度高，成绩有明显提高。在访谈中了解到，学生认为将每一个章节公式标记在一张图形上，能够在练习计算题时很容易找到相关公式，提高解题的效率和正确率，尤其在章节测验时，思维导图可以把繁杂的知识点有序清晰地呈现在面前。

通过思维导图在物理教学中的一系列实施，可以发现这一应用软件能够帮助教师和学生很好地展现知识点，帮助学生快速准确记忆，有效延长学生对知识点的记忆；可以明显提高学生的学习兴趣，使学生在心理上不再惧怕物理学科，激发了他们的学习兴趣；能够增强学生的实验动手能力和解题能力，促使学生积极思考，加深对知识的理解，增强发散思维的培养，增强了成就感，有助于提高学习成绩。

## （三）思维导图在物理教学应用中的优势

通过教学实践可以发现，思维导图在物理教学应用中有其特有的优势，具体内容如下：

1．能够将物理学科中主要知识点全部展现出来

制作思维导图的过程有利于厘清课程中的知识点和主次关系，一级标题、二级标题和三级标题的确定可以形成教学内容的全景图，从而有利于课堂教学的有序展开。在新课的教学中，内容和知识点都相对较少；但在章节复习、期中期末复习的时候，因为知识点非常多而且繁杂，思维导图的优势就会更加明显。

2．思维导图能够有效地防止知识点被遗漏

在课堂教学中，往往会出现没有预想到的问题，容易影响教师的正常教学思路和进程，思维导图中以中心概念为主体、其他相关知识围绕主题的展现形式可以帮助教师掌控全局，根据实际情况对各个知识点进行有机调整。学生在绘制思维导图的过程中可以查缺补漏，更加全面有效地掌握所学知识。

3．思维导图能够改变传统的板书模式

在教学过程中，可以用事先制作好的思维导图作为课程板书内容。传统的板书都是线性方式，思维导图的最大特点是可以将所有知识以非线性的方式呈现在一个平面上，教学内容展示清晰，逻辑关系明了，高效省时，有利于学生发散性思维的养成。

由此可见，思维导图是服务于教学的很好的一种应用软件和工具，它能够在一个平面中展现大量知识，帮助教师和学生整理新旧知识，促进创造性思维培养和记忆力的提升，是一个对教师的教和学生的学产生极大帮助的辅助工具。思维导图是一种简单易学的思维工具，相信随着思维导图在其他各类学科中的深入广泛应用，人们会不断挖掘和开发出思维导图工具的更大优势。

# 第七章 教师的教育技术能力培训

## 第一节 教师的先进教育理念培养

### 一、先进教育理念是时代发展要求

科学技术的高速发展使人类社会从工业社会进入了信息时代和知识经济社会，高科技的发展促进了产业结构的变化，社会需要具有创造性的高科技人才和熟练掌握技术的技术型人才，教育要能够为技术密集型和知识密集型产业培养复合型人才。教育面临科学技术迅猛发展的挑战，科学技术的发展要求教育专业和课程要符合人才培养标准，教育观念发生着转变，教育内容在不断更新，教育手段也日益先进，教育面临着全面改革。20 世纪发达国家普及了中等教育，实现了高等教育的大众化，发展中国家也由教育的极端落后向普及教育迈进。

随着世界人口急剧增长，教育经费、人口流动和人口结构问题日益突出，教育面临环境问题、物质文明和精神文明等各种社会问题的挑战，同时教育也面临国际竞争的挑战，高科技的竞争和综合国力的竞争实际上就是人才的竞争，学校教育正由单一的正规教育不断向继续教育、终身教育、移动教育和智慧教育等多元化方向发展，网络教育和学习型社会发挥着越来越重要的作用。

《世界全民教育宣言》（1990 年 3 月）提出了“满足基本学习需要，即每一个人——无论他是儿童、青年还是成人——都应该能获益于旨在满足其基本学习需要量的受教育机会”。国际21世纪教育委员会于1996年向联合国教科文组织提交的一份报告中的核心内容指出21世纪教育的四大支柱为学会认知、学会做事、学会共同生活和学会生存，各国也不断出台各种教育改革方案来不断加强教育发展的步伐。

## 二、教育公平是教育均衡发展的需要

教育公平的主要内涵是在法律上人人享受平等的教育权利，在教育政策领域人人平等地享有公共教育资源，在教育活动中人人受到平等的教育对待，人人具有同等的取得学业成就和就业前景的机会。为了真正体现和维护教育公平所蕴含的平等精神，在实际教育活动中，教育公平还必须包括在客观上存在着社会发展不平等的历史时期，公共教育资源配置向社会弱势群体倾斜（“不平等”的矫正），在现实层面上，反对和遏制旨在破坏教育权利平等和机会均等的教育特权（“平等”的维护）。教育公平能够确保人人都享有平等的受教育的基本权利和义务，能够提供相对平等的受教育机会和条件，使教育成功机会和教育效果相对均等。

教育公平对社会和人类的发展非常重要，教育公平是一种基础性的社会公平，教育公平的缺失或受到损害将极大地影响到其他领域的社会公平，使得其他领域的社会不平等得以延续并进一步放大。因此，促进和扩大教育公平是缩小和克服形形色色的社会不平等、反对社会排斥、鼓励社会流动、社会参与和社会团结的必由之路。教育公平在促进整个社会公平过程中发挥着基础性作用，教育公平能够保障人的发展从起点公平，教育公平也可以从两个层面上理解即从有教无类到因材施教，一个是实现“有教无类”教育公平，如改善办学条件、提高各阶段入学率、减轻民众教育负担等；另一个是实现“因材施教”教育公平，是指在基本实现有教无类基础上更加关注受教育者的个性化发展和差异性。

所谓教育公平，就是农村和城市，还有不同区域之间的教育资源的分配，特别是教师资源的分配，加快推进义务教育校长教师交流轮岗，重点大城市进一步落实就近免试入学。教育部明确实施“小升初”就近入学办法，这既是择校热、培优热的纠偏，也是教育规律的回归。实现教育公平，进一步提高农村学生上重点高校人数，完善农民工随迁子女义务教育后升学考试政策，要打通让寒门学子通过读书成为国家建设者的通道。目前全国已有28个省份实现农民工随迁子女在流入地参加高考，新政策的实施将覆盖更多的人群。

目前我国国家和政府尤其重视教育的发展，实现中国梦，人才是根本，教育是基础。要大力促进教育公平和合理配置教育资源，缩小城乡和区域这两个最大的差距，就必须缩小教育差距、促进教育公平，这样才能使发展更均衡、社会更和谐。2015 年政府工作报告上发出教育公平最强音："教育是今天的事业，明天的希望""畅通农村和贫困地区学子纵向流动的渠道，让每个人都有机会通过教育改变自身命运""促进教育公平发展和质量提升"，这既是对国家基本教育方针的重申和强调，也是对2015年提升教育质量的动员和部署。

当前，择校热、贫困子弟上大学难、农民工子女入学难等现状直接聚焦教育公平的问题，我国城乡、区域教育发展还不平衡，尤其是少数民族地区，经济发展相对落后，导致少数民族地区和贫困地区教育发展相对滞后。教育的不公平是目前最大的不公平之一，教育产品与服务需求与供给之间存在着突出的矛盾，教育公平问题其实首先是我国城乡教育的公平问题，其次是我国城市的教育公平问题。城乡教育公平问题主要体现在城市孩子所接触到的教育资源和教学质量比农村孩子丰富很多；城市的教育公平体现在名牌的中小学和普通的中小学之间教育的差距上。教育不公平主要体现在教育质量的不公平，教育质量不公平核心部分就是教师资源的不公平。少数民族地区经济发展相对落后，传统教育基础偏弱导致师资匮乏，这也正是教育质量提升的瓶颈。国家在部署深化教育领域改革时，强调构建利用信息化手段扩大优质教育资源覆盖面有效机制，逐步缩小区域、城乡、校际差距，这些举措正是从人们反映强烈的教育公平问题入手，让教育资源惠及贫困地区、弱势群体，在公平竞争的规则中实现教育资源的均衡化分布。

国家在政策方面对教育公平问题给予了有史以来最强劲的支持，近年来公平一直是教育改革发展主题词。2014 年教育公平取得了一定成绩，3 000 多万农村孩子的营养保障水平进一步提高，做到了中职三年学费全免，农村学生上重点高校人数增加了11.4%，5.8万随迁子女在流入地高考。2015年政府工作报告中更是把教育公平问题进一步在国家政策层面进行了强化和落实。

首先，2015 年政府工作报告针对义务教育提出"推动义务教育均衡发展"，要完善义务教育校长教师交流轮岗制度、推进义务教育学校标准化建设、提高农村学校教学质量、推动义务教育学校联盟、集团化办学和推动学校特色发展，提升学校品质，也就是说从“有学上”到“上好学”，大家都希望自己的孩子能够享受优质的义务教育，扩大优质教育资源，促进义务教育均衡，实现“有质量的公平”，才能够满足老百姓的教育需求。其次，报告要求“深化省级政府教育统筹改革、高等院校综合改革和考试招生制度改革”。教育部明确 2015 年为深化考试招生制度改革落实推进年，各地要制订改革方案，明确改革内容、目标、措施和时间表，继上海、浙江明确高考改革方案后，其他省份也将出台高考改革时间表和路线图。报告中针对西部教育还做了特别的强调和说明，要求 2015 年“畅通农村和贫困地区学子纵向流动的渠道，让每个人都有机会通过教育改变自身命运”的举措是启动加快中西部教育发展行动计划，西部教育搞好了就是在维护民族团结、国家统一，就是为了实现中国梦，中西部教育发展提速，中西部的每位教师、每名学生都会因为教育细节的改变而更加接近中国梦，同时强调义务教育学校标准化建设的重点应该在农村，政府要花大力气改善农村地区的办学条件。

教育公平的实现很重要的一个环节就是教师资源问题，利用先进的技术做好教师培训工作能基本上解决教师资源配置问题。教育部教师工作司 2015 年工作要点对教师工作提出了总体思路，要求要主动适应经济发展新常态，坚持依法治教，聚焦教师队伍建设体制机制障碍和热点难点问题，以促进公平和提高质量为核心，以深入推进教帅工作领域综合改革为主线，以优化乡村教师资源配置为重点，努力培养造就党和人民满意的“四有”高素质专业化教师队伍，为推进教育现代化提供坚强的师资保障。要深化教师培养改革、推进教师培训改革，造就高素质专业化的教师队伍，计划启动实施乡村教师支持计划来促进教育公平，可以从以下四个方面开展工作：

- 拓展乡村教师补充渠道；
- 推进待遇编制职称向乡村学校倾斜；
- 推动优秀教师向乡村学校流动；
- 提升乡村教师能力素质。

国家从 2013 年起，每年选派 3 万名优秀教师，到边远、贫困、民族地区支教一年，同时每年为这些地区培训 3 000 名骨干教师和紧缺学科教师。教育部 2013 年 5 月 6 日出台的《教育部关于深化中小学教师培训模式改革全面提升培训质量的指导意见》（以下简称《指导意见》），强调未来的教师培训要根据教师需求激发自主性，改进培训内容，使其接近教学实际，改变培训方式，增加实效性，营造网络学习环境，使教师具备终身学习能力。目前的教师培训模式主要以项目或者研修班的形式开展，《指导意见》要求未来的教师培训模式发展趋势是创新培训机制模式，采取顶岗置换、网络研修、送教下乡、专家指导、校本研修等多种形式。《指导意见》对教师培训模式提出的具体要求，也是今后开展教师培训工作的方向，主要包括以下几方面：

- 增强培训针对性，确保按需施训；
- 改进培训内容，贴近一线教师教育教学实际；
- 转变培训方式，提升教师参训实效；
- 营造网络学习环境，推动教师终身学习。

## 三、创新教育是国家快速发展的动力

知识经济时代的核心是创新，具有创新意识和创新能力的创新人才培养是各国软实力的中坚力量，创新教育理念是每个国家都提倡和重视的教育理念，当前社会是学习化社会，要求每一个人都要有终身学习的理念才能融入社会化的学习中去，如何提高自身学习能力和加强信息化社会的信息技术应用能力，如何具有和谐社会的团队精神和合作能力及协作交流沟通能力，是每一个现代人都需要考虑和完善的事情。

教育与社会发展的不协调性决定了教育内容落后于科学技术的发展，这就要求不断调整教育的方方面面来使其尽可能地缩短时间以促进技术在教育中的有效应用。教育应当促进每一个人的全面发展，应该使每个人尤其借助青年时代所受的教育，能够形成一种独立自主的、富有批判精神的思想意识，以及培养自己的判断能力，以便由自己确定在人生的各种不同的情况下他认为应该做的事情。

传统教学模式主要是以教师讲授为主的说教式教学，教师是知识的垄断者和传播者，按年龄分组分学科进行定时教学，而随着社会的不断发展和技术的迅猛发展，现代新型教学模式更加关注学生的学习，主要以学生探究为主，开展交互式教学、真实的多学科交叉的问题解决式教学等多样化、个性化的合作学习，教师不仅仅是知识的传授者，更重要的是教师成为学生学习的帮助者和指导者，评价方式也日益多元化。教育技术学作为一门新兴的教育分支学科吸取了现代教育学、心理学、系统科学、传播学、信息技术学等相关学科的知识，它是以系统方法为核心的教育学层次的应用型交叉学科，在教育领域中发挥着越来越重要的作用，它已经逐渐渗透到教育领域中甚至是人们生活中的方方面面。

## 四、教育信息化是教师能力培训的保障

教育信息化是现代教育的最新特征，现代教育强调多元、崇尚差异，主动开放、重视平等，推崇创新、否定等级的教育思想已经成为现代教育的主导思想，人性化、信息化和终身化的教育价值取向已经成为教育的主要特征。利用和发挥技术的优势，一系列政策导向将使信息技术对教育的影响更加全面深入，教师信息技术应用能力会呈现出新面貌，在线学习、慕课、学籍信息管理及新技术在教育中的应用会更加深入和全面。

时代的变化要求教师能够跟上时代步伐，掌握最新的教育理念，信息化环境下教师应该具备先进的教育理念，如终身教育、智慧化教育、移动教育理念和合作沟通交流能力等。大多数国家都提供了专门针对混合和在线教学的教师培训，如在加拿大学校要获得教育部许可开办混合或者在线教育，学校必须雇用经过在线教育教学法培训的教师，而且还要能够为教师提供持续培训和职业发展的机会，在新加坡教育部或者当地学校的信息中心为教师提供了短期课程以促进在线教育的实施，西班牙的教师培训则完全通过在线学习的方式进行。而芬兰和其他国家略有不同，芬兰教师没有专门的教师资格证书，取得中小学教师资质的唯一途径是通过在研究型大学教育学院学习并取得硕士学位，师范教育形式与教师培训环节有类似之处，芬兰教师教育的核心理念是“基于研究，与实践紧密结合”，硕士生在实习期间通常会有两个导师，一个是大学教授或是某学科领域的学科教学论方面的教授（如数学教学教授），另一个是一线的教学指导老师。坦佩雷大学附属学校既是学生实习基地，也是该地区的教师培训中心，在芬兰有 11 个类似的教师培训基地为职前教师实习和在职教师培训提供服务。

## 第二节 教师的教学设计能力培养

### 一、通过教师培训掌握教学设计

设计无处不在，它包含在人们生活中衣食住行的方方面面，如90%衣橱里的消费买的是设计，快餐店里的环境、音乐、用具等的设计，居住房屋的户型陈设等设计，公交车座位数量颜色形状等设计等，不同的设计会带来不同的感受，同时设计也在改变着生活。课堂教学也需要设计，同样的一个课堂不同的设计会产生不同的效果，任课教师不同的教育教学理念引领了不同的教学设计，从而产生了迥异的教学活动，造成了悬殊的教学效果。教学设计是教师在一定理念的指导下，在分析教学背景的基础上，对教学目标、课程资源、教学方法和教学过程等要素进行策划和安排的活动。

目前国内培训类型主要有国家级培训和社会培训，国家级培训包括国培计划、新疆地区汉语骨干教师培训和港澳地区培训。其中，国培计划主要包括中小学骨干教师研修项目及中西部项目和幼师国培；社会培训包括短期培训进修班，依托高校、网络学院及社会力量，高校如北师大教师继续教育与教师培训学院、北京大学教育学院，网络学院及社会力量如全国教师教育网络联盟、全国中小学继续教育网、中国高等学校教师网等。另外，还有一些专项工作如乡村教师生活补助、公益活动、免费师范生、特岗计划、国培计划、职业院校教师素质提高计划、教育部—中国移动中小学校长培训项目和高校青年骨干教师国内访问学者项目等。国培计划在教师培训中发挥了重要作用，中西部项目和幼师国培项目各地规划方案及培训重点强化教师教学技能培训，大力推进实践性培训，为教师创造更多的选学机会，提升培训针对性，确保按需施训。培训形式主要有高校青年骨干教师培训、国内访问学者、高级研修班、高等学校青年骨干教师国内访问学者项目、岗前培训和单科（课程）进修等。

在此基础上进一步加大培训模式改革创新力度，有效利用网络研修社区，将集中面授与网络研修相结合，将网络研修与校本研修整合，切实推行混合式培训，提升培训实效，实现学用结合是教育信息化时代教师培训工作的重点。北京大学网络教育学院开展了关于全国中小学教师教育技术能力培训网络培训课程，教学平台是基于引领式教学理念开发的，使网络课程资源与网络教学过程很好地结合了起来。在学习期间可以根据教师制订的学习计划进行学习，学习线索非常清晰，学习过程非常简便，同班同学组成了一个学习社区，同学之间可以互相帮助，促进学习，利用电子档案袋记录学习历程，也可以与学习同伴分享自己的学习成果。教育部—微软（中国）“携手助学”教师培训评估，将通过实施百县学科教师培训工程，组织对 10 万名中小学学科教师和 5 万名信息技术教师进行教育技术能力中级培训，促进技术在教学中的有效运用，全面提高广大教师实施素质教育的能力水平。

## 二、在教学实践中开展教学设计

下面以通过 Flash 软件进行的小学数学课件设计与制作为例，在教育教学中开展教学设计实践活动，首先选取了小学数学《认识人民币》这一课，本着先进的技术能够为教学服务并达到最优化教学的理念和为一线教师开展教学创新和实践提供课件支持，以教学系统设计理论为基础，遵循课件设计的基本原则，运用 Flash 软件进行了小学数学课件的设计和制作。

### （一）Flash 动画特点及优势

Flash 动画是当今最为流行的动画形式之一，它是美国 Macromedia 公司 1999 年出品的基于矢量图形和动画创作的交互式多媒体创作软件，它通过符号、按钮、层、帧、场景等一系列组合，能够让用户集成图形、声音、动画、影像文件等各种多媒体素材，制作出形式简洁而内容丰富、交互性强和极富感染力的动画作品，其功能异常强大并且效果独特。

Flash 具有很多其他软件所没有的特点，主要包括以下几个方面：Flash 处理功能强大，兼容性好，它可以把文本、图形、图像、音频、视频、动画等多种信息集成在一起声情并茂地展示某一主题；文件体积小且画面质量高，Flash 软件中广泛使用矢量图形，矢量图的最大特点是可以任意改变图像的尺寸大小而不会变形，而且需要的内存和存储空间都比位图小很多；动画编辑功能强，设计者可以随心所欲地设计出高品质的动画，它与当今最流行的网页设计工具 Dreamweaver 配合默契，可以直接嵌入网页的任何位置；Flash 交互性强，利用图形交互界面和窗口技术，使用者可以通过点击、选择等动作，随意决定动画的运行过程和结果，实现学习者对信息的主动选择和控制；制作成本低，Flash 动画制作过程简单，一人一机，安装有 Flash 应用软件的电脑就可以制作出有声有色的动画；Flash 生成的文件小且使用方便，Flash 对图像、声音和视频文件都可以进行压缩处理，使得导出后的 SWF 文件非常小，方便携带和基于 Web 的网络学习；Flash 修改方便及可扩展性强，与 Authorware、PowerPoint 等软件比起来，它在层次关系、配音效果、运动路线、某个角色的形状等方面只需简单的几个步骤。

Flash 的独特的特点使它在课件制作方面具有以下优势：

- 图文并茂、直观性强；
- 文件体积小、网络运行方便；
- 动态视听、动画效果丰富；
- 交互功能强大、技术先进；
- 制作方便、可扩展性强。

### （二）课件设计原则

教学系统设计模式一般有以教为主、、以学为主和“主导—主体”的教学设计模式，课件的设计和制作应遵循整体性和启发性、科学性和艺术性、实用性和辅助性、灵活性和技术性相统一结合的原则。

教学设计要把教学过程视为一些由诸要素构成的系统，从整体出发，用系统的思想和方法对参与教学过程的各个要素及其相互关系做出分析、判断和调控，课件设计要遵循整体性和启发性相结合的原则。教学设计以科学的理论为基础，由于教学目标的多元性、教学对象的多样性、教学策略的多变性以及教学情境的复杂性，教学设计必须要有独特、变化、创新的要求，因而它必然是艺术的。

教学设计中可以把教学内容的抽象知识形象化、静态现象动态化、实验细节宏观化等，好的课件对教师的教和学生的学具有很好的辅助功能和促进作用。教学设计强调为达到特定的教学目标，对教学活动的各种要素进行最优的选择与组合。教学设计应着眼于教学条件、教学策略、学习者、教学者之间的互动与协调，注重教学效果的高质量和教学效率的提高，做到技术为教学服务并达到最优化教学的目的。

### （三）“人民币的认识”课件教学设计

教学系统设计是运用系统方法分析教学问题和确定教学目标，建立解决教学问题的策略方案、试行解决方案、评价试行结果和对方案进行修改的过程。本课件选择的教学内容是“认识人民币”，它是苏教版新课程标准数学实验教材第二册第五单元的内容。

1．教学对象分析

教学对象为小学一年级的学生。这个阶段的学生，大都还没有培养出学习的兴趣，他们对“玩”都有着很大的兴趣，课件的制作从激发、培养孩子对数学的兴趣入手，有效组织教学内容、针对一年级学生的特点加入一些有趣的内容，使学生能够在愉快的氛围中学到数学知识。

2．教学内容分析

“认识人民币”是在学生初步的生活经验基础上对 1 元以内的人民币进行的系统学习。先认识 1 元、1 角、1 分及这三种人民币之间的进率，再认识 5 角、2 角、5 分、2 分的人民币；能把一张 1 元币换成两张 5 角币、把五张 2 角币换成一张 1 元币，使学生进一步熟悉元与角的进率；能够辨认小面值人民币，学会换币、付币、找币等基本的购物付款方法。

3．教学目标分析

（1）知识与技能：认识不同面值的人民币和元、角、分，知道 1 元=10 角。

（2）方法与过程：兑换钱币，体会人民币的功能和作用。

（3）情感态度与价值观：爱护人民币，感受数学的现实性与实用性。

4．教学重点和难点

教学重点是让学生认识常见的几种人民币，以及人民币单位间的进制关系，难点是各种面值人民币之间的简单换算。

5．教学过程

教学过程主要包括创设情境、提出问题和自主学习、合作交流两大环节，并在课件设计中加入了“认一认”和“试一试”两大模块，来培养学生归纳能力和口头表达能力以及学生的动手操作能力和思维的灵活性。让学生互相说出相应面值的人民币，并说出它们各自的特点和作用，通过购物找零和币值的简单相加的练习体验付款方式的多样化，体会人民币间的进率。在知识小结和拓展应用中设计购物活动和体验。

## （四）“人民币的认识”课件整体设计

课件的设计过程一般可以分为五个阶段：选题阶段、策划阶段、具体设计阶段、测试发布阶段、应用评价阶段（图 7-1）。

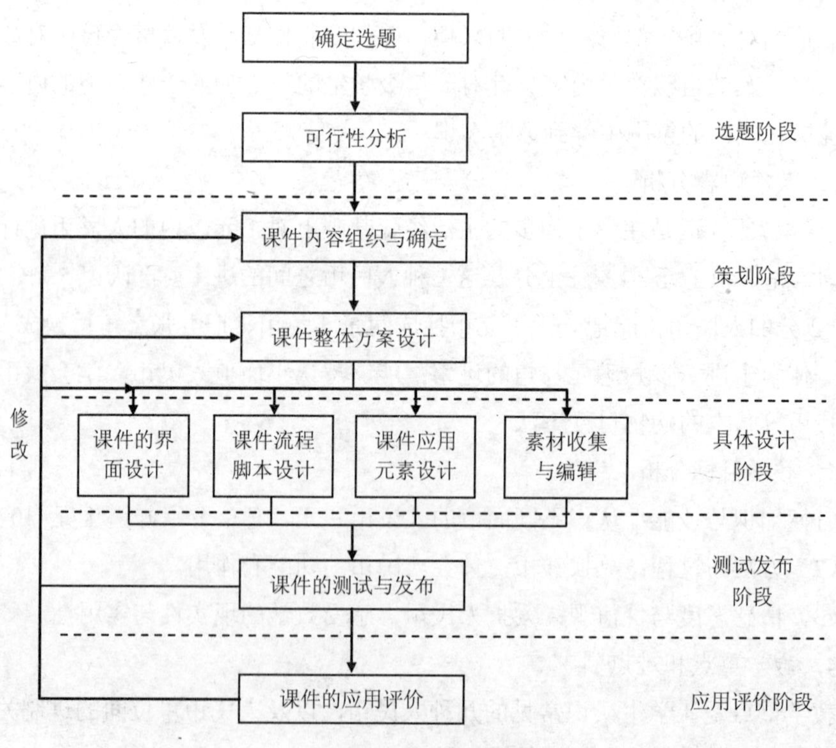


图 7-1 课件应用设计

## （五）“人民币的认识”课件制作

在教学系统设计的理论和模式指导下，运用 Flash 软件制作了小学数学课件“认识人民币”，具体制作流程如图 7-2 所示。

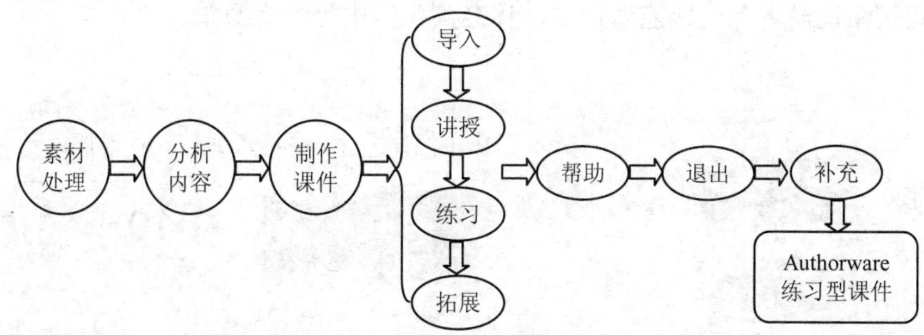


图 7-2　课件的制作流程

前期准备阶段包括内容分析和素材分析及准备阶段，做好各种面值的人民币以及好看的背景图片和按钮的收集整理。课件以教学过程为基准共有四大模块，即导入、讲授、练习和拓展，同时设计了帮助、退出、补充等交互式按钮，并在补充环节拓展了课件资源，提供了 Authorware 练习型课件作为课外内容补充。

首先，在导入环节，从学生的生活情境入手，让学生了解人民币的作用，从而引入新课——认识人民币（图 7-3 和图 7-4）。

图 7-3　课件首页　　图 7-4　导入模块

在讲授环节，教师根据学生已有的生活经验和认知水平，课件内容与教材内容灵活结合，教师可以组织认一认、试一试和说一说等活动，让学生在自主学习和合作交流过程中认识人民币，如说出相应面值人民币（图 7-5），并说出它们各自特点，体会 1 元=10 角，辨识人民币并初步体会到人民币间的进率（图 7-6），同桌间互相说说用 1 元钱能做什么，体会到生活中处处有数学。

图 7-5　讲授模块 1　　　图 7-6　讲授模块 2

在练习环节，学生在认识人民币的基础上，通过购物找零练习，练习币值的简单相加，初步体验付款方式的多样化，模拟购物活动中学生根据图上的物品自由购物，算一算一共需要多少钱（图 7-7 和图 7-8）。教师在此过程中评价方式以鼓励为主，满足学生成功欲望，激发学生学习动机。

图 7-7　练习模块 1

图 7-8　练习模块 2

另外，课件制作中还增加了拓展环节，教师可以利用本课件开展课堂教学外的其他活动，拓展了本课件的功能和使用范围。

## 第三节 教师的教育技术能力培养

### 一、通过教师培训掌握教育技术能力

国家对于教师培训工作主要提出了以下几点建议：一是增强培训针对性，确保按需施训，即根据新任教师岗前培训、在职教师提高培训和骨干教师高级研修等教师发展不同阶段的实际需求，开展针对性培训；二是改进培训内容，贴近一线教师教育教学实际，即提高教师教育教学技能，以典型教学案例为载体，创设真实课堂教学环境，紧密结合学校教育教学一线实际，开展主题鲜明的技能培训。加强优质课程资源建设，重点建设典型案例和网络课程资源，积极开发微课程；三是转变培训方式，提升教师参训实效，即强化基于教学现场、走进真实课堂的培训环节，通过现场诊断和案例教学解决实际问题，采取跟岗培训和情境体验改进教学行为，省级教育行政部门要人力推动置换脱产研修，将院校集中培训、优质中小学“影子教师”实践和师范生（城镇教师）顶岗实习支教相结合，为农村学校培养骨干教师。要采取多种培训方式，加大体育、音乐、美术等师资紧缺学科专兼职教师和民族地区双语教师的培训力度；四是营造网络学习环境，推动教师终身学习，即推动教师网上和网下研修结合、虚拟学习和教学实践结合的混合学习；开展区域间教师网上协同研修，促进教师同行交流；鼓励各地建设教师培训创新试验区，推动培训模式综合改革。

目前我国学习环境主要有线上和线下两种方式，教师培训工作开展以国培计划为主要培训方式，教师选派和培训任务有利于利用新技术辅助教师培训工作，具体实施办法如下。

### （一）组建交互式社交媒体网络开展教师培训

依托国家对中小学、幼儿园教师国家级培训计划，实现中西部农村义务教育学校和幼儿园的教师培训工作，通过国家重大人才工程和“长江学者奖励计划”等提升整体教师队伍素质。目前，微信是我国最流行的社交软件，可以充分利用最新技术媒体工具如微信组建协作学习团队，从而更加快速便捷地开展教师培训工作。

### （二）创设智慧化学习环境推进教师培训

教师培训工作既可以依托国培计划网络学习平台，也可以依托国内外高校网络教育平台开展教师培训工作，如利用北京大学网络教育为全国中小学教师提供教育技术能力培训。北京大学网络教育平台是引领式网络教学平台，将网络课程资源与网络教学过程很好地结合起来，能够帮助教师制订学习计划，学习线索清晰，学习过程简便，提供学习社区服务，利用电子档案袋记录学习历程，分享学习成果，学习环境做到了个性化、数字化、社交化和智能化。

### （三）依托开放式教育资源指导教师教学和科研工作

目前比较热门的教学主要包括翻转课堂、MOOC（慕课）、微课等形式，翻转课堂与传统教学模式不同，核心理念就是课堂外运用新技术媒体把传统课堂上对教学内容的直接讲授移到课外，课堂上的时间主要是用于满足不同个体的需求。传统教学的课前预习环节不是必需的，即使学生不进行预习，也可进入课堂学习环节，并且学习效果不一定低于课前预习，而翻转课堂截然相反，课前的自主学习环节必不可少，学生会逐渐形成一种意识，若不在课前进行自主学习，就无法参加课堂活动，久而久之就形成了翻转学习的习惯。

### （四）应用快速便捷软件工具辅助教师开展课堂教学

综上所述，需要我们全面发挥信息技术的最大优势，通过信息化资源建设全面改善内蒙古地区农村义务教育薄弱学校基本办学条件，以信息技术手段为主的乡村教师支持计划来提升教师教学和科研素质，以信息化手段扩大优质教育资源覆盖面和农村公共教育服务水平，以智慧化学习环境和新媒体技术应用来改善课堂教学是实现内蒙古地区教育公平的有效手段和保证。

## 二、在教学实践中提升教育技术能力

信息技术背景条件下，构建利用信息化手段扩大优质教育资源覆盖面的有效机制，发挥比较有代表性的远程直播教学、慕课、翻转课堂等教学模式在教育资源建设及分享方面的优势，利用优质教育资源共享途径，有效促进教师培训工作发展从而达到教育公平最大化的目标。如何利用信息技术开展课堂教学、组建智慧化学习团队、完善数字化资源建设是大家关注的热点和焦点问题，也是教师培训工作需要关注的重点问题，利用信息技术加强基础设施和数字化资源建设尤其重要。

# 第八章
# 实践案例精编

## 第一节　思维导图的应用

### 一、思维导图概述

当今时代技术迅猛发展，新技术媒体的出现给人们生活和学习带来了巨大冲击和影响，应用型软件层出不穷，各类软件的应用在教育教学中也越来越深入和广泛。科学研究表明，人的左右脑功能存在差异，即爱说话的左脑和爱画画的右脑，如何根据人脑特点和学生自身差异帮助学生在特定学科领域进行高效的学习已经成为教育界人士越来越关注的问题。

思维导图已经成为21世纪全球性思维工具，它打破了人们固有的思维定式，在思维模式方面可以帮助人们拓展思路，将复杂问题简单化从而有效提高学习工作效率，并能够在提高创造能力方面发挥其自身特有优势。本书探讨了思维导图作为一种能够利用记忆规律和思维活动帮助人们建构自己知识体系的有效工具，帮助教师在课堂教学中根据学生自身特点和学科特色提高学生记忆能力和学习效率，如何利用思维导图应用软件工具来完成思维导图的绘制过程，从而提升学生有效记忆能力，达到自我知识体系的完美建构。思维导图最初是20世纪60年代英国人托尼·博赞（Tony Buzan）创造的一种笔记方法，于90年代传入我国并在教育领域产生了积极的影响，目前国内外比较知名的思维训练领域研究成果包括国际思维训练大师爱德华德博诺的思维训练课程、著名教育心理学家诺瓦克博士的概念图、北京师范大学赵国庆博士提出的“隐性思维显性化—显性思维工具化—高效思维自动化”思维训练框架等。

思维导图已经在国内外许多国家被广泛应用，相应科研和教育领域也十分重视和关注其实践应用。如哈佛大学、剑桥大学的师生都在使用思维导图这个思维工具开展教学和学习；在英国，思维导图作为国民教育的必修课程；在新加坡，思维导图也已经成为中小学生的必修课。此外，名列世界500强的企业如IBM、微软、惠普等大公司更是把思维导图课程作为员工进入公司的必修课，用思维导图提升智力能力和思维水平已经得到越来越多人的认可。

思维导图是一种利用记忆规律和思维活动帮助人们建构自己知识体系的有效工具，它既可以用简单的传统工具如笔和纸张，也能够利用各种思维导图应用软件工具来完成思维导图的绘制过程，从而完成学生自我知识体系建构。此案例探讨教师如何运用思维导图在课堂教学中辅助教师根据学生自身特点和学科特色提高学生记忆能力和学习效率。

## 二、用于提升学习能力的思维导图设计案例

思维导图的最大特点是可以将所有知识以非线性方式呈现在一个平面上，教学内容展示清晰，逻辑关系明了，高效省时，有利于学生发散性思维的养成，教师和学生可以利用 MindManage、MindMap 等软件工具，也可以运用黑板、彩色粉笔及白纸和彩色笔等工具绘制思维导图。思维导图是一种省时高效的学习方式，有助于激发学生学习兴趣及动机建构自己的知识体系和认知结构，通过改善学生的学习策略实现建构主义在教学中的实践，从而提高课堂学习效率，最终实现教学和学习双赢效果。下面以生物学科中“细胞”这一专题为例阐述如何在生物课堂教学中运用思维导图提升学生学习能力。

### （一）学生自主学习能力的激发

生物学科课程中的知识比较枯燥乏味、知识点比较多，且要求记忆的内容也比较多，学生对零星分布的知识掌握不够牢固，特别是不能形成知识网络，更不能比较深刻地了解知识的内部联系。生物课堂教学比较常见的就是教师讲授、学

生以听为主的传统教学模式，学生学习积极性不容易被调动起来。知识点之间的内容衔接和逻辑关系弱使知识的学习和记忆更加容易遗忘，如何更好地在课堂教学中调动起学生学习的主动性和积极性，使学生能够迅速理解并高效地掌握知识以达到教学效果最优化是教师们研究和关注的热点问题。

细胞是生命的最小单位，有关细胞的相关知识在生物课程教学中占有重要地位。教师可以提前组织细胞概念的相关知识，通过绘制整体知识的思维导图，组织引导学生进行知识的学习理解、加工记忆和归纳整理；也可以就同一个学习内容利用思维导图展示不同的展现方式和内容间的逻辑关系，从而帮助学生利用思维导图工具完成自我知识体系的构建。细胞知识内容学习主要包括细胞的组成、基本结构、细胞物质输入和输出、能量供应和利用以及生命历程等几个模块，能够提供给学生一个比较清晰的轮廓。

## （二）学生自主学习的评价与反馈

在内容讲授和学习环节，教师可以充分发挥思维导图的优势，开展以学生为主的教学活动。细胞知识的学习主要侧重于内容的记忆，快速有效的记忆方法有多种，如利用情境联想、视觉听觉、讲解复习及持续不断的记忆等。教师在进行教学内容设计时，可以结合化学学科中的元素和化合物知识，可以在学习蛋白质时利用思维导图提供的资源配备相对应的含有肉、蛋、奶等的图片（图 8-1），利用形象标记方式促进学生的记忆。教师的作用就是做到引导学生自觉学习，主动构建自我知识体系。

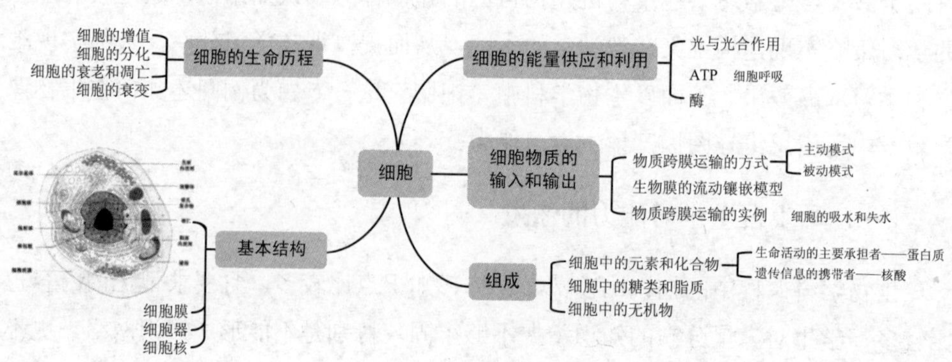


图 8-1 细胞中蛋白质的组成

教师的评价和及时反馈对学生学习起着调节和控制的作用。教师可以根据实际教学情况，准确把握学生学习过程中存在的问题，及时给予学生以有效的反馈，发挥思维导图在发散思维过程中的动态呈现过程和创新思维培养的优势，提高学生解决问题的能力。

## （三）学生自我学习方式的转变和提高

教学者通过使用思维导图进行辅助教学，学习者通过思维导图进行知识建构，这种教学方式与学习方式可以促进学生的记忆能力的改善，提高学习效率。学生绘制思维导图的过程就是通过自己动手，调动起全身多个感官同时参与到主动编码的学习过程中来，运用自己独特的思维模式自我独立完成知识体系的构建。思维导图改变了以往传统的做笔记方式，它运用丰富的色彩和图像，在同一个平面中充分反映出空间感、多维度及个人联想和创新能力，可以随意组合关键词，这种学习方式和思维方式使学生的学习不再是死记硬背，改变了学生原有的呆板学习方式。

教师可以提供给学生多方面多学科好的思维导图实例来打开学生视野，促进学生不断提高自己运用思维导图的能力和水平。在思维导图绘制过程中，能够促使学生积极思考、加深对知识的理解，认真体会和观察知识间的关系，发现自己从没注意或意识到的各个知识间的关联，从而产生一些具有创新性的理解，激发了学习兴趣，也增强了学生的成就感。

## （四）学生自我知识管理能力的培养

利用思维导图对整个教学内容进行设计，能使教学过程更加系统、科学和有效，能帮助师生从系统观的角度整体把握知识体系内容，既有利于课本知识的传授，也能够帮助师生掌握正确有效的学习方法和教学策略。学生在绘制思维导图过程中，会涉及如何快速地阅读和整理信息内容，可以更好地帮助学生加深理解所学内容。

学生在初步绘制思维导图时，可以先从白纸的中心开始作图，周围留有足够的空白，白纸中心是一个关键词或者一幅表达重要信息的图片，中心与分支连接要依照分支的层次关系，每个分支使用一个关键词，尽可能使用多种颜色用优雅的曲线替代直线进行绘制，两张图所展示的是学生在进行细胞癌变学习中的过程草图和最后完成图。“重复乃记忆之母”，可以看出在绘制过程中，学习内容被强化和复习，思维导图成为提高记忆力的有效途径和手段。依据艾宾浩斯遗忘曲线图进行学习的复习与强化，能够帮助教师和学生对知识掌握达到事半功倍的效果，而思维导图的绘制和不断完善的过程可以引导学生不断去回忆、强化和复习知识，在复习阶段这是一种既节省时间又节省精力的有效学习方式，每次复习和回忆时，学生能够与其他知识联系起来进而进行知识结构重构。

思维导图能把枯燥的文字变成彩色的、容易记忆的、有高度组织性的图像。通过刺激学生的视觉感官，对所学知识进行知识关联，进行发散性思维训练，来加深他们对知识的理解和记忆，从而提高教学效率和学习效率，达到教与学的双赢。思维导图有效应用于教与学的过程，不是一日之功，还需要教师和学生在教学和学习过程中不断应用和提升，进一步开发出思维导图在教育教学中的强大功能。

## 第二节　几何画板的应用

### 一、几何画板概述

知识经济时代，现代媒体和技术已经与课堂教学紧密结合，已经成为拓展学生能力的有效工具，它以学科知识为载体，逐步渗透到学科教学中，对教师的教和学生的学都产生了很大的影响。本书以几何画板为例研究现代信息技术在高中数学课堂教学中的应用，以教学设计理论为基础，分析课堂教学中存在的问题，探讨如何运用几何画板辅助教师的课堂教学从而达到培养和提高学生的自主探究能力的培养，对学生学习方式和学习效果产生有利影响，进行深入的研究和探讨。

几何画板（The Geometer’s Sketchpad）是一个通用的数学、物理教学环境，提供丰富而方便的创造功能使用户可以随心所欲地编写出自己需要的教学课件。

它是目前全国中小学基础教育中被广泛推广使用的软件之一，可以有效表现出几何、代数、物理、化学和天文等方面的知识，尤其在数学教学中，几何画板是一个适合于平面几何、解析几何等数学教学的软件和演示教具。它以点、线、圆为基本元素，通过对这些基本元素的变换、构造、测算、动画、跟踪、轨迹等，能够显示或构造出其他较为复杂的图形，大大超出了传统黑板的作用，如同一块展现动态图形的黑板，打破了传统的教学方法，可以启迪学生思维、培养学生丰富想象力，能够为老师和学生提供一个探索几何图形内在关系的环境，为创新教学模式注入了无限活力，成为当前国内推广并广泛使用的专业性教学软件。

几何画板具备形象化、具体化、动态性、操作简单、开发速度快等特点。几何画板能把较为抽象的几何图形形象化，学生任意拖动图形、观察图形、猜测并验证，可以在观察、探索、发现的过程中增加对各种图形的感性认识，有助于学生理解和证明并形成丰富的几何经验背景；几何画板的动态性表现在“在运动中保持给定的几何关系”，即用鼠标拖动图形上的任一元素（点、线、圆），而事先给定的所有几何关系（即图形的基本性质）都保持不变；几何画板操作简单，只要用鼠标点击工具栏和菜单就可以开发课件，无须编制任何程序，一切只需借助几何关系来表现。

几何画板具有动画效果与数形表达效果的功能，具体如下：

- 作图功能——作点、线、面、体、轨迹，涂色；
- 动画功能——直移、转动、振动、曲线运动、追踪；
- 变换功能——平移、旋转、缩放、反射；
- 计算功能——四则运算、方根、三角函数、方程。

几何画板是目前应用广泛的数学教学软件，可以在数学课堂教学中充分发挥出现代媒体的优势，为老师和学生营造一个探索几何图形内在关系的环境，从而启迪学生思维和培养学生丰富想象力，为创新教学模式注入无限活力。此案例从教学实践第一线开展实践探索，运用教学设计理论和具体教学实践研究如何运用几何画板辅助高中数学课堂教学提高学生自主探究能力，并提供了有效的对策。

## 二、几何画板在高中数学自主探究能力培养案例

### （一）高中数学课堂教学分析

1．高中数学课程标准及理念

在《新课程标准解读》中，课程基本理念中特别提到注重科学探究，倡导积极主动、勇于探索的学习方式，注意学科渗透，注重提高学生的数学思维能力，发展学生的数学应用意识。在《新课程改革及新课程理念》中提到有效教学的理念，认为“教学”是指教师引起，维持或促进学生学习的所有行为，有效教学理念关注学生的进步或发展，教师确定“一切为了学生发展”的思想，鼓励教师进行教学改革和创新，注重培养高中数学自主探究学习能力。

2．数学课堂教学观察与实践

在对高中数学课堂教学过程进行全程参与和跟踪过程中，主要和任课教师一同深入到教育教学第一线，和任课教师共同设计、制订和实施教学，主要采取观摩教案、参加例会、观察课堂教学等方式进行。

- 通过观摩教案，针对具体情况分析、研究并了解教师的教学方法和教学理念；
- 参加教学例会，听取一线教师的教学体验、教学活动；
- 通过访谈了解数学学科教师的教育教学现状；
- 采用比较研究的方式进行课堂观摩活动，深入掌握课堂教学现状，熟悉教师的教学方式、教学水平以及学生的学习状况；
- 随时在课堂教学过程中总结教师教学的特点和亮点，提出意见和建议。

通过观摩课堂教学，发现教师的教学方式主要是讲授、提问、巡视观察和个别辅导，教学效果较好，学生的参与度一般。由于数学学科的特点，教师普遍喜欢传统的讲授方式，新技术的应用不是很普及。在教学观念方面，教师对几何画板这一软件或者盲目迷信软件的高深，或者在教学过程中对所有的教学内容都使用几何画板，学生的主体参与程度不够；在课件使用方面，存在辅助教学目的不明确、课件的操作及交互功能了解不透彻等问题。

## （二）教学系统设计理论

目前中小学的教学系统设计大都以乌美娜的教学设计理念及其一般模式图为基准开展教学，其定义为“教学系统设计是运用系统方法分析教学问题和确定教学目标，建立解决教学问题的策略方案、试行解决方案、评价试行结果和对方案进行修改的过程”（乌美娜，1994）。教学系统设计主要是根据教学对象和教学目标，确定合适的教学起点与终点，将教学诸要素有序、优化地安排，形成教学方案的过程。它是一门运用系统方法科学解决教学问题的学问，它以教学效果最优化为目的，以解决教学问题为宗旨。

教师如何做好自己的教学是培养学生能力的重要因素，好的课堂教学设计能够使教师充分运用各种有效手段提高教学能力。教育部推行的中小学教师教育技术能力标准培训在全国推广，目的就是运用教学系统设计的理论，加强教师运用先进的信息技术优化课堂教学。数学学习的本质和关键所在是培养探究精神和意识，如何在课堂教学中让学生自觉主动地进行科学探究、培养学生的自主探究能力是目前教学改革中的重点和难点。

## （三）高中生数学自主探究能力培养的实施

1. 以讲授为主的课堂教学

最常见的课堂教学主要是以教师讲授为主，在这种班级授课模式下，主要采取演示几何画板课件来辅助教师课堂教学，下面以高一的一堂数学课“函数单调性”为例进行阐述说明。

这堂数学课的教学目标是理解函数单调性的概念，初步掌握判别函数单调性的方法，首先教师以某地区某天 24 小时内的气温变化图为例提出气温如何变化的问题，来引出单调性现象，让同学类比单调性函数的概念，可以看出单调增函数图像从左到右上升，单调减函数图像从左到右下降。然后教师运用几何画板演示课件，突出本节课的重点和概念运用，教师重点强调以下教学内容：

- 区间端点如何处理；
- 函数的单调区间之间不能写成并集（举反例阐述理由）；
- 函数的单调性只是针对某个区间而言，有些函数在整个定义域上不是单调的，但是在定义域的某些区间上却存在单调性，即函数的单调性是一个局部的性质；

➢ 以定义为主举例证明函数的增减性。

最后教师进行课堂小结：

➢ 强调函数单调性概念、单调增减函数概念；

➢ 判断函数单调性的方法，从“数”的角度阐述定义，从“形”的角度阐述图像；

➢ 函数单调性的证明步骤：取值—作差—变形—判断符号—下结论。

2．以讨论为主的课堂教学

在开展三角函数图像变换（图 8-2）复习活动课时，教师采取小组协作学习的方式，充分利用几何画板这一工具引导学生进行探究学习。教师不再以讲授为主，而是根据教学内容和学习形式的变化采取以学生讨论为主、教师指导为辅的教学

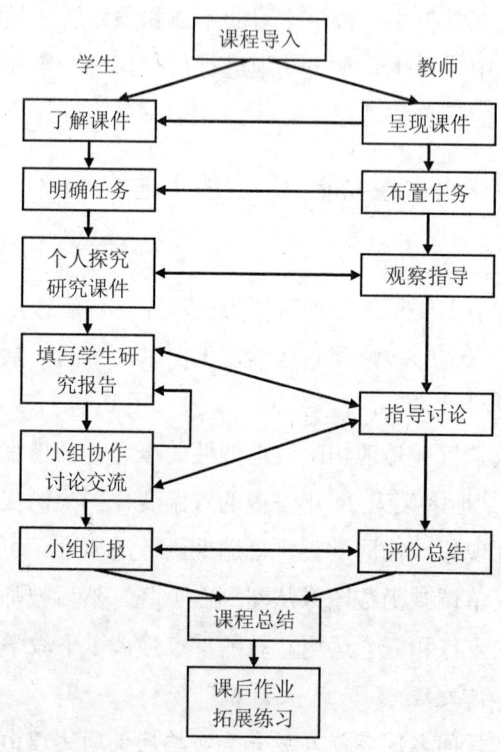


图 8-2　三角函数图像变换课教学流程

策略。几何画板为学生呈现了书本教材所无法提供的图像的动态形成过程，激发了学生的学习动机；课件资料的合理安排使学生能够有序地逐步开展探究活动，超文本形式的课件使每一位学生可以根据自己的实际情况自定学习步调，有利于增强探究过程中知识的掌握程度。学生自学课件后的小组活动的开展，为教师和学生提供了共同学习和讨论的交互空间。教师与每个小组的交互活动使教师能够掌握和控制小组学习活动的进程和方向；小组内成员相互交流、讨论可以使生生交互更加充分和深入，组内成员的相互讲解、讨论和倾听可以调动起每一位学生的积极性和主动性。

3．以自学为主的课堂教学

在学习函数奇偶性（图 8-3）及函数的左右平移和伸缩变换（图 8-4）的教学内容和习题课时，教师在学生具备了一定的操作技巧后，利用几何画板这一工具引导学生进行独立实验的教学，采取了学生自学为主、教师指导为辅的教材策略，引导学生在探究学习的过程中逐步增强自主探究学习能力。

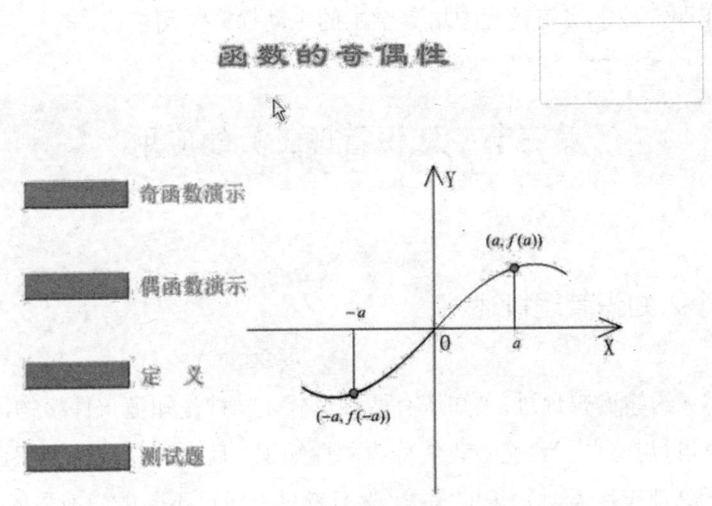


图 8-3　几何画板的演示 1

oh100 教师在线 正弦函数的左右平移和伸缩变换

得到函数$y=\sin(x+\frac{4\pi}{9})$的图象:

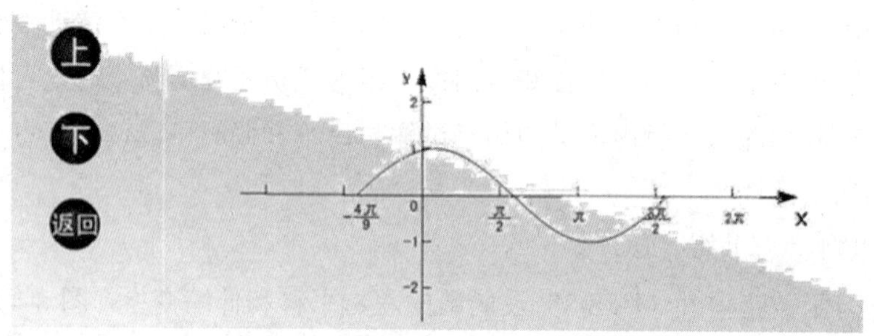


图 8-4　几何画板的演示 2

针对不同的教学内容、不同的课程类型，结合几何画板的特点和功能，研究如何充分发挥媒体技术的优势，开拓教师教学思维方式，调动学生学习的兴趣和积极性，在课堂教学实施过程中培养学生的主动探究学习能力。

## 第三节　知识管理工具的应用

### 一、个人知识管理概述

塞缪尔·约翰逊曾说过:“知识有两种形式，一种是知道一件事物，另一种是知道从哪里可以找到它”，前者我们称为隐性知识，后者称为显性知识。人类的生活中无时无刻都充斥着对知识的渴求，学习者只有通过不断的学习来掌握新知识。知识可以是学习者通过对信息加以提炼、转化和表述形成的，也可以是存在于人的大脑中难以被表述出来的。知识管理（knowledge management）是对知识的识别、获取、开发、共享、更新、利用和评价的过程。个人知识管理是一种新的知识管理的理念和方法，是指个人将获取的各种零散的和随机的信息转化为可被系统利用的个人知识，并帮助个人将隐性知识有效地转化为显性知识，构建个人知识库，以利于现在和将来个人知识的存储、使用和交流。美国的 Paul A •Dorsey 教授提出了个人知识管理的广义定义：“个人知识管理应该被看作既有逻辑概念层面又有实际操作层面的一套解决问题的技巧与方法。” 个人知识管理的实质是对个人知识进行有效管理的一套科学方法，它可以整合个人信息资源，提升个人工作效率，提高应变能力。

21 世纪需要具有应用能力和创新能力的复合型人才，人才培养中教师的工作重心从传授知识转向教会学生学习，赤峰学院在学分制改革和应用型人才培养过程中，加大改革力度，对传统教学模式进行探索和创新。本案例以教育技术本科生为研究对象，从个人知识管理的角度分析学生在学习中存在的问题，阐述了教育技术本科生依据自己的学科特性进行个人知识管理的重要性，并从个人知识管理工具的选择、个人知识管理策略等方面提供了具有借鉴意义的措施和对策。

## 二、个人知识管理工具的教学应用案例

### （一）教育技术学专业人才培养存在的问题

教育技术学是真正将理论应用于实践的一门专业，更是教育知识、媒体技术和教学艺术相互渗透的学科，要求学生文理兼备，学生在学习教学系统设计、远程教育学基础、广播电视编导等理论知识的同时，也学习编程语言、摄影摄像非线性编辑等实践性课程，具体包括学习如文字处理软件、网页制作软件、课件制作软件、动画制作软件、编程软件和非线性编辑软件等，要求学生能够利用软件在知识加工的基础上形成实践作品。

由于当今技术的更新速度飞快，各类信息数据和知识纷繁复杂，这就要求教育技术学生具备不断更新补充和完善理论知识的能力以及快速学习软件并能够实践应用的能力，学习对个人知识进行管理就显得尤其紧迫和重要。在教学实践中发现学生在个人知识管理过程中存在一定问题，首先对个人知识管理缺乏系统认识和了解，对个人知识管理这个概念模糊不清，对知识的系统掌握欠缺，没有构建起自己的知识库，不能够将知识进行很好的整合，重视程度不够；其次，在进

行知识学习和个人知识管理过程中缺乏主动探索、积极求知的精神。

## （二）利用个人知识管理进行专业人才培养

知识经济时代，学习者获得知识的途径和种类多种多样，有个人知识管理意识的人才是真正适应时代的人。教育技术学是一门集教育理论、媒体技术和教学艺术于一体的学科，所学科目范围广、内容深、实践性强、更新快，在没有完全将一门知识融入自己的知识体系时，另一门技术又接踵而至，能够对个人知识进行有效的管理是个人职业发展和能力水平提升的有效办法和手段，如何利用工具将个人知识进行有效管理成为亟待解决的问题。

1．个人知识管理工具——iNota

这是一套个人知识管理编辑工具，以树状结构来分类及管理资料，包含详细的资料注解，可通过拖曳或剪贴的方式取得文字或图形，可自动转成 XML 文件，并以自动化的方式整理、归类，建立个人的目录与个人知识管理系统，提高信息处理与知识吸收的效率。iNota 的主要功能特色包括简易的操作接口、清晰的资料分类、详细的资料批注、简明的搜寻方式、轻松的数据储存和自动的转存档案等。

2．知识的交流与共享——Blog（博客）

Blog 是一种简单的个人知识管理工具，技术门槛较低，简单易操作，容易生成。Blog 是基于网络的类似个人网站的表现形式，可以实时更新，可以发布“帖子”，也可以对个性化的知识以及有价值的信息与资源进行链接，可以利用 Blog 完成数字化学习笔记，随时记录遇到的问题、产生的想法和思路，能够减少知识信息的流失。同时，Blog 能够为教师和学生提供交流互动的平台，有利于培养学生自主学习习惯，进行探究能力、协作能力以及创新能力的培养。Blog 经济实用，为个人信息的获取组织、表达交流和安全性等都提供了适当的支持，是一个相对理想的个人知识管理工具。

3．个人知识管理工具的选择

个人知识管理工具的特点是完全个性化的设置，个人独立管理、自由调整，功能在不断拓展和完善中，Blog、iNota、Wiki、概念地图等都比较方便灵活，在功能上支持自动编码、自动分类或索引、自动搜索过滤等，学习者以自己目标和需要遴选出适用于自己的个人知识管理工具。

在对教育技术学专业学生进行人才培养方面，可以先确定选择策略，然后付诸实施。首先，要进行学习者需求分析，学习者根据实际情况选择个人知识管理的工具，除了以上介绍的具有代表性的工具外，根据自己的知识程度、难易类别和对自己知识资源需求分析后，还有更多可供选择适合自己需求的工具，初学者选择界面简单、功能单一的知识管理工具，方便知识的存放与查找。其次，进行管理工具和方式的选择，知识的收集实际就是建构知识体系，进行个人知识管理的方式有个人知识文件夹收藏资料、使用组织知识管理系统的个性化平台和使用第三方知识管理平台，其中个人知识文件夹收藏资料可以以目录结构分类存放，方便以后信息资源的查找和操作；使用专业的个性化知识管理平台可以辅以数字编码、时间、来源等为原则命名文件，建立文件安全、资源删除与更新、交流与共享的规则。在实施过程中，通过运用工具对个人知识进行管理、调整并发现适合自己的学习方式，形成完整的知识架构，方便与他人之间共享与协作，不断实现新知识与旧知识的整合与优质利用。

个人知识管理是个人专业知识和能力不断提高的基石，在信息严重超载的今天，教育技术本科生利用计算机技术、通信技术和网络技术，运用个人知识管理工具辅助自己进行自主和探究协作学习，可以使其在计算机方面更具优势，软件上手快，一定的教学设计能力使其在课件制作、写作和设计电子教案上有突出优势，专业理论素养和综合素质较高、知识面广，应用能力强，能够持续更新、补充和完善自身知识结构体系，使知识得到优质运用。

在对个人资源库进行整合管理、共享技能和知识的过程中，利用个人知识管理工具可以加强与其他人的沟通与合作，从而有效利用大量的学习资源，建立正确的知识框架概念，以便及时快速地获得源源不断的创造力，快速地解决身边日益复杂的问题。个人知识管理工具可以将所学知识融会贯通，实现高效学习，并提高个人信息整合能力、工作效率和应变能力。个人知识是一个逐步获取与积累的过程，知识的交流与共享是实现知识价值最大化的有效途径，只有将个人知识进行管理，不断整合自己的知识体系，扩大自己的知识面，才能顺应时代的潮流，做一个符合时代要求的新型人才。

## 第四节　移动学习工具的应用

### 一、移动学习概述

移动学习是发生在移动计算设备下的能够在任何时间、任何地点发生的学习，它依托目前比较成熟的无线移动网络、国际互联网以及多媒体技术，有效地呈现学习内容并且提供教师与学习者之间的双向交流，可以说移动学习是远程教育新的发展阶段，其最大特点是能够实现“随时、随地、随身、随意”的学习。目前国内外对移动学习都进行了研究，如国际远程教育专家基更（Desmond Keegan）博士主持了欧盟的达·芬奇研究计划中一个名为“从数字化学习到移动学习”的项目，美国斯坦福大学学习实验室研究如何在语言教学中使用移动电话，日本推出手机大学，我国教育部高教司与北京大学现代教育中心教育实验室合作试点项目“移动教育理论与实践”以及教育部与中国移动合作推广的校讯通业务。

学习环境是学习活动展开的过程中赖以持续的情况和条件，学习环境的要素不仅仅是支撑学习过程的物质条件（学习资源），而且还包括教学模式、教学策略、学习氛围、人际关系等非物质条件。移动学习环境需要考虑到学习者所运用的移动设备的硬件和软件条件，针对具体条件来考虑采取何种教学策略和教学模式及学习资源来创设数字化移动学习环境。

随着科学技术迅猛发展，新技术媒体的出现越来越深入到人们的生活学习工作中，移动学习（Mobile Learning，M-Learning）作为一种新的学习方式也逐渐成为教育技术领域的焦点和热点。移动学习能够使人们充分利用碎片时间使学习随时随地发生，它的不受时间和空间限制的特性能够很好地满足人们对学习的需求，人们越来越关注如何充分有效运用移动通信技术来辅助教学和学习。本案例以当代最流行的微博和微信为例，讨论发挥新技术的优势，以手机客户端为基础研究如何创设良好高效的数字化学习环境，实现真正意义上的广泛学习。

知识经济时代技术的快速发展使得信息和知识呈爆炸式增长态势，数字化学习环境使得人们对知识的学习方式也随之发生转变，移动学习作为一个新兴领域已经越来越深入到人们的生活学习工作的方方面面，本书以目前手机客户端比较流行的微博和微信为例阐述如何在学科建设中创建良好的数字化学习环境。

## 二、基于手机的移动学习环境创设应用案例

### （一）移动学习和智能手机

移动学习对于传统学习具有移动性、自主性、广泛性和个性化的特点和优势，方便携带具有良好的移动性和具有无线上网功能的笔记本、智能手机和平板等，使学习者可以在任何时间、任何地点利用零散时间完全按照自己的意愿进行文字、语音、视频等信息的获取交流和自主学习，移动资源的不断丰富性极大地满足了不同群体的学习需求，大大拓宽了教育的范围，学习者可以根据自己的习惯、喜好、需求和空闲时间等情况享受个性化教育带来的便利。

传统的教学模式是以教师为中心，通过讲授、板书及教学媒体的辅助把教学内容传递或者灌输给学生。教师是整个教学过程的主体，学生处于被动接受知识的地位，忽视了学生的主动性和创造性，学生的认知主体作用不能很好地体现出来。移动学习能够创设数字化学习环境，使学习者能够随时随地进行学习，不受时间和空间的限制，与同学、老师进行实时和非实时交流，使学习者在学习过程中真正成为信息加工的主体和知识意义的主动建构者，而不是外部刺激的被动接受者和知识灌输的对象，逐渐培养出具有独立思考和解决问题的能力。

目前，智能手机操作系统主要有微软的 Windows Phone、苹果的 IOS、谷歌的 Android、诺基亚的 Symbian、三星的 Bada、惠普的 Web OS 以及 RIM 公司的 Black Berry 操作系统等，用户可以根据自己的需要自行开发和安装相应的应用软件。现在的移动通信技术能够提供 3G 和 4G 服务，它是将无线通信与互联网多媒体传播技术相结合的通信技术，如移动商务、网络游戏、无线点播业务等，它的移动化、个性化、多媒体化完全满足了移动学习的技术要求，为移动学习平台奠定了坚实的网络和平台基础。

### （二）微博和微信

社交媒体在我国的应用非常普及，人们的生活、学习、工作都在应用社交媒体网络，目前国内外使用的社交媒体主要包括微信、QQ和微博等。最早也是最著名的微博是美国 Twitter，在我国微博（MicroBlog）主要有新浪微博、腾讯微博、网易微博、搜狐微博等，使用人数众多，但目前微博用户规模和使用率正在呈下降趋势。以微博为载体的学习方式具有明显碎片化特征，能调动学习者的参与性，是课堂教学的延伸，具有巨大发挥潜力，但它也存在着一些缺点，如信息太零散、信息量过度和注意力分散等问题。

微信是目前在我国最流行的社交软件，它是腾讯公司于 2011 年 1 月 21 日推出的一个为智能终端提供即时通信服务的免费应用程序，微信内置了许多用于QQ的插件。而对于海外用户将使用 4.0 版本，设置了 Facebook 插件的使用，微信已经开始步入国际化。微博和微信都可以打破教师和学生交流的时间和地域限制，其对讲和视频功能能够增加沟通的有效性，微信的私密性高于其他通信软件，能够形成一个小范围的协作交流平台，如组建的微信群和“朋友圈”中授权功能和信息分享，也可以在课堂教学中逐渐得到使用。

### （三）数字化移动学习环境的创设

移动学习系统具有易用性、可扩展性和可维护性，但也存在着一定的局限性和现实问题，如学习内容受到限制，资源展现比较难统一，容易受周围环境影响，学习效果评估比较难，针对具体学科及学习者需求我们可以通过创设有效的数字化学习环境，发挥其优势，避免其劣势，从而促使学习有效高效的发生。

在数字化移动学习环境设计中为了充分发挥移动学习优势，我们可以遵循以下原则：

- 随时随地的学习；
- 学习支持最优化；
- 学习资源丰富化；
- 充分有效的交互；
- 实时反馈高效化。

基于手机媒体的移动化学习环境设计可以在学习内容、学习资源、学习情境、学习评价等方面进行模块化设计，以达到发挥学习者自主学习的积极性，创设恰当的社会学习情境以促进多方面互动的发生。手机媒体要本着易用性原则根据使用者的实际需求，做到用户操作简便、结构组织合理，数据展现方式恰当，尤其是作为人机交互接口的用户界面更要在操作简单、舒适、自由的基础上做到有个性、有品位，从而为学习者提供一个界面友好、运行流畅的学习环境。

首先，教师和学生可以创建他们自己学科组或课程的微博群或微信群。在学习内容方面，教师可以以课堂知识讲授为基础，以兴趣为出发点，作为课堂教学的补充和完善，使发布在群里的学习内容相对来讲更加广泛，如语文学科的诗词欣赏、英语学科的生词练习及查阅翻译等；在学习资源形式方面，从手机媒体及移动学习本身特性而言，适合开发和选取片段式学习课程，如短小精悍的视频、音频等视听学习资料，时间短、信息量大、可重复性高的学习资源更适合学习者利用零散的碎片时间进行学习和复习；学习情境的创设对促进学习者学习意义重大，良好的协作交流环境可以作为课堂教学的一个延伸，教师和学生可以针对某些问题展开回应、答疑、探讨，同学之间可以互相交流讨论解决问题，教师也可以在合适的时机给予相应的提示和具体指导；在移动学习进行过程中，教师和学习者之间及时快速的自我评价、相互评价都是对学习的一种有效促进和激励，更能够激发出学习者自身的学习热情和激情，从而使学习能够有效持久地发生。

移动学习作为一种新型的学习形式其发展速度惊人且发展潜力巨大，智能手机日益普及，其功能和性能越来越丰富和强大，移动通信技术的迅猛发展都为移动学习的硬件环境和软件基础提供了良好的发展空间，在教育和科研中的应用也越来越广泛和深入，相信随着科学技术和教育科研的深入发展和研究，移动学习必将给人们多样化学习方式带来广阔发展前景。

## 第五节　交互式工具的应用

### 一、交互式工具概述

多媒体课件制作工具是指能够集成处理和统一管理文本、图形、静态图像、视频影像、动画、声音等多媒体信息，使之能够根据用户的需要生成多媒体作品的编辑工具。为了满足越来越多的多媒体创作需要，很多软件公司都推出了各具特色的多媒体制作工具，其中应用比较广泛的有 Authorware、ToolBook、Director、Action 和 PowerPoint 等。这类软件一般为图形界面，易学易用，应用人员能在短时间内掌握，且不需要记忆复杂的编辑命令，大大方便了人们的多媒体创作。从很多方面来看，PowerPoint 2010 的界面都与典型的 Windows 程序无异，它也有着一些 Office 2010 特有的特性。多媒体课件就是将文字、图形、声音、动画、影像等多种媒体综合起来，突破了传统媒体的“线性限制”，以随机性、灵活性、全方位、立体化方式把教学内容形象、生动地呈现给学习者。不同类型的多媒体课件，由于目标、特点和要求不一样，具有不同的特点，但制作精良的多媒体课件都具有以下共同特点：图文声像并茂、激发学生的学习兴趣、友好的交互环境，能够调动学生积极参与、丰富的信息资源扩大学生的知识面、超文本结构组织信息为学习者提供多种学习途径等。

中文 PowerPoint 2010 是美国 Microsoft 公司推出的办公自动化系列软件中的一员，是 Office 2010 的一个重要组成部分，是专门用来编制演示文稿的应用程序和优秀工具。利用它能够制作出集文字、图形、图像、声音以及视频剪辑等多媒体对象于一体的演示文稿，把所要表达的信息有效地组织在一起生成图文并茂的画面。本案例就是以中文 PowerPoint 2010 展示多媒体课件工具的交互性功能。

## 二、交互式工具的教学应用案例

### （一）文字和按钮的交互

1．文字的交互

PowerPoint 中最常用的交互功能就是文字的交互，通常文字的交互式是以超链接的形式来完成。我们经常在网页中见到超链接，通过点击超链接可以跳转到特定的图片、字词、句的相关页面，便于人们阅读。在 PowerPoint 2010 中同样可以运用超链接完成一些动作，使演示文稿看起来美观大方、简洁好用。

（1）添加超链接

在 PowerPoint 2010 中我们可以使用以下两种方法来创建文字的超链接。

第一种：使用超链接按钮（图 8-5）。具体操作步骤如下：按下鼠标左键选中需要超链接的文字对象；单击工具栏“插入”→“超链接”按钮，或者鼠标右击对象文字，在弹出的快捷菜单点击出现的“超链接”选项。

图 8-5 添加文字的超链接

在对话框中选择需要添加的超链接：接着在弹出的“插入超链接”窗口下面的“地址”后面输入你要加入的网址，点击“确定”即可。也可以让对象链接到内部文件的相关文档，在“插入超链接”中找到你需要链接文档的存放位置。

第二种：利用“动作设置”创建PPT超链接（图8-6）。同样选中需要创建超链接的对象（文字或图片等），点击常用工具栏“插入”→“动作”按钮（图8-7），动作按钮是为所选对象添加一个操作，以制订单击该对象时或者鼠标在其上悬停时应执行的操作。

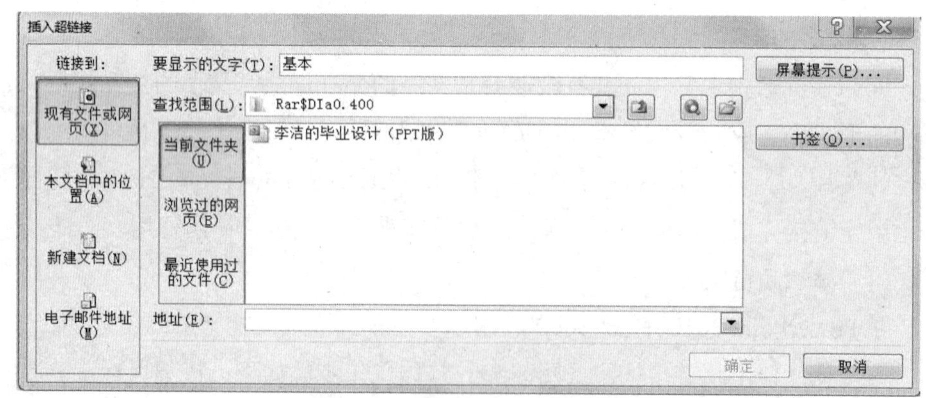


图8-6　利用动作设置添加超链接

图8-7　选择动作按钮

弹出“动作设置”对话框后（图8-8），在对话框中有两个选项卡“单击鼠标”与“鼠标移过”，通常选择默认的“单击鼠标”，单击“超级链接到”选项，打开超链接选项下拉菜单，根据实际情况选择其一，然后单击“确定”按钮即可。若要将超链接的范围扩大到其他演示文稿或PowerPoint以外的文件中去，则只需要在选项中选择“其他PowerPoint演示文稿……”或“其他文件……”选项即可。

（2）对超链接颜色的更改

操作完 PPT 如何超链接网址后，会发现超链接的对象文字字体颜色是单一的蓝色，那如何修改 PPT 超链接字体颜色呢？进入“设计”选项卡，单击“主题”选项组中的“颜色”，在下拉菜单中选择“新建主题颜色”（图 8-9）。

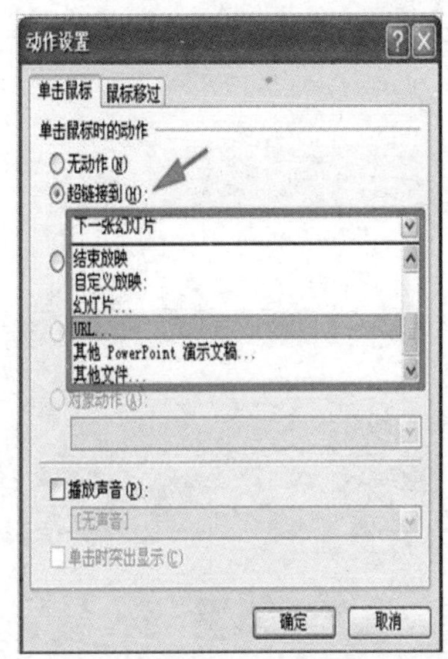


图 8-8 进行动作设置

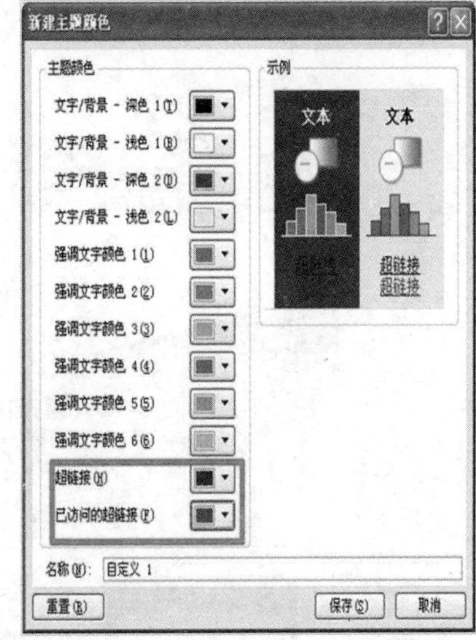


图 8-9 更改超链接颜色

（3）取消超链接

如何取消 PPT 超链接？对于在 PPT 中不满意的超链接或者想要改变超链接网址，我们该怎么取消该对象的超链接呢？操作步骤：选中链接，然后右键单击，在快捷菜单中选中“取消超链接”即可。

（4）超链接的返回按钮

在完成超链接按键的指向功能后，最重要的一点是要设置动作按钮的返回功能，使幻灯片之间的逻辑关系合理清晰，具体实例如下。

点击“大学文化功能的产生”的超链接后（图 8-5），演示文稿的播放会转换到其他幻灯片，当演讲者播放完其他幻灯片后需要回到这张幻灯片（图 8-10）时，则需要设置返回按钮（图 8-11）。返回按钮的操作步骤：点击“插入”菜单栏里的“形状”下的下三角，找到最下方的“动作按钮”选择任一款按钮，按住鼠标左键在当前幻灯片中拖动出返回按钮，在弹出的对话框中进行动作设置（图 8-8）即可。

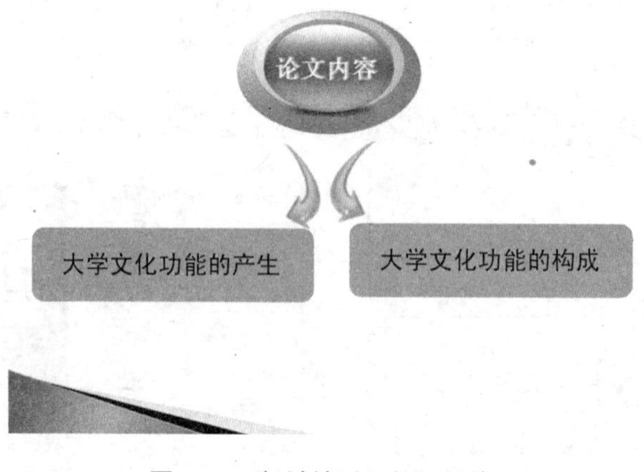


图 8-10 超链接返回的幻灯片

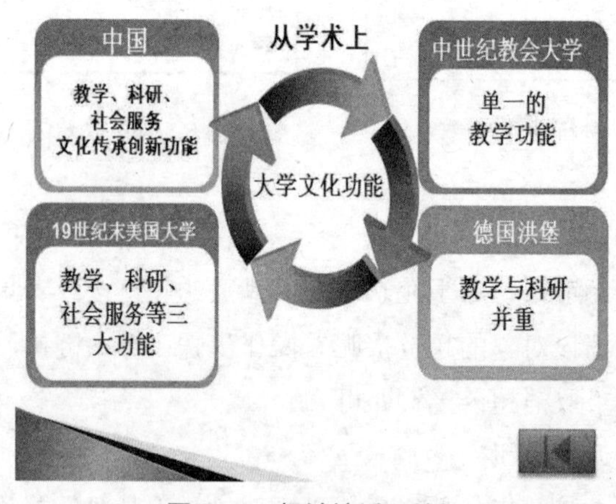


图 8-11 超链接返回按钮

2. 图片按钮交互

PPT 当中除了对文字添加超链接，还可以对图片设置超链接以达到交互功能。例如，对“移动学习”文字后面的圆形图片和向右方向的箭头都可以进行超链接设置（图 8-12）。

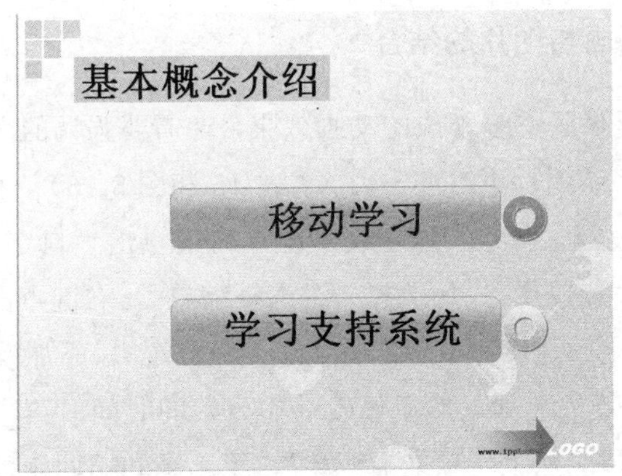


图 8-12　图片的超链接

操作步骤：单击工具栏“插入”→“超链接”按钮；或者鼠标右击图片，在弹出的快捷菜单点击出现的“超链接”选项，其余操作步骤与设置文字超链接操作步骤一致。此张幻灯片分别设置了圆形图片和箭头图片两个超链接，圆形图片按钮的返回按钮为灰色球形图片（图 8-13）；箭头图片按钮的返回按钮为左向箭头（图 8-14）。

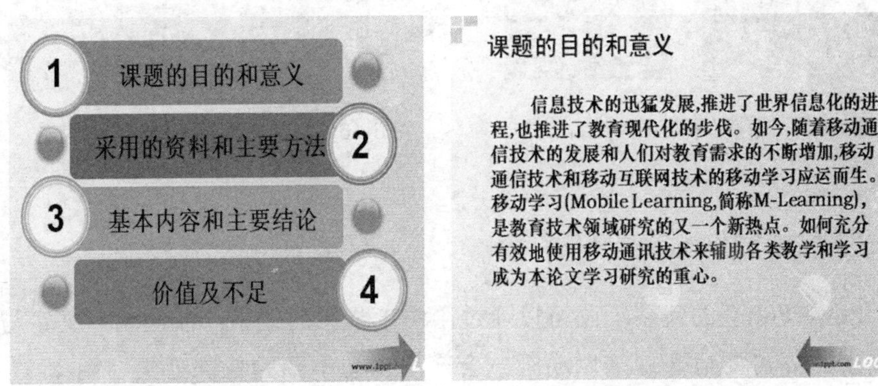


图 8-13　返回按钮示例一　　图 8-14　返回按钮示例二

## （二）文字动画与图片的结合

PowerPoint 提供了许多现成的动画效果，在需要强调的文本或图片上运用这些功能，让文字或图片更有冲击力（图 8-15 和图 8-16）。主要操作步骤：强调文字时，字号最好大一些，选中文本框，右键点击“自定义动画”，在自定义动画栏中点“添加效果”，如选择“进入→缩放”，右键点击“动画效果→效果选项”，计时中更改速度；或者选择“进入→出现”，添加效果“强调→放大/缩小”，可以修改效果选项。然后修改动作开始的时间，第一个设置成“单击时”，第二个设置成“从上一项之后开始”，第三个和第四个都设置成从上一项开始。最后拖动一个文本框使之与另一个完全重合，接下来以类似的方式对图片进行操作。

图 8-15　文字动画与图片结合方式一　　图 8-16　文字动画与图片结合方式二

## （三）文字与线条动画的结合

PowerPoint 的线条动画可以通过绘图工具中的线条绘制出来，文字与线条根据具体需要适当地辅以动画，会产生意想不到的特殊效果（图 8-17 和图 8-18）。

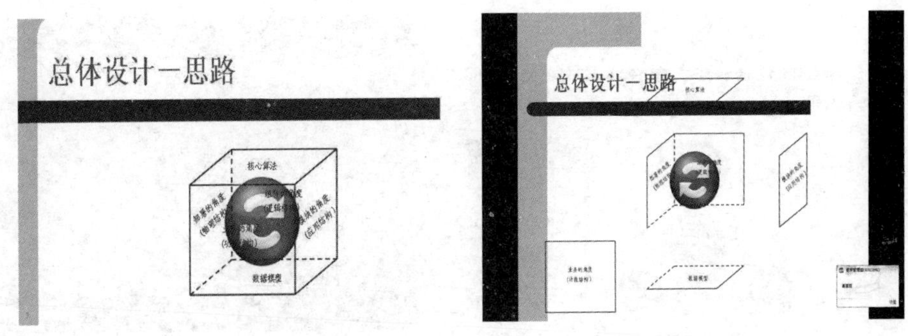

总体设计一思路
核心算法
数据模型

图 8-17　文字与线条动画 1

总体设计一思路

图 8-18　文字与线条动画 2

## （四）图片与声音的结合

将图片与声音组合，会同时刺激视觉神经和听觉神经，达到多感官接收信息的效果（图 8-19）。

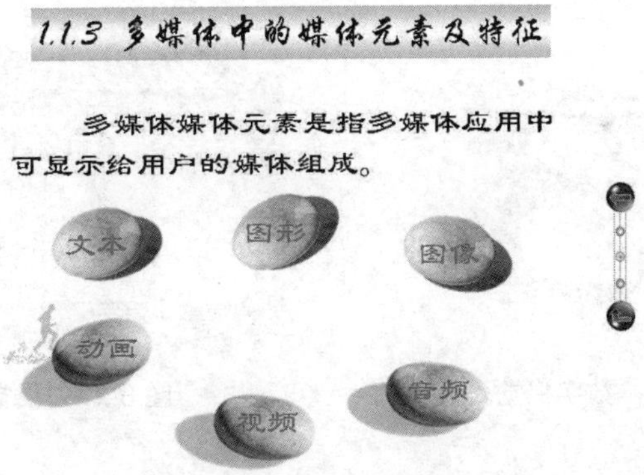

1.1.3 多媒体中的媒体元素及特征
多媒体媒体元素是指多媒体应用中可显示给用户的媒体组成。
文本
图形
图像
动画
视频
音频

图 8-19　图片与声音结合

## （五）文字、图片与声音的结合

将文字因素加入图片与声音中，多样组合带来别样的视听觉效果（图 8-20 和图 8-21）。

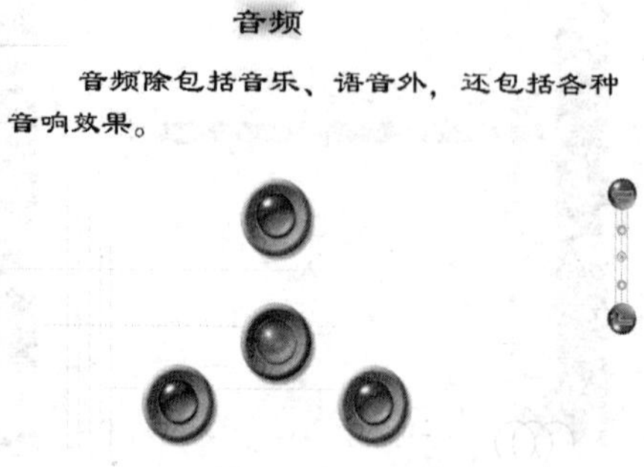

音频

音频除包括音乐、语音外，还包括各种音响效果。

图 8-20 文字、图片与声音结合 1

图 8-21 文字、图片与声音结合 2

## （六）数字视觉表现和视频效果

运用简单突出的数字设计出强烈的视觉冲击，也能够达到突出和强调主题的效果（图 8-22 和图 8-23）。

图 8-22 数字视觉表现

图 8-23 视觉效果

## （七）动画表现形式

动画表现形式会产生和视频类似的效果又有别于视频展示，动画可以剔除掉与主题无关的其他视频信息从而达到更加突出主题的效果（图 8-24 和图 8-25）。

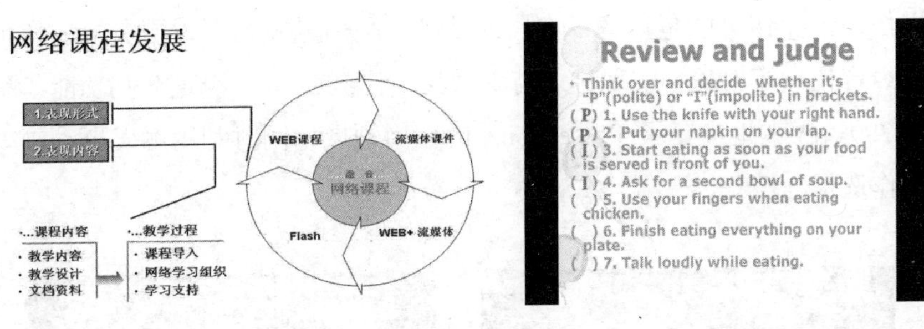


图 8-24　动画表现形式 1　　图 8-25　动画表现形式 2

## （八）动画与路径结合

动画与运动路径的结合使 PowerPoint 中的动画不再显得功能和展示方式单一，丰富灵活的功能为使用者提供了发挥自己潜力和创造力的空间和可能性，不但可以设置画面沿路径移动的动画效果，还可以让画面产生翻转、缩放、停滞和变形等效果（图 8-26 和图 8-27）。

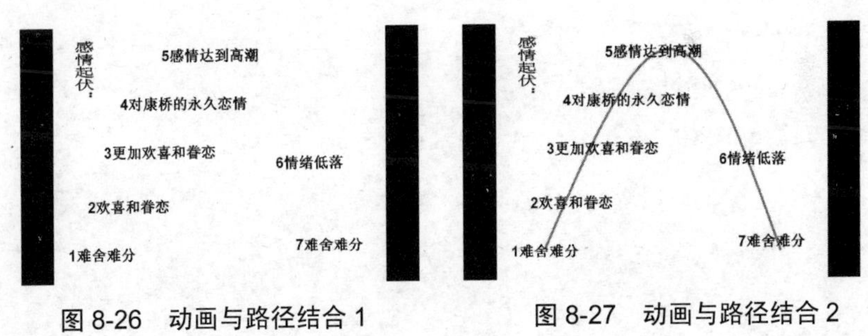


图 8-26　动画与路径结合 1　　图 8-27　动画与路径结合 2

## （九）触发器与文本框动画

PowerPoint 中自定义动画效果中自带的触发器功能，能够实现交互，为 PowerPoint 增添了亮点，为课件的制作提供了很多方便。触发器就相当于一个“开关”，通过这个开关控制 PowerPoint 中的动作元素（包括音频、视频元素）什么时候开始运作。触发器从原理上讲很简单，仅仅是 PPT 中的一项功能，它可以是一个图片、图形、按钮，甚至可以是一个段落或文本框，单击触发器时它会触发一个操作，该操作可能是声音、电影或动画。利用触发器可以更灵活多变地控制动画或声音视频等对象，实现许多特殊效果，让 PPT 具有一定交互功能（图 8-28 和图 8-29），极大地丰富了 PowerPoint 的应用领域，同时利用触发器动画效果也可以制作选择题。

图 8-28　触发器与文本动画 1

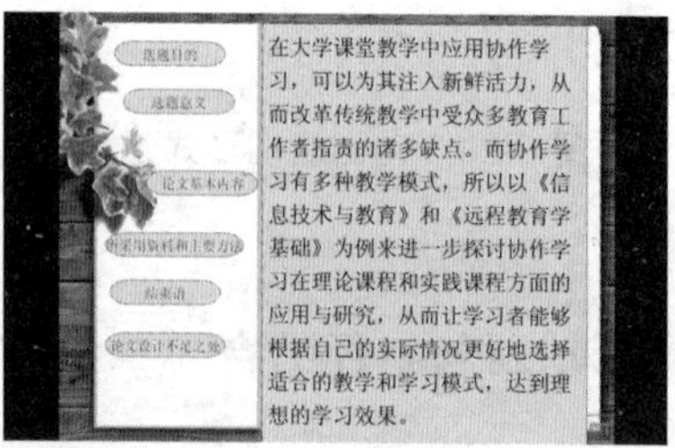


图 8-29　触发器与文本动画 2

# 参考文献


[1] 中华人民共和国教育部. 中小学环境教育实施指南[M]. 北京：北京师范大学出版社，2003.

[2] 教育部〔2001〕6号 普通高中“研究性学习”实施指南（试行）. 2001.

[3] 教育部. 基础教育课程改革纲要（试行）.

[4] 教基厅〔2003〕3号 教育部办公厅关于印发《中小学生环境教育专题教育大纲》的通知.

[5] 网络环境下的研究性学习[DB/OL]. http://www.webil.net.cn.

[6] 雅克·德洛尔，等. 教育——财富蕴藏其中[M]. 北京：教育科学出版社，1996.

[7] 张人红. 国外及港台地区研究性学习资料选编[M]. 南宁：广西教育出版社，2001.

[8] 黄荣怀. 计算机支持的协作学习——理论与方法[M]. 北京：人民教育出版社，2003.

[9] 施良方. 学习论[M]. 北京：人民教育出版社，2001.

[10] 李克东. 教育技术学研究方法[M]. 北京：北京师范大学出版社，2003.

[11] 裴娣娜. 教育研究方法导论[M]. 合肥：安徽教育出版社，2002.

[12] 何克抗，李文光. 教育技术学[M]. 北京：北京师范大学出版社，2002.

[13] 何克抗，郑永柏，谢幼如，等. 教学系统设计[M]. 北京：北京师范大学出版社，2002.

[14] John B Best. 认知心理学[M]. 黄希庭，主译. 北京：中国轻工业出版社，2000.

[15] Joanne M Arhar，Mary Louise Holly，Wendy C Kasten. 教师行动研究—教师发现之旅[M]. 黄宇，陈晓霞，阎宝华，等译. 北京：中国轻工业出版社，2002.

[16] R M 加涅，L J 布里格斯，W W 韦杰. 教学设计原理[M]. 皮连生，庞维国，等译. 上海：华东师范大学出版社，2001.

[17] 李晓文，王莹. 教学策略[M]. 北京：高等教育出版社，2002.

[18] Bruce Joyce，Marsha Weil，Emily Calhoun. 教学模式[M]. 荆建华，宋富钢，花清亮，译. 北京：中国轻工业出版社，2002.

[19] 吴立岗. 教学的原理模式和活动[M]. 南宁：广西教育出版社，2003.

[20] 中华人民共和国教育部.（普通高中）数学课程标准[M]. 北京：人民教育出版社，2003.

[21] W James Popham. 促进教学的课堂评价[M]. 国家基础教育课程改革“教师发展与学生成长的评价研究”项目组，译. 北京：中国轻工业出版社，2003.

[22] 王逢贤. 学与教的原理[M]. 北京：高等教育出版社，2000.

[23] 王策三. 教学论稿[M]. 北京：人民教育出版社，2001.

[24] 王坦. 合作学习的理念与实施[M]. 北京：中国人事出版社，2002.

[25] 戴维·H. 乔纳森. 学习环境的理论基础[M]. 上海：华东师范大学出版社，2002.

[26] James A Middleton，Polly Goepfert. 数学教学的创新策略——课程改革标准的实施[M]. 伍新春，张洁，等译. 北京：中国轻工业出版社，2003.

[27] 美国温特贝尔特大学认知与技术小组. 美国课程与教学案例透视—贾斯珀系列[M]. 王文静，乔连全，等译. 上海：华东师范大学出版社，2002.

[28] 唐云龙，朱春晓. 高中研究性学习指导用书——学科课程类研究性学习[M]. 南京：东南大学出版社，2002.

[29] Merrill Harmin. 教学的革命——创新教育课程设计[M]. 罗德荣，译. 北京：中国宇航出版社，2002.

[30] Matthias Trénel. Measuring the Quality of Online Deliberation. Coding Scheme 1.1. 2004.03.22.

[31] 尹宗禹，张梅玲. 和谐合作发展——合作学习理论在小学数学教学中的应用[M]. 北京：科学出版社，2003.

[32] 霍益萍. 研究性学习：实验与探索[M]. 南宁：广西教育出版社，2001.

[33] 霍益萍，查尔明，陈百尧. 让教师走进研究性学习[M]. 南宁：广西教育出版社，2002.

[34] 萧菲，修义. 研究性学习百法——研究性学习的组织与管理[M]. 桂林：广西师范大学出版社，北京：中央民族大学出版社，2002.

[35] 王升. 研究性学习的理论与实践[M]. 北京：教育科学出版社，2002.

[36] 蒋士会，唐德海. 当代教育理论前沿问题概览[M]. 桂林：广西师范大学出版社，2003.

[37] Claire E Weinstein & David R Palmer. User's Manual for those administering the Learning and Study Strategies Inventory，2nd Edition[Z]. http://www.hhpublishing.com/_assessments/LASSI/index.html.

[38] Theodore J. Marchese The New Conversations About Learning—Insights From Neuroscience and Anthropology，Cognitive Science and Work-Place Studies[J]. Assessing Impact：Evidence

& Action，1997.

[39] http://www.hhpublishing.com/_assessments/LASSI/index.html.

[40] 黄荣怀. CSCL 的理论与方法[J]. 电化教育研究，1999.

[41] 黄荣怀，曾兰芳，刘黄玲子. 协作学习在现代教育技术理论培训中的应用[J]. 中国电化教育，2000.

[42] 黄荣怀. 一种基于 WEB 的协作学习系统模型[J]. 中国远程教育，2001.

[43] 黄荣怀，刘黄玲子. 用系统方法阐释协作学习[J]. 现代教育技术，2001.

[44] 乌美娜. 教学设计[M]. 北京：高等教育出版社，1998.

[45] 何克抗，林俊芬，张文兰. 教学系统设计[M]. 北京：北京师范大学出版社，2006.

[46] 李亦菲，杨宝山. 探究性学习与研究性学习的四个误区[J]. 中国教育学刊，2002（6）：40-42.

[47] 周如俊. 网络环境下基于“任务驱动”的“协作—探究”教学法探讨[J]. 教坛广角，2003（4）：23-25.

[48] 李晓文，王莹. 教学策略[M]. 北京：高等教育出版社，2002.

[49] 李林英，等. 思维导图与学习：学习科学与技术新探[M]. 北京：北京师范大学出版社，2011.

[50] 李猛. 思维导图大全集[M]. 北京：中国华侨出版社，2010.

[51] Buzan T . 思维导图使用手册[M]. 丁大刚，等译. 北京：化学工业出版社，2011.

[52] Buzan T. 超级记忆[M]. 叶刚，译. 北京：中信出版社，2009.

[53] 赵国庆，陆志坚. “概念图”与“思维导图”辨析[J]. 中国电化教育，2004.

[54] 林建才，董艳，郭巧云. 思维导图在新加坡小学华文教学中的实验研究[J]. 中国电化教育，2007.

[55] 王相瑞，袁华莉. 思维导图在小学英语课堂教学中的运用探究[J]. 中国教育信息化，2010.

[56] 匡文波. 手机媒体——新媒体中的新革命[M]. 北京：华夏出版社，2010.

[57] 罗玉华，黄彦萍，游敏惠. 手机对大学生的影响及对策研[J]. 重庆邮电大学学报，2011，23（2）.

[58] 印富贵，熊焱生. 新媒体对大学生的影响及思想政治教育对策[J]. 常州工学院学报，2010（5）.

[59] 韦耀阳. 大学生社会支持与手机依赖的关系研究[J]. 吉林工商学院学报，2012（4）.

[60] 刘洪，王宏礼. 大学生的手机依赖倾向与孤独感[J]. 中国心理卫生杂志，2012（1）.

[61] 刘博. 第三代手机媒体对大学生负面影响前瞻及对策思考[J]. 教育前沿，2010.

[62] 李岩. 基于手机平台的移动学习研究[J]. 出国与就业：就业版，2011（21）.

[63] Potenza M N. The neurobiology of pathological gambling and drug addiction：an overview and new findings[J]. Philosophical Transactions of the Royal Society B：Biological Sciences，2008，363（1507）：3181-3189.

[64] [美]加涅. 教学设计原理[M]. 皮连生，等译. 上海：华东师范大学出版社，1999.

[65] 李林英，等. 思维导图与学习：学习科学与技术新探[M]. 北京：北京师范大学出版社，2011.

[66] 钟志贤，陈春生. 作为学习工具的概念地图[J]. 中国电化教育，2004（1）.

[67] 杨一哲，张芳. 大学生就业心理问题的表现及对策[J]. 教育研究，2010（1）：44-46.

[68] 张颖倩. 大学生职业价值观与自尊、成就动机的相关研究[D]. 长春：吉林大学，2007.

[69] 阳维丽. 家庭因素对女大学生就业观的影响研究[D]. 上海：华东师范大学，2011.

[70] 马娟. 大学生职业希望自我问卷的编制[D]. 重庆：西南大学，2011.

[71] 王烨. 大学生就业心理问题及对策探析[J]. 高等教育，2011（4）：26-27.

[72] T Buzen，B Buzen. The Mind Map book：How to use radiant thinking to maximize your brains untapped potential[M]. New York：plume，1993.

[73] 何克抗，林君芬，张文兰. 教学系统设计[M]. 北京：高等教育出版社，2006.

[74] 何克抗. 现代教育技术与创新人才培养[J]. 现代远程教育研究，2003.

[75] 唐燕儿. 构建教育技术学专业本科学生培养新方案[J]. 清华大学教育研究，2002.

[76] 徐福荫，黄慕雄，张学波，等. 创建“三位一体”实践教学体系，促进教育技术学专业实践创新人才培养[J]. 电化教育研究，2008.

[77] 王洋，付强. 教育技术学专业毕业生流向问题的研究[J]. 电化教育研究，2005.

[78] 赵延伟，曹卫真，程智. 教育技术学专业创新人才培养模式研究[J]. 广东轻工职业技术学院学报，2005.

[79] 任金州，等. 电视摄像[M]. 北京：中国传媒大学出版社，2012.

[80] 袁金戈，劳光辉. 影视视听语言[M]. 北京：北京大学出版社，2010.

[81] 朱蔚，贺清. 运动镜头的功能和表现力[J]. 青年记者，2008.

[82] 石中军，王健. 电视摄像过程中变焦距镜头的艺术运用[J]. 广播与电视技术，2011.

[83] 谢幼如，尹睿. 专题学习网站的教学设计[J]. 电化教育研究，2003.

[84] 毛向辉．Blog 将成为教育中的重要工具[J]．中国远程教育，2003．

[85] 陈丽. 远程教育学基础[M]. 北京：高等教育出版社，2006.

[86] 齐宏，袁薇. 远程学习者特质和学习策略的研究[J]. 中国远程教育，2005.

[87] 赵海霞. 基于网络的大学生自主、协作学习的实践研究[J]. 开放教育研究，2002（1）.

[88] 孟庆男. 基于自主学习的课堂教学[J]. 辽宁教育研究，2007（12）.

[89] Stahl G，Koschmann T，Suthers D. Computer-supported collaborative learning：An historical perspective，2005.

[90] 谢晓东. 利用网络 QQ 群促进远程协作学习[J]. 重庆广播电视大学学报，2008（20）：2.

[91] 刘春莲，李茂林，吴显春. 信息技术对我国大学教学模式的影响论析[J]. 电化教育研究，2008（12）：51-54.

[92] 刘美凤. 关于教育技术及其学科的研究方法的几点认识[J]. 电化教育研究，2008（12）：93-95.

[93] 武雪飞，武雯. 关于教育技术学本科毕业生任职能力的延续思考[J]. 电化教育研究，2008（10）：43-47.

[94] 薛颖. 普通高中数学教学中协作与探究教学策略的应用研究[D]. 北京：北京师范大学，2005.

[95] 崔光佐，李树芳，孙辨华，等. 移动教育——现代教育技术的一个新方向[M]. 北京：北京大学出版社，2001.

[96] 齐鸣．远程教育学习支持服务研究的国际趋势[J]. 中国远程教育，2003（17）.

[97] 刘豫钧，鬲淑芳. 移动学习——国外研究现状之综述[J]. 现代教育技术，2004.

[98] Desmond Keegan. 移动学习：下一代的学习[J]. 开放教育研究，2004.

[99] 王朋娇，王爱文，孙革. 手机移动学习平台在开放教育中的构建研究[J]. 现代远距离教育，2008.

[100] 杨云仙，王继新. 基于 3G 技术的移动学习模式探索[J]. 教育技术导刊，2005.

[101] 游泽清. 多媒体画面艺术基础[M]. 北京：高等教育出版社，2003.

[102] 何克抗. 计算机辅助教育[M]. 北京：高等教育出版社，1997.

[103] 杨晓辉. 多媒体课件设计与制作[M]. 呼和浩特：内蒙古大学出版社，2009.

[104] 林华，姜灵敏. 中文版动画制作[M]. 广州：华南理工大学出版社，2007.

[105] 冯淑婷. Fiash 动画在课件制作中的应用[J]. 湖北函授大学学报，2009（2）.

[106] 黄娟．信息时代的个人知识管理探微[J]. 现代教育技术，2005（3）.

[107] 甘永成．e-Learning 环境下的个人知识管理[J]. 中国电化教育，2003（6）.

[108] 杨鹤林．个人知识管理理论与实践[D]. 广州：华南师范大学，2005.

[109] 霍艳芳．大学生个人知识管理初探[J]. 图书馆学研究，2007（2）.

[110] 赖伟权．当代大学生个人知识管理探讨[J]. 高校图书馆工作，2008（6）.

[111] 彼得·F. 德鲁克，等．知识管理[M]. 北京：中国人民大学出版社，1999.